黑龙江经济普查年鉴 2018

Heilongjiang Economic Census Yearbook

综 | 合 | 卷

黑龙江省人民政府第四次全国经济普查领导小组办公室 编著

图书在版编目（CIP）数据

黑龙江经济普查年鉴. 2018. 综合卷 / 黑龙江省人民政府第四次全国经济普查领导小组办公室编著. -- 北京：中国统计出版社, 2021.3
ISBN 978-7-5037-9458-2

Ⅰ. ①黑… Ⅱ. ①黑… Ⅲ. ①经济－普查－黑龙江省－2018－年鉴 Ⅳ. ①F127.35-54

中国版本图书馆 CIP 数据核字(2021)第 009152 号

黑龙江经济普查年鉴—2018/综合卷

作　　者/黑龙江省人民政府第四次全国经济普查领导小组办公室
责任编辑/许立舫
执行编辑/邢　玥
封面设计/黄俊杰　李雪燕
出版发行/中国统计出版社
通信地址/北京市丰台区西三环南路甲 6 号　邮政编码/100073
电　　话/邮购（010）63376909　书店（010）68783171
网　　址/http://www.zgtjcbs.com/
印　　刷/哈尔滨翰翔印务有限公司
经　　销/新华书店
开　　本/880mm×1230mm　1/16
字　　数/516 千字
印　　张/17
版　　别/2021 年 3 月第 1 版
版　　次/2021 年 3 月第 1 次印刷
定　　价/980.00 元（全三册附光盘）

本书附同版本 CD-ROM 一张，光盘内容以书面文字为准。
如有印装差错，由本社发行部调换。

《综合卷》编辑委员会

第一篇　综合篇

第二篇　企业篇

主　　编：陈　君

副 主 编：荣道平　周　琦　刘　波　刘志达　王尊旭

编辑人员：（以姓氏笔画为序）

于海龙　王　姝　王凯红　王佳妮　王新雷　卢彦萍　宁金萍　孙凤钧
李　想　李京伦　李诗瑶　吴冰冰　陈　宇　林　利　周　睿　孟珊珊
赵　军　赵海权　贺宇晨　袁兴艳　袁志坚　徐金玲　高　健　曹夏茵
盖　洋　梁国维　韩　笑

数据处理：陈　宇　周　睿　高　健

校　　对：周　睿　梁国维

第三篇　文化及相关产业篇

主　　编：杜国喜

副 主 编：吕学山

编辑人员：（以姓氏笔画为序）

付　韬　安　静

数据处理：安　静

校　　对：安　静

编者说明

为便于社会各界共同分享黑龙江省第四次全国经济普查成果，更方便地开发利用普查资料，现将经济普查资料编辑整理，汇编成《黑龙江经济普查年鉴—2018》一书。全书共三卷三册，即综合卷、第二产业卷和第三产业卷，并随书配送同版本光盘一张。《综合卷》分三篇：第一篇为“综合篇”，第二篇为“企业篇”，第三篇为“文化及相关产业篇”。《第二产业卷》分四篇：第一篇为“工业企业生产经营及财务状况篇”，第二篇为“主要工业产品产量篇”，第三篇为“规模以上工业企业科技情况篇”，第四篇为“建筑业企业生产经营及账务状况篇”。《第三产业卷》分六篇：第一篇为“批发和零售业企业基本情况及财务状况篇”，第二篇为“住宿和餐饮业企业基本情况及财务状况篇”，第三篇为“房地产开发经营业生产经营及财务状况篇”，第四篇为“服务业企业财务状况篇”，第五篇为“服务业行政事业及非企业法人单位篇”，第六篇为“企业信息化和电子商务交易情况篇”。为使读者能够更好地使用本资料，现对有关问题做如下说明：

一、第四次全国经济普查的标准时点为 2018 年 12 月 31 日，时期资料为 2018 年度；

二、综合卷中综合篇和企业篇汇总表，均不包含少量无分组标识的单位数据，其中单位数包含兼营二、三产业的农、林、牧、渔业法人单位，从业人员数不包含兼营二、三产业的农、林、牧、渔业法人单位，不包含人民银行、银保监会、证监会监管的金融业以及铁路运输部门单位数据；

三、本资料建筑业按法人单位注册地，其他行业按法人单位经营地进行汇总；

四、本资料对部分数据由于计量单位取舍不同或四舍五入而产生的误差数均未作机械调整；

五、表中空格表示该项统计指标数值为零、不足最小单位、数据不详或无该项数据，“#”表示其中的主要项；

六、为了更准确地使用本年鉴，每卷后附有该卷详细的指标解释。

希望此书的面世，能使社会各界对黑龙江省第四次经济普查有一个全面的了解，更愿本书的内容，能为社会经济研究工作者提供有价值的参考。

黑龙江第四次经济普查资料是全省普查工作者共同辛勤工作的成果，也是广大普查对象积极支持配合的结果。在此，我们向全省所有普查工作者、普查对象和所有参与和支持普查工作的人员致以崇高的敬意和衷心的感谢！

黑龙江省人民政府第四次全国经济普查领导小组办公室

2021 年 1 月

综合卷 目录

第一篇 综合篇

第二篇 企业篇

第三篇 文化及相关产业篇

A.概况

B.文化制造业

C.文化批零业

附　录

第1篇

综合篇

1-01 按地区、行业门类

地　区	法人单位数(个)	农、林、牧、渔业	采矿业	制造业	电力、热力、燃气及水生产和供应业	建筑业	批发和零售业	交通运输、仓储和邮政业	住宿和餐饮业
全　省	**256191**	**4758**	**1664**	**26101**	**2284**	**13859**	**69493**	**9398**	**2706**
哈尔滨	102730	1317	238	10607	402	6326	28898	3410	1391
齐齐哈尔	20535	654	51	1973	424	900	5221	772	158
鸡　西	9174	171	296	1043	112	401	2398	323	92
鹤　岗	5624	269	142	508	58	309	1235	245	43
双鸭山	9336	200	151	689	135	463	2495	429	55
大　庆	25866	284	106	2763	228	1242	7952	740	171
伊　春	6252	109	68	777	74	396	1148	222	89
佳木斯	16681	467	55	1530	156	752	4704	837	152
七台河	3744	71	139	337	34	113	740	108	24
牡丹江	23282	206	246	2834	237	1213	6991	859	233
黑　河	11183	372	75	770	168	696	2825	417	99
绥　化	16751	556	32	1893	212	786	3939	846	145
大兴安岭	5033	82	65	377	44	262	947	190	54

分组的法人单位数

信息传输、软件和信息技术服务业	金融业	房地产业	租赁和商务服务业	科学研究和技术服务业	水利、环境和公共设施管理业	居民服务、修理和其他服务业	教育	卫生和社会工作	文化、体育和娱乐业	公共管理、社会保障和社会组织
10182	**1487**	**9574**	**24764**	**15612**	**2346**	**4816**	**11671**	**6162**	**6496**	**32818**
5962	537	3552	13174	8848	809	2428	3710	1694	2356	7071
444	111	692	1350	770	252	361	1192	762	507	3941
125	53	423	519	296	120	129	506	270	229	1668
125	54	255	336	158	48	66	277	182	149	1165
206	55	317	702	342	120	134	356	269	282	1936
1540	162	1068	2321	2457	184	529	1171	413	681	1854
105	45	177	462	160	120	59	256	211	199	1575
474	91	666	1270	555	140	303	835	552	387	2755
83	44	128	219	107	43	51	355	150	116	882
556	131	987	2085	752	168	299	1158	590	680	3057
198	72	483	841	403	112	151	732	350	318	2101
270	100	694	913	563	148	234	902	565	409	3544
94	32	132	572	201	82	72	221	154	183	1269

1-02 按地区分组的法人单位数及从业人员数

地 区	法人单位数(个)	单产业法人单位	多产业法人单位	从业人员数(人)	#女性
全 省	**256191**	**248316**	**7875**	**4135303**	**1566270**
哈尔滨	102730	100114	2616	1540045	582410
齐齐哈尔	20535	19785	750	344124	133079
鸡 西	9174	8786	388	187580	62759
鹤 岗	5624	5410	214	145605	44898
双鸭山	9336	8934	402	170196	55128
大 庆	25866	25279	587	500963	198179
伊 春	6252	5896	356	107672	44885
佳木斯	16681	16172	509	225439	91643
七台河	3744	3550	194	107199	34332
牡丹江	23282	22627	655	292390	119042
黑 河	11183	10574	609	165453	62430
绥 化	16751	16358	393	291100	115619
大兴安岭	5033	4831	202	57537	21866

1-03　按行业(中类)分组的法人单位数及从业人员数

行业中类	代码	法　人 单位数 (个)	单产业 法人单位	多产业 法人单位	从　业 人员数 (人)	#女性
总　计	**00**	**256191**	**248316**	**7875**	**4135303**	**1566270**
农、林、牧、渔业	**A**	**4758**	**4577**	**181**	**106684**	**24752**
农业	01	99		99		
谷物种植	011	82		82		
豆类、油料和薯类种植	012	15		15		
棉、麻、糖、烟草种植	013					
蔬菜、食用菌及园艺作物种植	014	2		2		
水果种植	015					
坚果、含油果、香料和饮料作物种植	016					
中药材种植	017					
草种植及割草	018					
其他农业	019					
林业	02	44		44		
林木育种和育苗	021	3		3		
造林和更新	022	1		1		
森林经营、管护和改培	023	36		36		
木材和竹材采运	024	4		4		
林产品采集	025					
畜牧业	03	5		5		
牲畜饲养	031	5		5		
家禽饲养	032					
狩猎和捕捉动物	033					
其他畜牧业	039					
渔业	04	2		2		
水产养殖	041	2		2		
水产捕捞	042					
农、林、牧、渔专业及辅助性活动	05	4608	4577	31	106684	24752
农业专业及辅助性活动	051	4198	4171	27	89197	21605
林业专业及辅助性活动	052	166	163	3	15135	2377
畜牧专业及辅助性活动	053	192	191	1	2129	662
渔业专业及辅助性活动	054	52	52		223	108
采矿业	**B**	**1664**	**1615**	**49**	**307089**	**66866**
煤炭开采和洗选业	06	621	584	37	157572	14294
烟煤和无烟煤开采洗选	061	559	525	34	155371	14014
褐煤开采洗选	062	17	15	2	927	147
其他煤炭采选	069	45	44	1	1274	133
石油和天然气开采业	07	13	12	1	107844	40570
石油开采	071	9	8	1	107840	40569
天然气开采	072	4	4		4	1
黑色金属矿采选业	08	59	59		1631	297
铁矿采选	081	57	57		1599	293
锰矿、铬矿采选	082					
其他黑色金属矿采选	089	2	2		32	4
有色金属矿采选业	09	65	63	2	3954	694
常用有色金属矿采选	091	32	31	1	2442	376

1-03 续表 1

行业中类	代码	法人单位数(个)	单产业法人单位	多产业法人单位	从业人员数(人)	#女性
贵金属矿采选	092	24	23	1	1034	226
稀有稀土金属矿采选	093	9	9		478	92
非金属矿采选业	10	738	731	7	8491	1455
土砂石开采	101	675	670	5	5182	725
化学矿开采	102					
采盐	103					
石棉及其他非金属矿采选	109	63	61	2	3309	730
开采专业及辅助性活动	11	136	134	2	27283	9501
煤炭开采和洗选专业及辅助性活动	111	16	16		5	
石油和天然气开采专业及辅助性活动	112	111	109	2	27237	9497
其他开采专业及辅助性活动	119	9	9		41	4
其他采矿业	12	32	32		314	55
其他采矿业	120	32	32		314	55
制造业	**C**	**26101**	**25675**	**426**	**629992**	**204139**
农副食品加工业	13	4991	4902	89	106798	36474
谷物磨制	131	2586	2548	38	38873	9483
饲料加工	132	401	398	3	7425	1724
植物油加工	133	321	318	3	5435	1540
制糖业	134	12	12		821	190
屠宰及肉类加工	135	486	470	16	25157	11740
水产品加工	136	25	23	2	176	75
蔬菜、菌类、水果和坚果加工	137	529	516	13	9087	4389
其他农副食品加工	139	631	617	14	19824	7333
食品制造业	14	1233	1198	35	35647	15900
焙烤食品制造	141	185	175	10	3487	2052
糖果、巧克力及蜜饯制造	142	27	26	1	282	157
方便食品制造	143	233	231	2	4607	2180
乳制品制造	144	95	90	5	14572	6749
罐头食品制造	145	34	34		604	290
调味品、发酵制品制造	146	127	123	4	2409	981
其他食品制造	149	532	519	13	9686	3491
酒、饮料和精制茶制造业	15	1154	1128	26	24558	9276
酒的制造	151	636	622	14	15627	5598
饮料制造	152	508	496	12	8922	3674
精制茶加工	153	10	10		9	4
烟草制品业	16	11	9	2	5203	1093
烟叶复烤	161	6	6		363	91
卷烟制造	162	3	1	2	4808	994
其他烟草制品制造	169	2	2		32	8
纺织业	17	238	238		9623	6096
棉纺织及印染精加工	171	33	33		2287	1527
毛纺织及染整精加工	172	9	9		43	24
麻纺织及染整精加工	173	111	111		6151	3827
丝绢纺织及印染精加工	174	3	3		6	2
化纤织造及印染精加工	175	5	5		2	
针织或钩针编织物及其制品制造	176	21	21		239	116

1-03 续表 2

行业中类	代码	法人单位数(个)	单产业法人单位	多产业法人单位	从业人员数(人)	#女性
家用纺织制成品制造	177	30	30		621	439
产业用纺织制成品制造	178	26	26		274	161
纺织服装、服饰业	18	303	300	3	3776	2689
机织服装制造	181	165	163	2	2457	1848
针织或钩针编织服装制造	182	16	16		236	114
服饰制造	183	122	121	1	1083	727
皮革、毛皮、羽毛及其制品和制鞋业	19	209	209		3214	839
皮革鞣制加工	191	92	92		2180	400
皮革制品制造	192	28	28		229	49
毛皮鞣制及制品加工	193	52	52		506	239
羽毛(绒)加工及制品制造	194	4	4		37	19
制鞋业	195	33	33		262	132
木材加工和木、竹、藤、棕、草制品业	20	1850	1839	11	26302	11124
木材加工	201	1076	1071	5	11380	4372
人造板制造	202	155	154	1	2524	1156
木质制品制造	203	511	507	4	11523	5244
竹、藤、棕、草等制品制造	204	108	107	1	875	352
家具制造业	21	459	452	7	11115	4488
木质家具制造	211	357	353	4	9376	3853
竹、藤家具制造	212					
金属家具制造	213	31	31		1120	394
塑料家具制造	214	7	7		9	3
其他家具制造	219	64	61	3	610	238
造纸和纸制品业	22	325	321	4	7401	2422
纸浆制造	221	2	2		7	2
造纸	222	77	75	2	4274	1188
纸制品制造	223	246	244	2	3120	1232
印刷和记录媒介复制业	23	682	670	12	7954	3227
印刷	231	568	562	6	7009	2762
装订及印刷相关服务	232	111	105	6	938	461
记录媒介复制	233	3	3		7	4
文教、工美、体育和娱乐用品制造业	24	348	345	3	4462	2416
文教办公用品制造	241	80	80		1634	861
乐器制造	242	17	17		313	158
工艺美术及礼仪用品制造	243	224	222	2	2254	1333
体育用品制造	244	18	17	1	240	54
玩具制造	245	6	6		18	9
游艺器材及娱乐用品制造	246	3	3		3	1
石油、煤炭及其他燃料加工业	25	549	540	9	47736	14414
精炼石油产品制造	251	127	122	5	32387	10136
煤炭加工	252	142	138	4	13577	3870
核燃料加工	253	1	1		4	1
生物质燃料加工	254	279	279		1768	407
化学原料和化学制品制造业	26	1544	1509	35	37815	10730
基础化学原料制造	261	188	182	6	12316	3448
肥料制造	262	687	667	20	8944	2082

1-03 续表 3

行业中类	代码	法人单位数(个)	单产业法人单位	多产业法人单位	从业人员数(人)	#女性
农药制造	263	36	35	1	1396	473
涂料、油墨、颜料及类似产品制造	264	169	167	2	1904	553
合成材料制造	265	48	46	2	3064	839
专用化学产品制造	266	314	310	4	7685	2461
炸药、火工及焰火产品制造	267	8	8		2109	673
日用化学产品制造	268	94	94		397	201
医药制造业	27	346	332	14	41970	20217
化学药品原料药制造	271	36	36		1417	612
化学药品制剂制造	272	50	47	3	22690	10118
中药饮片加工	273	54	53	1	952	481
中成药生产	274	89	82	7	11854	6638
兽用药品制造	275	23	23		1358	593
生物药品制品制造	276	50	49	1	2979	1430
卫生材料及医药用品制造	277	40	39	1	311	178
药用辅料及包装材料	278	4	3	1	409	167
化学纤维制造业	28	33	32	1	893	638
纤维素纤维原料及纤维制造	281	6	6		645	547
合成纤维制造	282	12	12		173	73
生物基材料制造	283	15	14	1	75	18
橡胶和塑料制品业	29	938	930	8	14357	5271
橡胶制品业	291	122	120	2	3409	911
塑料制品业	292	816	810	6	10948	4360
非金属矿物制品业	30	2522	2479	43	42945	9964
水泥、石灰和石膏制造	301	234	227	7	11173	2609
石膏、水泥制品及类似制品制造	302	766	746	20	11260	2341
砖瓦、石材等建筑材料制造	303	1046	1039	7	10489	2519
玻璃制造	304	31	31		850	138
玻璃制品制造	305	71	70	1	1773	662
玻璃纤维和玻璃纤维增强塑料制品制造	306	50	49	1	1136	297
陶瓷制品制造	307	41	38	3	1231	339
耐火材料制品制造	308	46	45	1	282	71
石墨及其他非金属矿物制品制造	309	237	234	3	4751	988
黑色金属冶炼和压延加工业	31	92	92		15979	2642
炼铁	311	1	1		3	
炼钢	312	4	4		756	156
钢压延加工	313	77	77		14987	2450
铁合金冶炼	314	10	10		233	36
有色金属冶炼和压延加工业	32	86	83	3	5859	1038
常用有色金属冶炼	321	13	12	1	973	156
贵金属冶炼	322	5	5		907	172
稀有稀土金属冶炼	323	2	2		15	4
有色金属合金制造	324	24	24		258	81
有色金属压延加工	325	42	40	2	3706	625
金属制品业	33	1574	1552	22	18535	5303
结构性金属制品制造	331	958	943	15	7341	1856
金属工具制造	332	108	108		1817	481

1-03　续表 4

行业中类	代码	法人单位数(个)	单产业法人单位	多产业法人单位	从业人员数(人)	#女性
集装箱及金属包装容器制造	333	60	59	1	2260	756
金属丝绳及其制品制造	334	37	37		220	84
建筑、安全用金属制品制造	335	134	133	1	954	260
金属表面处理及热处理加工	336	51	49	2	1259	411
搪瓷制品制造	337	5	5		54	21
金属制日用品制造	338	52	52		722	322
铸造及其他金属制品制造	339	169	166	3	3908	1112
通用设备制造业	34	2307	2279	28	42595	8897
锅炉及原动设备制造	341	344	337	7	14451	2728
金属加工机械制造	342	317	315	2	5864	920
物料搬运设备制造	343	50	50		1639	271
泵、阀门、压缩机及类似机械制造	344	83	83		2169	485
轴承、齿轮和传动部件制造	345	77	76	1	4055	1089
烘炉、风机、包装等设备制造	346	150	145	5	1861	466
文化、办公用机械制造	347	8	8		18	9
通用零部件制造	348	1032	1023	9	8444	2262
其他通用设备制造业	349	246	242	4	4094	667
专用设备制造业	35	1856	1832	24	38370	7801
采矿、冶金、建筑专用设备制造	351	647	643	4	22529	4184
化工、木材、非金属加工专用设备制造	352	111	110	1	1356	328
食品、饮料、烟草及饲料生产专用设备制造	353	93	92	1	1364	213
印刷、制药、日化及日用品生产专用设备制造	354	27	27		953	178
纺织、服装和皮革加工专用设备制造	355	11	11		32	6
电子和电工机械专用设备制造	356	77	76	1	817	250
农、林、牧、渔专用机械制造	357	431	425	6	6553	1182
医疗仪器设备及器械制造	358	118	115	3	1502	631
环保、邮政、社会公共服务及其他专用设备制造	359	341	333	8	3264	829
汽车制造业	36	276	270	6	16679	3429
汽车整车制造	361	17	15	2	8183	1192
汽车用发动机制造	362	3	3		3949	664
改装汽车制造	363	14	13	1	523	106
低速汽车制造	364					
电车制造	365	1	1			
汽车车身、挂车制造	366	16	16		204	34
汽车零部件及配件制造	367	225	222	3	3820	1433
铁路、船舶、航空航天和其他运输设备制造业	37	127	118	9	16074	3094
铁路运输设备制造	371	58	53	5	12137	2161
城市轨道交通设备制造	372	4	4		69	12
船舶及相关装置制造	373	19	18	1	836	175
航空、航天器及设备制造	374	34	33	1	2957	724
摩托车制造	375	1	1		8	3
自行车和残疾人座车制造	376	3	3		2	
助动车制造	377	3	2	1	45	16
非公路休闲车及零配件制造	378	2	2		5	2
潜水救捞及其他未列明运输设备制造	379	3	2	1	15	1
电气机械和器材制造业	38	728	717	11	25685	7700

1-03 续表 5

行业中类	代码	法人单位数(个)	单产业法人单位	多产业法人单位	从业人员数(人)	#女性
电机制造	381	89	88	1	9251	1742
输配电及控制设备制造	382	342	336	6	4430	1418
电线、电缆、光缆及电工器材制造	383	107	104	3	5806	2295
电池制造	384	15	15		4998	1902
家用电力器具制造	385	50	50		290	124
非电力家用器具制造	386	21	20	1	79	28
照明器具制造	387	47	47		365	76
其他电气机械及器材制造	389	57	57		466	115
计算机、通信和其他电子设备制造业	39	212	207	5	4807	2071
计算机制造	391	19	18	1	308	112
通信设备制造	392	25	23	2	700	274
广播电视设备制造	393	4	4		17	5
雷达及配套设备制造	394	1	1		18	11
非专业视听设备制造	395	1	1			
智能消费设备制造	396	21	21		232	89
电子器件制造	397	28	27	1	801	381
电子元件及电子专用材料制造	398	92	91	1	2534	1113
其他电子设备制造	399	21	21		197	86
仪器仪表制造业	40	230	225	5	6776	3054
通用仪器仪表制造	401	170	168	2	3195	1028
专用仪器仪表制造	402	28	27	1	2693	1760
钟表与计时仪器制造	403	4	4		24	7
光学仪器制造	404	4	3	1	355	94
衡器制造	405	12	12		131	29
其他仪器仪表制造业	409	12	11	1	378	136
其他制造业	41	249	248	1	1842	671
日用杂品制造	411	21	21		165	114
核辐射加工	412	3	3		25	10
其他未列明制造业	419	225	224	1	1652	547
废弃资源综合利用业	42	158	155	3	2119	460
金属废料和碎屑加工处理	421	52	49	3	1222	233
非金属废料和碎屑加工处理	422	106	106		897	227
金属制品、机械和设备修理业	43	471	464	7	2903	701
金属制品修理	431	9	9		27	4
通用设备修理	432	81	81		1010	186
专用设备修理	433	131	129	2	449	125
铁路、船舶、航空航天等运输设备修理	434	36	36		343	55
电气设备修理	435	56	54	2	440	169
仪器仪表修理	436	14	14		33	10
其他机械和设备修理业	439	144	141	3	601	152
电力、热力、燃气及水生产和供应业	**D**	**2284**	**2142**	**142**	**159384**	**37476**
电力、热力生产和供应业	44	1720	1628	92	125637	26638
电力生产	441	755	741	14	39894	8149
电力供应	442	191	132	59	49000	10991
热力生产和供应	443	774	755	19	36743	7498

1-03 续表 6

行业中类	代码	法人单位数（个）	单产业法人单位	多产业法人单位	从业人员数（人）	#女性
燃气生产和供应业	45	197	172	25	9194	3075
燃气生产和供应业	451	179	154	25	9004	3019
生物质燃气生产和供应业	452	18	18		190	56
水的生产和供应业	46	367	342	25	24553	7763
自来水生产和供应	461	222	199	23	21319	6795
污水处理及其再生利用	462	140	138	2	3149	929
海水淡化处理	463	1	1		75	39
其他水的处理、利用与分配	469	4	4		10	
建筑业	**E**	**13859**	**13527**	**332**	**279105**	**54975**
房屋建筑业	47	3146	2979	167	119588	20648
住宅房屋建筑	471	2624	2476	148	109882	18416
体育场馆建筑	472	10	7	3	698	129
其他房屋建筑业	479	512	496	16	9008	2103
土木工程建筑业	48	2700	2615	85	99535	21360
铁路、道路、隧道和桥梁工程建筑	481	1061	1021	40	39134	7813
水利和水运工程建筑	482	275	255	20	12155	1698
海洋工程建筑	483					
工矿工程建筑	484	34	31	3	30599	7845
架线和管道工程建筑	485	408	398	10	7413	1392
节能环保工程施工	486	38	37	1	254	80
电力工程施工	487	105	101	4	5461	1344
其他土木工程建筑	489	779	772	7	4519	1188
建筑安装业	49	2520	2473	47	31275	5956
电气安装	491	669	649	20	10219	2047
管道和设备安装	492	599	588	11	6197	992
其他建筑安装业	499	1252	1236	16	14859	2917
建筑装饰、装修和其他建筑业	50	5493	5460	33	28707	7011
建筑装饰和装修业	501	4391	4366	25	21369	5312
建筑物拆除和场地准备活动	502	259	258	1	1543	312
提供施工设备服务	503	65	64	1	484	103
其他未列明建筑业	509	778	772	6	5311	1284
批发和零售业	**F**	**69493**	**67812**	**1681**	**407918**	**184372**
批发业	51	39872	39175	697	207480	74922
农、林、牧、渔产品批发	511	6895	6789	106	41431	10984
食品、饮料及烟草制品批发	512	4619	4542	77	28594	10429
纺织、服装及家庭用品批发	513	2599	2570	29	9335	4723
文化、体育用品及器材批发	514	921	913	8	3906	1804
医药及医疗器材批发	515	2419	2355	64	19550	10030
矿产品、建材及化工产品批发	516	10546	10259	287	64086	21999
机械设备、五金产品及电子产品批发	517	7644	7587	57	27745	10095
贸易经纪与代理	518	1457	1449	8	4268	1712
其他批发业	519	2772	2711	61	8565	3146
零售业	52	29621	28637	984	200438	109450
综合零售	521	2489	2321	168	53682	34356
食品、饮料及烟草制品专门零售	522	2948	2896	52	11926	4861

1-03 续表 7

行业中类	代码	法人单位数（个）	单产业法人单位	多产业法人单位	从业人员数（人）	#女性
纺织、服装及日用品专门零售	523	1814	1753	61	14064	9806
文化、体育用品及器材专门零售	524	957	920	37	6369	3387
医药及医疗器材专门零售	525	7399	6976	423	42026	28513
汽车、摩托车、零配件和燃料及其他动力销售	526	5309	5206	103	37154	13530
家用电器及电子产品专门零售	527	2798	2742	56	14441	7226
五金、家具及室内装饰材料专门零售	528	2949	2924	25	10017	3987
货摊、无店铺及其他零售业	529	2958	2899	59	10759	3784
交通运输、仓储和邮政业	**G**	**9398**	**9027**	**371**	**185912**	**55578**
铁路运输业	53	14	13	1		
铁路旅客运输	531	6	6			
铁路货物运输	532	8	7	1		
铁路运输辅助活动	533					
道路运输业	54	5994	5855	139	83472	22162
城市公共交通运输	541	558	537	21	24804	5446
公路旅客运输	542	378	346	32	6283	2103
道路货物运输	543	4439	4391	48	24948	5770
道路运输辅助活动	544	619	581	38	27437	8843
水上运输业	55	76	74	2	1062	192
水上旅客运输	551	23	23		373	77
水上货物运输	552	32	31	1	408	60
水上运输辅助活动	553	21	20	1	281	55
航空运输业	56	53	50	3	7340	2171
航空客货运输	561	20	20		606	239
通用航空服务	562	22	20	2	948	143
航空运输辅助活动	563	11	10	1	5786	1789
管道运输业	57					
海底管道运输	571					
陆地管道运输	572					
多式联运和运输代理业	58	594	575	19	2809	1033
多式联运	581	5	4	1	56	14
运输代理业	582	589	571	18	2753	1019
装卸搬运和仓储业	59	2136	2073	63	38389	7977
装卸搬运	591	527	517	10	6642	1046
通用仓储	592	146	143	3	1374	337
低温仓储	593	79	78	1	377	82
危险品仓储	594	3	3		3	
谷物、棉花等农产品仓储	595	1184	1137	47	28762	6197
中药材仓储	596	3	3		60	26
其他仓储业	599	194	192	2	1171	289
邮政业	60	531	387	144	52840	22043
邮政基本服务	601	36	22	14	38659	19203
快递服务	602	494	365	129	9481	2272
其他寄递服务	609	1		1	4700	568
住宿和餐饮业	**H**	**2706**	**2591**	**115**	**41951**	**24548**
住宿业	61	1104	1065	39	26573	15742

1-03 续表 8

行业中类	代码	法人单位数（个）	单产业法人单位	多产业法人单位	从业人员数（人）	#女性
旅游饭店	611	317	304	13	14938	8278
一般旅馆	612	662	640	22	9415	6060
民宿服务	613	7	7		25	17
露营地服务	614	1	1		18	7
其他住宿业	619	117	113	4	2177	1380
餐饮业	62	1602	1526	76	15378	8806
正餐服务	621	1227	1168	59	11914	6724
快餐服务	622	145	137	8	1857	1286
饮料及冷饮服务	623	27	24	3	144	77
餐饮配送及外卖送餐服务	624	83	79	4	890	385
其他餐饮业	629	120	118	2	573	334
信息传输、软件和信息技术服务业	**I**	**10182**	**10035**	**147**	**123404**	**41932**
电信、广播电视和卫星传输服务	63	768	692	76	84128	26719
电信	631	578	514	64	69084	21214
广播电视传输服务	632	176	164	12	14893	5430
卫星传输服务	633	14	14		151	75
互联网和相关服务	64	1120	1107	13	4626	1821
互联网接入及相关服务	641	145	143	2	580	196
互联网信息服务	642	470	465	5	2228	893
互联网平台	643	141	140	1	571	234
互联网安全服务	644	12	11	1	66	29
互联网数据服务	645	32	32		171	69
其他互联网服务	649	320	316	4	1010	400
软件和信息技术服务业	65	8294	8236	58	34650	13392
软件开发	651	5412	5379	33	22728	8250
集成电路设计	652	16	16		33	6
信息系统集成和物联网技术服务	653	388	388		2303	780
运行维护服务	654	53	52	1	170	57
信息处理和存储支持服务	655	51	51		852	580
信息技术咨询服务	656	1757	1737	20	6130	2672
数字内容服务	657	111	111		462	181
其他信息技术服务业	659	506	502	4	1972	866
金融业	**J**	**1487**	**925**	**562**	**4464**	**1990**
货币金融服务	66	747	491	256	2881	1293
中央银行服务	661	13		13		
货币银行服务	662	313	72	241	864	464
非货币银行服务	663	421	419	2	2017	829
银行理财服务	664					
银行监管服务	665					
资本市场服务	67	140	127	13	364	117
证券市场服务	671	2	1	1	8	2
公开募集证券投资基金	672					
非公开募集证券投资基金	673	71	63	8		
期货市场服务	674	2		2		
证券期货监管服务	675	1	1			

1-03 续表 9

行业中类	代码	法人单位数(个)	单产业法人单位	多产业法人单位	从业人员数(人)	#女性
资本投资服务	676	55	54	1	344	111
其他资本市场服务	679	9	8	1	12	4
保险业	68	471	185	286	82	44
人身保险	681	192	61	131		
财产保险	682	177	59	118		
再保险	683					
商业养老金	684	6	6			
保险中介服务	685	47	10	37		
保险资产管理	686					
保险监管服务	687					
其他保险活动	689	49	49		82	44
其他金融业	69	129	122	7	1137	536
金融信托与管理服务	691	5	5		13	7
控股公司服务	692	6	6		14	5
非金融机构支付服务	693	2	1	1		
金融信息服务	694	15	13	2	27	10
金融资产管理公司	695					
其他未列明金融业	699	101	97	4	1083	514
房地产业	**K**	**9574**	**9266**	**308**	**126728**	**51157**
房地产业	70	9574	9266	308	126728	51157
房地产开发经营	701	2911	2834	77	37068	13347
物业管理	702	4017	3931	86	69919	30252
房地产中介服务	703	1999	1883	116	8561	4156
房地产租赁经营	704	512	488	24	9609	2817
其他房地产业	709	135	130	5	1571	585
租赁和商务服务业	**L**	**24764**	**24310**	**454**	**205330**	**73942**
租赁业	71	4009	3986	23	13675	3515
机械设备经营租赁	711	3974	3951	23	13493	3450
文体设备和用品出租	712	31	31		173	60
日用品出租	713	4	4		9	5
商务服务业	72	20755	20324	431	191655	70427
组织管理服务	721	2488	2422	66	40392	12809
综合管理服务	722	919	886	33	12122	4505
法律服务	723	1239	1232	7	5934	2628
咨询与调查	724	6007	5929	78	19525	9995
广告业	725	3391	3364	27	10459	4583
人力资源服务	726	2517	2488	29	36374	11602
安全保护服务	727	343	336	7	12383	1020
会议、展览及相关服务	728	533	530	3	2237	934
其他商务服务业	729	3318	3137	181	52229	22351
科学研究和技术服务业	**M**	**15612**	**15383**	**229**	**110261**	**38335**
研究和试验发展	73	2186	2166	20	14337	5364
自然科学研究和试验发展	731	127	125	2	773	275
工程和技术研究和试验发展	732	1250	1239	11	5948	1886
农业科学研究和试验发展	733	503	497	6	4667	1667

1-03　续表 10

行业中类	代码	法　人 单位数 （个）	单产业 法人单位	多产业 法人单位	从　业 人员数 （人）	#女性
医学研究和试验发展	734	258	257	1	2170	1166
社会人文科学研究	735	48	48		779	370
专业技术服务业	74	7246	7096	150	69437	23849
气象服务	741	166	153	13	1649	674
地震服务	742	41	41		487	110
海洋服务	743	1		1		
测绘地理信息服务	744	364	356	8	4214	1278
质检技术服务	745	1142	1127	15	12155	4654
环境与生态监测检测服务	746	250	247	3	1831	761
地质勘查	747	250	244	6	7179	1760
工程技术与设计服务	748	2372	2288	84	32229	11139
工业与专业设计及其他专业技术服务	749	2660	2640	20	9693	3473
科技推广和应用服务业	75	6180	6121	59	26487	9122
技术推广服务	751	4986	4936	50	21891	7273
知识产权服务	752	117	116	1	429	254
科技中介服务	753	150	150		480	177
创业空间服务	754	231	227	4	905	391
其他科技推广服务业	759	696	692	4	2782	1027
水利、环境和公共设施管理业	**N**	**2346**	**2302**	**44**	**67637**	**21431**
水利管理业	76	566	556	10	10949	2808
防洪除涝设施管理	761	112	110	2	1512	353
水资源管理	762	226	224	2	4429	1147
天然水收集与分配	763	54	53	1	996	209
水文服务	764	17	15	2	1215	351
其他水利管理业	769	157	154	3	2797	748
生态保护和环境治理业	77	280	272	8	7612	1765
生态保护	771	139	132	7	6619	1517
环境治理业	772	141	140	1	993	248
公共设施管理业	78	1407	1387	20	48190	16528
市政设施管理	781	245	241	4	5433	1252
环境卫生管理	782	298	294	4	25754	9811
城乡市容管理	783	63	61	2	5036	1174
绿化管理	784	517	514	3	6101	2290
城市公园管理	785	67	65	2	1519	455
游览景区管理	786	217	212	5	4347	1546
土地管理业	79	93	87	6	886	330
土地整治服务	791	18	18		165	60
土地调查评估服务	792	29	26	3	234	64
土地登记服务	793	13	12	1	163	83
土地登记代理服务	794	19	17	2	237	97
其他土地管理服务	799	14	14		87	26
居民服务、修理和其他服务业	**O**	**4816**	**4753**	**63**	**30775**	**13396**
居民服务业	80	2089	2056	33	15068	7185
家庭服务	801	483	477	6	2769	1541
托儿所服务	802	23	23		212	192

1-03 续表 11

行业中类	代码	法人单位数(个)	单产业法人单位	多产业法人单位	从业人员数(人)	#女性
洗染服务	803	67	64	3	316	182
理发及美容服务	804	183	180	3	601	448
洗浴和保健养生服务	805	318	312	6	3213	1933
摄影扩印服务	806	98	94	4	468	257
婚姻服务	807	156	156		499	249
殡葬服务	808	279	271	8	4537	1287
其他居民服务业	809	482	479	3	2453	1096
机动车、电子产品和日用产品修理业	81	1568	1545	23	6358	1734
汽车、摩托车等修理与维护	811	1147	1126	21	5013	1328
计算机和办公设备维修	812	217	216	1	713	205
家用电器修理	813	151	151		479	149
其他日用产品修理业	819	53	52	1	153	52
其他服务业	82	1159	1152	7	9349	4477
清洁服务	821	837	834	3	7152	3778
宠物服务	822	44	42	2	183	101
其他未列明服务业	829	278	276	2	2014	598
教育	**P**	**11671**	**11387**	**284**	**434857**	**271398**
教育	83	11671	11387	284	434857	271398
学前教育	831	3218	3209	9	38506	34278
初等教育	832	1654	1523	131	106627	70451
中等教育	833	1847	1786	61	179452	109060
高等教育	834	139	123	16	63616	31481
特殊教育	835	95	95		2417	1553
技能培训、教育辅助及其他教育	839	4718	4651	67	44239	24575
卫生和社会工作	**Q**	**6162**	**5953**	**209**	**270646**	**177966**
卫生	84	4207	4005	202	254232	167706
医院	841	971	923	48	189598	127607
基层医疗卫生服务	842	2489	2348	141	41387	25178
专业公共卫生服务	843	656	644	12	19439	12404
其他卫生活动	849	91	90	1	3808	2517
社会工作	85	1955	1948	7	16414	10260
提供住宿社会工作	851	1717	1710	7	14883	9401
不提供住宿社会工作	852	238	238		1531	859
文化、体育和娱乐业	**R**	**6496**	**6417**	**79**	**48816**	**22280**
新闻和出版业	86	166	158	8	8835	4208
新闻业	861	51	48	3	3832	1990
出版业	862	115	110	5	5003	2218
广播、电视、电影和录音制作业	87	469	454	15	8442	3706
广播	871	36	34	2	1018	402
电视	872	48	43	5	4325	1914
影视节目制作	873	173	172	1	832	370
广播电视集成播控	874	3	3		66	26
电影和广播电视节目发行	875	17	17		49	18
电影放映	876	176	169	7	2119	967
录音制作	877	16	16		33	9

1-03　续表 12

行业中类	代码	法　人单位数(个)	单产业法人单位	多产业法人单位	从　业人员数(人)	#女性
文化艺术业	88	1952	1936	16	14053	7145
文艺创作与表演	881	420	418	2	3223	1508
艺术表演场馆	882	25	24	1	1436	641
图书馆与档案馆	883	205	202	3	2499	1550
文物及非物质文化遗产保护	884	63	63		282	133
博物馆	885	98	96	2	1209	605
烈士陵园、纪念馆	886	27	27		255	108
群众文体活动	887	522	521	1	3253	1706
其他文化艺术业	889	592	585	7	1896	894
体育	89	650	635	15	4612	1781
体育组织	891	224	224		2359	882
体育场地设施管理	892	38	37	1	352	81
健身休闲活动	893	365	351	14	1846	798
其他体育	899	23	23		55	20
娱乐业	90	3259	3234	25	12874	5440
室内娱乐活动	901	2416	2399	17	6833	2936
游乐园	902	67	66	1	2677	1000
休闲观光活动	903	34	31	3	798	398
彩票活动	904	24	24		224	105
文化体育娱乐活动与经纪代理服务	905	685	681	4	1990	880
其他娱乐业	909	33	33		352	121
公共管理、社会保障和社会组织	**S**	**32818**	**30619**	**2199**	**594350**	**199737**
中国共产党机关	91	1320	1212	108	21514	6747
中国共产党机关	910	1320	1212	108	21514	6747
国家机构	92	13922	11965	1957	460985	147172
国家权力机构	921	269	256	13	4880	1484
国家行政机构	922	13159	11305	1854	426535	134848
人民法院和人民检察院	923	381	296	85	26367	10269
其他国家机构	929	113	108	5	3203	571
人民政协、民主党派	93	203	201	2	2278	709
人民政协	931	146	144	2	1977	584
民主党派	932	57	57		301	125
社会保障	94	333	323	10	5697	3073
基本保险	941	265	255	10	4937	2715
补充保险	942	1	1		18	10
其他社会保障	949	67	67		742	348
群众团体、社会团体和其他成员组织	95	4989	4978	11	22589	11826
群众团体	951	677	670	7	4033	2091
社会团体	952	2894	2894		10124	4244
基金会	953	53	53		261	110
宗教组织	954	1365	1361	4	8171	5381
基层群众自治组织	96	12051	11940	111	81287	30210
社区居民自治组织	961	2923	2908	15	23829	18658
村民自治组织	962	9128	9032	96	57458	11552

1-04 按机构类型、从业人员组距分组的法人单位数及从业人员数

分组	法人单位数(个)	单产业法人单位	多产业法人单位	从业人员数(人)	#女性
总计	**256191**	**248316**	**7875**	**4135303**	**1566270**
按机构类型分组					
企业	194607	189543	5064	2679403	883250
事业单位	20312	19569	743	855955	457369
机关	8870	6975	1895	382171	117326
社会团体	3946	3937	9	16047	7550
民办非企业单位	7654	7628	26	74051	55770
基金会	53	53		261	110
居委会	2923	2908	15	23829	18658
村委会	9128	9032	96	57458	11552
其他法人	8698	8671	27	46128	14685
按从业人员组距分组					
7人及以下	192013	189977	2036	436371	172831
8-19人	34592	33281	1311	403815	157768
20-49人	16267	14627	1640	489298	198604
50-99人	6963	5887	1076	473625	200707
100-299人	4572	3506	1066	703913	290927
300-499人	799	532	267	267898	102166
500-999人	581	338	243	328425	122970
1000-4999人	355	160	195	518791	182254
5000-9999人	29	5	24	87634	25274
10000人及以上	20	3	17	425533	112769

1-05 按开业(成立)时间分组的法人单位数及从业人员数

开业(成立)时间	法人单位数(个)	单产业法人单位	多产业法人单位	从业人员数(人)	#女性
总计	**256191**	**248316**	**7875**	**4135303**	**1566270**
1949年以前	1839	1584	255	185179	81128
1950-1977年	8620	7710	910	663882	272814
1978-1991年	12989	11946	1043	416160	153936
1992-2000年	12805	11832	973	555001	199447
2001年	4408	4126	282	146607	44853
2002年	3825	3592	233	92323	37029
2003年	4342	4145	197	129146	42279
2004年	4325	4100	225	110257	43511
2005年	4737	4501	236	103657	41096
2006年	5308	5111	197	91201	35323
2007年	4896	4698	198	96850	34612
2008年	6005	5732	273	101639	37453
2009年	7099	6871	228	95712	33691
2010年	8925	8620	305	121323	44129
2011年	8809	8584	225	105149	40081
2012年	9562	9351	211	94994	37206
2013年	10942	10725	217	114157	43631
2014年	15690	15418	272	187553	49899
2015年	19506	19206	300	158607	65707
2016年	26665	26242	423	210205	86768
2017年	32550	32138	412	195106	76873
2018年	42236	41976	260	160512	64762
无开业年份	108	108		83	42

1-06　按登记注册类型分组的法人单位数及从业人员数

登记注册类型	法人单位数(个)	单产业法人单位	多产业法人单位	从业人员数(人)	#女性
总　计	**256191**	**248316**	**7875**	**4135303**	**1566270**
内资	**255564**	**247768**	**7796**	**4027440**	**1527861**
国有	32171	29062	3109	1460173	644318
集体	2113	1885	228	44382	13844
股份合作	476	426	50	5405	2175
联营	244	231	13	2558	1220
国有联营	33	29	4	568	278
集体联营	95	87	8	889	395
国有与集体联营	20	19	1	375	216
其他联营	96	96		726	331
有限责任公司	34721	33466	1255	1110349	334772
国有独资公司	966	864	102	231895	43100
其他有限责任公司	33755	32602	1153	878454	291672
股份有限公司	4412	3891	521	232480	69262
私营	154196	151744	2452	962737	364481
私营独资	14050	13938	112	75671	39228
私营合伙	1232	1226	6	8704	4337
私营有限责任公司	135795	133528	2267	841172	308724
私营股份有限公司	3119	3052	67	37190	12192
其他	27231	27063	168	209356	97789
港、澳、台商投资	**235**	**209**	**26**	**39904**	**16458**
合资经营企业(港或澳、台资)	78	67	11	13846	5333
合作经营企业(港或澳、台资)	8	8		1627	384
港、澳、台商独资经营	116	106	10	18478	8292
港、澳、台商投资股份有限公司	14	13	1	2324	928
其他港、澳、台商投资	19	15	4	3629	1521
外商投资	**392**	**339**	**53**	**67959**	**21951**
中外合资经营	157	132	25	41978	13460
中外合作经营	12	11	1	821	222
外资企业	165	146	19	20357	6269
外商投资股份有限公司	19	14	5	3608	1544
其他外商投资	39	36	3	1195	456

1-07 按行业(大类)、地区

行业大类	代码	法人单位数(个)	哈尔滨	齐齐哈尔	鸡西	鹤岗	双鸭山
总　计	**00**	**256191**	**102730**	**20535**	**9174**	**5624**	**9336**
农、林、牧、渔业	**A**	**4758**	**1317**	**654**	**171**	**269**	**200**
农业	01	99	5	10	12	7	9
林业	02	44			2	1	2
畜牧业	03	5	1			1	
渔业	04	2					
农、林、牧、渔专业及辅助性活动	05	4608	1311	644	157	260	189
采矿业	**B**	**1664**	**238**	**51**	**296**	**142**	**151**
煤炭开采和洗选业	06	621	4		232	82	106
石油和天然气开采业	07	13	2	1	1		
黑色金属矿采选业	08	59	6		6		4
有色金属矿采选业	09	65	6	1	2	2	1
非金属矿采选业	10	738	200	48	54	53	37
开采专业及辅助性活动	11	136	12	1		3	
其他采矿业	12	32	8		1	2	3
制造业	**C**	**26101**	**10607**	**1973**	**1043**	**508**	**689**
农副食品加工业	13	4991	1622	431	362	108	261
食品制造业	14	1233	533	92	35	25	44
酒、饮料和精制茶制造业	15	1154	283	112	58	23	59
烟草制品业	16	11	4				
纺织业	17	238	90	21	3	1	
纺织服装、服饰业	18	303	148	20	5	9	3
皮革、毛皮、羽毛及其制品和制鞋业	19	209	48	5	5	1	2
木材加工和木、竹、藤、棕、草制品业	20	1850	442	57	43	19	26
家具制造业	21	459	224	31	3	2	1
造纸和纸制品业	22	325	123	23	9	10	2
印刷和记录媒介复制业	23	682	386	36	6	6	13
文教、工美、体育和娱乐用品制造业	24	348	156	16	7	8	8
石油、煤炭及其他燃料加工业	25	549	120	53	78	17	20
化学原料和化学制品制造业	26	1544	500	130	44	20	36
医药制造业	27	346	168	20	8	4	3
化学纤维制造业	28	33	11	2	1		
橡胶和塑料制品业	29	938	399	74	22	16	14
非金属矿物制品业	30	2522	860	213	183	89	59
黑色金属冶炼和压延加工业	31	92	38	9	5		2
有色金属冶炼和压延加工业	32	86	52	4	2	1	1
金属制品业	33	1574	858	137	19	36	24
通用设备制造业	34	2307	1401	249	31	40	23
专用设备制造业	35	1856	694	95	67	37	51

分组的法人单位数

大庆	伊春	佳木斯	七台河	牡丹江	黑河	绥化	大兴安岭	代码
25866	**6252**	**16681**	**3744**	**23282**	**11183**	**16751**	**5033**	**00**
284	**109**	**467**	**71**	**206**	**372**	**556**	**82**	**A**
4	3	16	1	2	26	4		01
	18	2		8	1	1	9	02
	1		1				1	03
		1		1				04
280	87	448	69	195	345	551	72	05
106	**68**	**55**	**139**	**246**	**75**	**32**	**65**	**B**
		4	116	48	17		12	06
8						1		07
1	18	2		8	8	1	5	08
	10	1	1	4	13	3	21	09
4	38	46	11	176	30	19	22	10
90	1	2	11	3	5	8		11
3	1			7	2		5	12
2763	**777**	**1530**	**337**	**2834**	**770**	**1893**	**377**	**C**
288	167	475	60	422	192	520	83	13
94	55	58	7	106	38	113	33	14
66	85	71	25	121	99	81	71	15
		1		3		3		16
14	2	5		27	12	61	2	17
36	2	8	5	25	7	34	1	18
130	4	2	1	6	3	2		19
112	125	83	21	693	55	98	76	20
45	53	23	7	47	4	14	5	21
39	7	30	3	51	5	23		22
76	7	31	4	51	25	34	7	23
7	43	14	4	37	13	20	15	24
111	3	29	24	47	6	39	2	25
246	37	89	23	138	45	218	18	26
17	19	13	4	37	9	36	8	27
2	1	4	3	3	2	4		28
116	10	61	14	111	22	75	4	29
257	81	137	55	272	87	198	31	30
20	5	3	2	3	1	2	2	31
2	3	2	1	11	4		3	32
171	26	79	9	96	46	70	3	33
199	9	89	17	175	18	54	2	34
446	11	125	20	188	34	87	1	35

1-07 续表 1

行业大类	代码	法人单位数(个)	哈尔滨	齐齐哈尔	鸡西	鹤岗	双鸭山
汽车制造业	36	276	202	10		2	3
铁路、船舶、航空航天和其他运输设备制造业	37	127	82	11	2	3	
电气机械和器材制造业	38	728	468	49	15	8	6
计算机、通信和其他电子设备制造业	39	212	151	6	5	1	1
仪器仪表制造业	40	230	162	6		2	1
其他制造业	41	249	130	16	6	1	3
废弃资源综合利用业	42	158	44	8	6	1	11
金属制品、机械和设备修理业	43	471	208	37	13	18	12
电力、热力、燃气及水生产和供应业	**D**	**2284**	**402**	**424**	**112**	**58**	**135**
电力、热力生产和供应业	44	1720	265	367	79	38	98
燃气生产和供应业	45	197	45	13	9	9	10
水的生产和供应业	46	367	92	44	24	11	27
建筑业	**E**	**13859**	**6326**	**900**	**401**	**309**	**463**
房屋建筑业	47	3146	1071	245	112	104	137
土木工程建筑业	48	2700	1301	197	77	47	73
建筑安装业	49	2520	1233	166	83	30	79
建筑装饰、装修和其他建筑业	50	5493	2721	292	129	128	174
批发和零售业	**F**	**69493**	**28898**	**5221**	**2398**	**1235**	**2495**
批发业	51	39872	18359	2691	1304	725	1572
零售业	52	29621	10539	2530	1094	510	923
交通运输、仓储和邮政业	**G**	**9398**	**3410**	**772**	**323**	**245**	**429**
铁路运输业	53	14	5				1
道路运输业	54	5994	2310	493	196	152	231
水上运输业	55	76	28	5		3	5
航空运输业	56	53	32	1		1	
管道运输业	57						
多式联运和运输代理业	58	594	281	19	18	8	6
装卸搬运和仓储业	59	2136	592	204	92	61	156
邮政业	60	531	162	50	17	20	30
住宿和餐饮业	**H**	**2706**	**1391**	**158**	**92**	**43**	**55**
住宿业	61	1104	574	58	27	18	16
餐饮业	62	1602	817	100	65	25	39
信息传输、软件和信息技术服务业	**I**	**10182**	**5962**	**444**	**125**	**125**	**206**
电信、广播电视和卫星传输服务	63	768	196	75	23	14	43
互联网和相关服务	64	1120	440	67	36	14	40
软件和信息技术服务业	65	8294	5326	302	66	97	123
金融业	**J**	**1487**	**537**	**111**	**53**	**54**	**55**
货币金融服务	66	747	243	50	27	27	27
资本市场服务	67	140	109	5		1	
保险业	68	471	125	48	26	22	25
其他金融业	69	129	60	8		4	3

大庆	伊春	佳木斯	七台河	牡丹江	黑河	绥化	大兴安岭	代码
16	2	9		20	4	8		36
2	2	11		10	2	2		37
58	2	24	8	62	9	19		38
21		4	2	18	1	2		39
38	2	1		16		2		40
11	6	15	3	11	8	32	7	41
17	6	15	10	9	4	26	1	42
106	2	19	5	18	15	16	2	43
228	**74**	**156**	**34**	**237**	**168**	**212**	**44**	D
160	48	120	19	191	139	168	28	44
34	6	11	10	14	11	21	4	45
34	20	25	5	32	18	23	12	46
1242	**396**	**752**	**113**	**1213**	**696**	**786**	**262**	E
318	132	206	31	281	178	247	84	47
214	75	146	18	204	132	145	71	48
293	40	149	21	202	101	107	16	49
417	149	251	43	526	285	287	91	50
7952	**1148**	**4704**	**740**	**6991**	**2825**	**3939**	**947**	F
3886	437	2968	249	4082	1454	1815	330	51
4066	711	1736	491	2909	1371	2124	617	52
740	**222**	**837**	**108**	**859**	**417**	**846**	**190**	G
		3		1	2		2	53
552	164	419	53	498	230	563	133	54
3	1	14		9	3	1	4	55
3	2	2		4	4		4	56
								57
24	10	29	1	144	35	13	6	58
127	27	320	41	164	114	212	26	59
31	18	50	13	39	29	57	15	60
171	**89**	**152**	**24**	**233**	**99**	**145**	**54**	H
40	50	50	11	130	55	38	37	61
131	39	102	13	103	44	107	17	62
1540	**105**	**474**	**83**	**556**	**198**	**270**	**94**	I
75	28	54	17	90	61	65	27	63
120	18	114	19	134	34	56	28	64
1345	59	306	47	332	103	149	39	65
162	**45**	**91**	**44**	**131**	**72**	**100**	**32**	J
98	20	43	23	79	37	56	17	66
9	2	3	1	2	5	1	2	67
43	19	40	20	31	25	37	10	68
12	4	5		19	5	6	3	69

1-07 续表 2

行业大类	代码	法人单位数(个)	哈尔滨	齐齐哈尔	鸡西	鹤岗	双鸭山
房地产业	K	**9574**	**3552**	**692**	**423**	**255**	**317**
房地产业	70	9574	3552	692	423	255	317
租赁和商务服务业	L	**24764**	**13174**	**1350**	**519**	**336**	**702**
租赁业	71	4009	1924	194	66	67	128
商务服务业	72	20755	11250	1156	453	269	574
科学研究和技术服务业	M	**15612**	**8848**	**770**	**296**	**158**	**342**
研究和试验发展	73	2186	1018	109	31	16	13
专业技术服务业	74	7246	4189	375	155	82	167
科技推广和应用服务业	75	6180	3641	286	110	60	162
水利、环境和公共设施管理业	N	**2346**	**809**	**252**	**120**	**48**	**120**
水利管理业	76	566	152	91	47	20	29
生态保护和环境治理业	77	280	91	32	9	6	12
公共设施管理业	78	1407	526	121	58	22	73
土地管理业	79	93	40	8	6		6
居民服务、修理和其他服务业	O	**4816**	**2428**	**361**	**129**	**66**	**134**
居民服务业	80	2089	934	199	71	28	76
机动车、电子产品和日用产品修理业	81	1568	783	90	38	23	29
其他服务业	82	1159	711	72	20	15	29
教育	P	**11671**	**3710**	**1192**	**506**	**277**	**356**
教育	83	11671	3710	1192	506	277	356
卫生和社会工作	Q	**6162**	**1694**	**762**	**270**	**182**	**269**
卫生	84	4207	1219	478	204	145	183
社会工作	85	1955	475	284	66	37	86
文化、体育和娱乐业	R	**6496**	**2356**	**507**	**229**	**149**	**282**
新闻和出版业	86	166	84	14	7	1	3
广播、电视、电影和录音制作业	87	469	194	28	10	11	18
文化艺术业	88	1952	737	187	41	35	70
体育	89	650	342	38	6	13	21
娱乐业	90	3259	999	240	165	89	170
公共管理、社会保障和社会组织	S	**32818**	**7071**	**3941**	**1668**	**1165**	**1936**
中国共产党机关	91	1320	210	144	81	77	117
国家机构	92	13922	2497	1653	731	578	835
人民政协、民主党派	93	203	31	32	12	12	12
社会保障	94	333	42	51	26	12	31
群众团体、社会团体和其他成员组织	95	4989	1403	570	227	164	274
基层群众自治组织	96	12051	2888	1491	591	322	667

大庆	伊春	佳木斯	七台河	牡丹江	黑河	绥化	大兴安岭	代码
1068	**177**	**666**	**128**	**987**	**483**	**694**	**132**	K
1068	177	666	128	987	483	694	132	70
2321	**462**	**1270**	**219**	**2085**	**841**	**913**	**572**	L
430	99	218	24	351	146	235	127	71
1891	363	1052	195	1734	695	678	445	72
2457	**160**	**555**	**107**	**752**	**403**	**563**	**201**	M
704	26	102	7	75	30	39	16	73
982	78	225	64	374	235	191	129	74
771	56	228	36	303	138	333	56	75
184	**120**	**140**	**43**	**168**	**112**	**148**	**82**	N
24	9	45	11	40	19	65	14	76
26	18	21	2	18	16	13	16	77
132	87	65	29	105	71	67	51	78
2	6	9	1	5	6	3	1	79
529	**59**	**303**	**51**	**299**	**151**	**234**	**72**	O
187	32	138	34	152	79	124	35	80
217	15	112	12	102	52	67	28	81
125	12	53	5	45	20	43	9	82
1171	**256**	**835**	**355**	**1158**	**732**	**902**	**221**	P
1171	256	835	355	1158	732	902	221	83
413	**211**	**552**	**150**	**590**	**350**	**565**	**154**	Q
243	103	390	120	379	207	426	110	84
170	108	162	30	211	143	139	44	85
681	**199**	**387**	**116**	**680**	**318**	**409**	**183**	R
6	11	9	2	10	4	5	10	86
50	10	24	6	47	24	30	17	87
262	55	86	18	144	105	149	63	88
56	12	22	7	72	25	26	10	89
307	111	246	83	407	160	199	83	90
1854	**1575**	**2755**	**882**	**3057**	**2101**	**3544**	**1269**	S
73	140	95	53	88	70	85	87	91
803	758	1119	429	1223	922	1581	793	92
10	20	17	7	18	11	10	11	93
14	14	25	12	34	13	32	27	94
218	230	308	127	577	356	316	219	95
736	413	1191	254	1117	729	1520	132	96

1-08 按行业(大类)、地区分组的

行业大类	代码	从业人员数(人)	哈尔滨	齐齐哈尔	鸡西	鹤岗	双鸭山
总 计	00	**4135303**	**1540045**	**344124**	**187580**	**145605**	**170196**
农、林、牧、渔业	A	**106684**	**45249**	**5294**	**924**	**9757**	**4661**
农业	01						
林业	02						
畜牧业	03						
渔业	04						
农、林、牧、渔专业及辅助性活动	05	106684	45249	5294	924	9757	4661
采矿业	B	**307089**	**2609**	**775**	**39319**	**40987**	**32727**
煤炭开采和洗选业	06	157572	180		37602	39570	31793
石油和天然气开采业	07	107844	5	36			
黑色金属矿采选业	08	1631	58		13		690
有色金属矿采选业	09	3954	218	420	8	3	20
非金属矿采选业	10	8491	1836	319	1696	1411	211
开采专业及辅助性活动	11	27283	76				
其他采矿业	12	314	236			3	13
制造业	C	**629992**	**243666**	**72412**	**17494**	**11783**	**13951**
农副食品加工业	13	106798	36748	13354	5246	3897	3087
食品制造业	14	35647	14837	6036	475	618	532
酒、饮料和精制茶制造业	15	24558	9279	3480	865	781	1184
烟草制品业	16	5203	4438				
纺织业	17	9623	2280	769	22	4	
纺织服装、服饰业	18	3776	835	232	14	14	20
皮革、毛皮、羽毛及其制品和制鞋业	19	3214	418	26	8		3
木材加工和木、竹、藤、棕、草制品业	20	26302	5398	1743	935	234	91
家具制造业	21	11115	2807	1817	21	81	5
造纸和纸制品业	22	7401	1528	304	56	160	7
印刷和记录媒介复制业	23	7954	5159	302	20	23	106
文教、工美、体育和娱乐用品制造业	24	4462	2452	221	117	13	16
石油、煤炭及其他燃料加工业	25	47736	5191	186	1244	1112	1459
化学原料和化学制品制造业	26	37815	5351	3258	313	538	260
医药制造业	27	41970	29316	900	1323	280	97
化学纤维制造业	28	893	72	22	18		
橡胶和塑料制品业	29	14357	4808	681	386	121	181
非金属矿物制品业	30	42945	14574	4289	3800	1772	1283
黑色金属冶炼和压延加工业	31	15979	2714	4801	58		3473
有色金属冶炼和压延加工业	32	5859	3685	587	5		215
金属制品业	33	18535	10240	2847	200	565	110
通用设备制造业	34	42595	29169	6717	219	397	533
专用设备制造业	35	38370	9533	10462	1370	753	1025

法人单位从业人员数

大庆	伊春	佳木斯	七台河	牡丹江	黑河	绥化	大兴安岭	代码
500963	**107672**	**225439**	**107199**	**292390**	**165453**	**291100**	**57537**	00
1211	**1980**	**3464**	**830**	**4506**	**15002**	**6812**	**6994**	A
								01
								02
								03
								04
1211	1980	3464	830	4506	15002	6812	6994	05
134528	**1105**	**443**	**39282**	**5839**	**6759**	**1317**	**1399**	B
		10	38818	4025	4291		1283	06
107382						421		07
1	120	34		103	524	88		08
	562		397	50	1700	507	69	09
2	421	398	67	1594	229	265	42	10
27140	2	1		16	12	36		11
3				51	3		5	12
89691	**19449**	**28835**	**13593**	**53082**	**11094**	**52403**	**2539**	C
6163	2308	8308	919	6074	3067	17238	389	13
4875	481	590	164	1429	1013	4419	178	14
1707	1171	854	169	1795	1647	1049	577	15
				588		177		16
410	348	1654		712	284	3140		17
511	35	228	30	291	132	1434		18
2626	85	1		11	20	16		19
883	2283	733	89	11641	708	1054	510	20
487	1796	145	2037	1673	37	173	36	21
848	164	592	30	3048	106	558		22
320	18	177	29	474	156	1131	39	23
49	751	53	15	515	65	165	30	24
29698	10	1228	6122	1053	48	385		25
12676	1006	3087	1567	1799	620	7141	199	26
915	1457	1171	101	1953	226	3956	275	27
8	3	102	512	46		110		28
1923	115	606	103	3822	186	1388	37	29
3376	1138	2630	709	4849	1337	2995	193	30
132	4716	7	3	21		41	13	31
23	926	7	3	219	186		3	32
1809	98	489	42	947	267	886	35	33
1264	122	411	59	2787	232	679	6	34
7568	122	1743	554	3533	382	1325		35

1-08 续表 1

行业大类	代码	从业人员数(人)	哈尔滨	齐齐哈尔	鸡西	鹤岗	双鸭山
汽车制造业	36	16679	9528	459		1	15
铁路、船舶、航空航天和其他运输设备制造业	37	16074	6492	7366		23	
电气机械和器材制造业	38	25685	15757	728	81	45	146
计算机、通信和其他电子设备制造业	39	4807	3976	89	61	211	5
仪器仪表制造业	40	6776	4219	251		12	7
其他制造业	41	1842	960	245	37		11
废弃资源综合利用业	42	2119	972	88	7		22
金属制品、机械和设备修理业	43	2903	930	152	593	128	58
电力、热力、燃气及水生产和供应业	**D**	**159384**	**59130**	**15532**	**9176**	**7027**	**7991**
电力、热力生产和供应业	44	125637	48410	12445	7605	5426	6544
燃气生产和供应业	45	9194	3703	1127	50	473	310
水的生产和供应业	46	24553	7017	1960	1521	1128	1137
建筑业	**E**	**279105**	**123862**	**14140**	**9924**	**7551**	**6853**
房屋建筑业	47	119588	49305	7673	4661	5254	3612
土木工程建筑业	48	99535	41714	3535	4111	1146	2039
建筑安装业	49	31275	17080	1589	765	524	584
建筑装饰、装修和其他建筑业	50	28707	15763	1343	387	627	618
批发和零售业	**F**	**407918**	**179374**	**27970**	**15639**	**8533**	**12474**
批发业	51	207480	102481	14016	8836	3003	5893
零售业	52	200438	76893	13954	6803	5530	6581
交通运输、仓储和邮政业	**G**	**185912**	**86981**	**12608**	**7744**	**5517**	**7850**
铁路运输业	53						
道路运输业	54	83472	38034	5024	3739	2453	3271
水上运输业	55	1062	442	13		6	26
航空运输业	56	7340	6604			1	
管道运输业	57						
多式联运和运输代理业	58	2809	1642	250	31	22	10
装卸搬运和仓储业	59	38389	7808	4702	1961	2048	3618
邮政业	60	52840	32451	2619	2013	987	925
住宿和餐饮业	**H**	**41951**	**23092**	**2000**	**1199**	**895**	**603**
住宿业	61	26573	15164	1214	366	734	282
餐饮业	62	15378	7928	786	833	161	321
信息传输、软件和信息技术服务业	**I**	**123404**	**80763**	**5622**	**2611**	**1661**	**2189**
电信、广播电视和卫星传输服务	63	84128	52085	4627	2281	1336	1845
互联网和相关服务	64	4626	2748	241	118	63	107
软件和信息技术服务业	65	34650	25930	754	212	262	237
金融业	**J**	**4464**	**2750**	**132**	**30**	**86**	**46**
货币金融服务	66	2881	1698	76	30	51	35
资本市场服务	67	364	290	6			
保险业	68	82	25	22		9	5
其他金融业	69	1137	737	28		26	6

大庆	伊春	佳木斯	七台河	牡丹江	黑河	绥化	大兴安岭	代码
5866	31	148		478	53	100		36
	30	265		1796	95	7		37
4237	28	3281	179	849	106	248		38
108		12	61	272		12		39
395	6			100		1786		40
62	163	70	1	132	18	130	13	41
100	34	144	59	94	23	576		42
652	4	99	36	81	80	84	6	43
12860	**4319**	**8572**	**3517**	**10574**	**8025**	**10977**	**1684**	D
7668	3303	6825	2190	8645	6491	8867	1218	44
1598	122	512	511	370	147	211	60	45
3594	894	1235	816	1559	1387	1899	406	46
43921	**6588**	**20266**	**3588**	**16041**	**6352**	**17281**	**2738**	E
8665	4983	13720	1499	5692	3001	9995	1528	47
29826	1199	3501	1169	3812	1666	4946	871	48
3811	135	2088	573	2384	682	933	127	49
1619	271	957	347	4153	1003	1407	212	50
39193	**5128**	**27177**	**3764**	**40919**	**14972**	**29604**	**3171**	F
14503	1700	11271	1648	24545	6826	11376	1382	51
24690	3428	15906	2116	16374	8146	18228	1789	52
10500	**4984**	**12856**	**2948**	**11239**	**7355**	**13001**	**2329**	G
								53
5148	2926	5068	1470	5417	3330	6604	988	54
12	27	210		62	235	7	22	55
241	33	156		31	108		166	56
								57
51	34	108		437	174	45	5	58
3023	709	4828	776	2248	2729	3758	181	59
2025	1255	2486	702	3044	779	2587	967	60
2635	**1598**	**2049**	**431**	**3163**	**1493**	**1795**	**998**	H
1638	1354	771	273	2057	1063	746	911	61
997	244	1278	158	1106	430	1049	87	62
8213	**2186**	**3924**	**1625**	**5222**	**3270**	**4744**	**1374**	I
3321	2030	3055	1326	3929	2750	4297	1246	63
274	51	245	69	320	182	154	54	64
4618	105	624	230	973	338	293	74	65
390	**38**	**70**	**55**	**556**	**139**	**139**	**33**	J
191	28	45	51	465	92	94	25	66
12	6	9			32	9		67
		6	4		6	5		68
187	4	10		91	9	31	8	69

1-08 续表 2

行业大类	代码	从业人员数(人)	哈尔滨	齐齐哈尔	鸡西	鹤岗	双鸭山
房地产业	K	**126728**	**50239**	**8523**	**4719**	**5211**	**3656**
房地产业	70	126728	50239	8523	4719	5211	3656
租赁和商务服务业	L	**205330**	**132522**	**11686**	**7047**	**1930**	**5393**
租赁业	71	13675	7070	435	174	108	256
商务服务业	72	191655	125452	11251	6873	1822	5137
科学研究和技术服务业	M	**110261**	**66337**	**5748**	**2012**	**1066**	**2178**
研究和试验发展	73	14337	9703	622	144	87	46
专业技术服务业	74	69437	41406	3571	1267	739	1528
科技推广和应用服务业	75	26487	15228	1555	601	240	604
水利、环境和公共设施管理业	N	**67637**	**19373**	**9230**	**3853**	**1147**	**4058**
水利管理业	76	10949	3997	1648	641	238	296
生态保护和环境治理业	77	7612	1764	289	120	94	275
公共设施管理业	78	48190	13282	7141	3016	815	3397
土地管理业	79	886	330	152	76		90
居民服务、修理和其他服务业	O	**30775**	**16952**	**2590**	**728**	**350**	**725**
居民服务业	80	15068	6626	1844	494	211	484
机动车、电子产品和日用产品修理业	81	6358	3540	294	118	97	140
其他服务业	82	9349	6786	452	116	42	101
教育	P	**434857**	**153808**	**45720**	**18276**	**11649**	**15559**
教育	83	434857	153808	45720	18276	11649	15559
卫生和社会工作	Q	**270646**	**85407**	**35900**	**11745**	**10000**	**10977**
卫生	84	254232	81172	33163	11160	9728	10118
社会工作	85	16414	4235	2737	585	272	859
文化、体育和娱乐业	R	**48816**	**20997**	**3649**	**1678**	**1426**	**1603**
新闻和出版业	86	8835	3455	701	563	144	395
广播、电视、电影和录音制作业	87	8442	3385	354	94	435	213
文化艺术业	88	14053	5814	1403	475	482	469
体育	89	4612	2698	418	12	116	97
娱乐业	90	12874	5645	773	534	249	429
公共管理、社会保障和社会组织	S	**594350**	**146934**	**64593**	**33462**	**19029**	**36702**
中国共产党机关	91	21514	5089	2091	1178	509	2709
国家机构	92	460985	115906	45779	27319	15718	27542
人民政协、民主党派	93	2278	512	255	127	50	147
社会保障	94	5697	585	1293	444	163	484
群众团体、社会团体和其他成员组织	95	22589	6592	2458	757	444	1401
基层群众自治组织	96	81287	18250	12717	3637	2145	4419

大庆	伊春	佳木斯	七台河	牡丹江	黑河	绥化	大兴安岭	代码
24584	**2764**	**5964**	**1624**	**8223**	**3787**	**6533**	**901**	K
24584	2764	5964	1624	8223	3787	6533	901	70
11021	**2178**	**4889**	**1814**	**15587**	**3707**	**5964**	**1592**	L
1508	180	598	114	1491	363	1098	280	71
9513	1998	4291	1700	14096	3344	4866	1312	72
12930	**1073**	**3717**	**1645**	**5244**	**2563**	**4124**	**1624**	M
1680	161	863	57	573	205	135	61	73
8864	703	1901	929	3379	1596	2365	1189	74
2386	209	953	659	1292	762	1624	374	75
2942	**4191**	**4304**	**1600**	**3388**	**5884**	**5115**	**2552**	N
825	129	894	142	481	229	1381	48	76
124	151	484	19	285	3423	150	434	77
1970	3888	2825	1439	2553	2226	3575	2063	78
23	23	101		69	6	9	7	79
2284	**290**	**1278**	**424**	**2353**	**725**	**1851**	**225**	O
1053	228	731	353	1318	469	1163	94	80
718	40	376	53	391	203	291	97	81
513	22	171	18	644	53	397	34	82
40166	**11115**	**29964**	**7556**	**33069**	**19961**	**41573**	**6441**	P
40166	11115	29964	7556	33069	19961	41573	6441	83
20931	**8699**	**19786**	**6449**	**22354**	**11291**	**23293**	**3814**	Q
19900	8075	18289	5994	20690	10541	21774	3628	84
1031	624	1497	455	1664	750	1519	186	85
4976	**1564**	**2543**	**651**	**4804**	**1631**	**2354**	**940**	R
2304	285	264	142	69	114	189	210	86
321	88	586	224	1445	476	510	311	87
1442	818	646	56	895	569	723	261	88
179	83	214	38	439	80	179	59	89
730	290	833	191	1956	392	753	99	90
37987	**28423**	**45338**	**15803**	**46227**	**41443**	**62220**	**16189**	S
1238	1234	1575	611	1460	1279	1746	795	91
29138	22667	33862	13280	34718	33711	47840	13505	92
153	197	150	75	189	129	187	107	93
275	259	561	80	345	417	620	171	94
1177	1017	2286	441	2782	1040	1660	534	95
6006	3049	6904	1316	6733	4867	10167	1077	96

1-09 按地区、机构类型分组的法人单位数

地区	法人单位数(个)	企业	事业单位	机关	社会团体	民办非企业单位	基金会	居委会	村委会	其他法人
全省	**256191**	**194607**	**20312**	**8870**	**3946**	**7654**	**53**	**2923**	**9128**	**8698**
哈尔滨	102730	86792	4540	1482	1155	2783	34	954	1934	3056
齐齐哈尔	20535	13324	2536	1001	405	891	6	226	1265	881
鸡西	9174	6342	984	604	176	189		132	459	288
鹤岗	5624	3627	612	484	122	153	1	105	217	303
双鸭山	9336	6195	1122	531	217	213		182	485	391
大庆	25866	21938	1081	553	181	873	4	253	483	500
伊春	6252	3868	785	701	206	157		207	206	122
佳木斯	16681	11617	1580	660	247	515	3	208	983	868
七台河	3744	2316	533	275	107	86		36	218	173
牡丹江	23282	17428	1706	690	398	975	4	230	887	964
黑河	11183	7302	1438	507	322	486		159	570	399
绥化	16751	10849	2305	885	232	299	1	179	1341	660
大兴安岭	5033	3009	1090	497	178	34		52	80	93

1-10　按地区、机构类型分组的法人单位从业人员数

地　区	从业人员数（人）	企业	事业单位	机关	社会团体	民办非企业单位	基金会	居委会	村委会	其他法人
全　省	**4135303**	**2679403**	**855955**	**382171**	**16047**	**74051**	**261**	**23829**	**57458**	**46128**
哈尔滨	1540045	1100195	272480	93612	4975	35314	163	7011	11239	15056
齐齐哈尔	344124	183386	94929	39597	1568	7618	33	2430	10287	4276
鸡　西	187580	115289	40265	24956	439	1648		841	2796	1346
鹤　岗	145605	102676	25324	12819	273	1304		788	1357	1064
双鸭山	170196	101330	36870	23492	909	1732		1466	2953	1444
大　庆	500963	399550	59468	26037	827	6550	13	2387	3619	2512
伊　春	107672	50336	29548	22138	938	1134		2080	969	529
佳木斯	225439	119494	64845	24848	1874	4105	13	1134	5770	3356
七台河	107199	75742	16506	11406	360	979		173	1143	890
牡丹江	292390	175306	62365	28380	1529	8114	29	1740	4993	9934
黑　河	165453	83505	46339	24853	941	2382		1248	3619	2566
绥　化	291100	152958	83289	37813	1022	3038	10	1805	8362	2803
大兴安岭	57537	19636	23727	12220	392	133		726	351	352

1-11 按地区、开业(成立)

地区	法人单位数(个)	1949年以前	1950-1977年	1978-1991年	1992-2000年	2001年	2002年	2003年	2004年	2005年	2006年
全省	**256191**	**1839**	**8620**	**12989**	**12805**	**4408**	**3825**	**4342**	**4325**	**4737**	**5308**
哈尔滨	102730	502	1864	2961	5104	1583	1420	1571	1798	1906	2453
齐齐哈尔	20535	263	974	1332	996	460	354	721	386	343	399
鸡西	9174	116	517	709	601	162	185	161	144	225	251
鹤岗	5624	51	362	555	305	89	144	82	119	102	118
双鸭山	9336	74	431	684	364	182	146	150	200	208	129
大庆	25866	127	399	690	995	277	331	314	348	621	492
伊春	6252	27	611	543	329	214	143	118	105	99	119
佳木斯	16681	179	616	1240	782	290	237	260	231	268	258
七台河	3744	26	138	464	227	94	63	71	53	81	68
牡丹江	23282	187	767	1032	1230	314	295	384	378	417	414
黑河	11183	89	509	772	555	159	140	149	182	190	329
绥化	16751	187	1169	1511	984	428	224	284	285	204	192
大兴安岭	5033	11	263	496	333	156	143	77	96	73	86

时间分组的法人单位数

2007年	2008年	2009年	2010年	2011年	2012年	2013年	2014年	2015年	2016年	2017年	2018年	无开业年份
4896	**6005**	**7099**	**8925**	**8809**	**9562**	**10942**	**15690**	**19506**	**26665**	**32550**	**42236**	**108**
2084	2523	3122	3687	3968	3945	4884	7153	8415	11305	13934	16526	22
358	482	547	751	626	823	878	1100	1526	1955	2223	3027	11
208	285	292	344	298	336	347	500	620	795	960	1113	5
100	120	154	147	151	189	213	273	314	481	561	990	4
142	182	223	317	275	377	342	601	581	970	1214	1535	9
560	561	698	834	819	806	1001	1660	2258	3075	3758	5237	5
131	131	170	187	200	189	250	255	355	541	652	880	3
274	335	367	614	506	649	642	1068	1307	1608	2013	2932	5
55	85	97	138	124	125	137	187	247	321	333	610	
498	565	660	810	815	927	876	1230	1745	2516	3137	4074	11
206	285	261	407	352	431	475	684	760	1312	1410	1499	27
209	356	383	463	501	584	698	760	1044	1410	1737	3132	6
71	95	125	226	174	181	199	219	334	376	618	681	

1-12 按地区、开业(成立)时间

地　区	从业人员数(人)	1949年以前	1950-1977年	1978-1991年	1992-2000年
全　省	**4135303**	**185179**	**663882**	**416160**	**555001**
哈尔滨	1540045	78902	152202	145956	252013
齐齐哈尔	344124	21800	54858	35325	36426
鸡　西	187580	14840	23794	19368	18147
鹤　岗	145605	4029	13872	18572	20926
双鸭山	170196	3060	20860	19664	9903
大　庆	500963	6124	184918	29529	68967
伊　春	107672	2756	24590	12808	11109
佳木斯	225439	9554	29917	30432	26553
七台河	107199	2038	38441	12536	8719
牡丹江	292390	21198	33215	22373	37116
黑　河	165453	8171	26087	21749	24862
绥　化	291100	12525	51252	35183	33553
大兴安岭	57537	182	9876	12665	6707

1-12 续表

地　区	2008年	2009年	2010年	2011年	2012年
全　省	**101639**	**95712**	**121323**	**105149**	**94994**
哈尔滨	40420	36936	44321	43379	34687
齐齐哈尔	10698	5964	15142	7420	9773
鸡　西	4532	7485	7048	3520	3390
鹤　岗	2583	2130	3121	2172	2868
双鸭山	2990	3306	3120	4147	4801
大　庆	8730	8645	12714	10109	7395
伊　春	1808	2963	2357	3069	2276
佳木斯	4662	5729	7994	7206	6664
七台河	3121	1290	2476	1698	1550
牡丹江	7223	10261	10142	9359	7213
黑　河	3963	2638	3715	5036	4629
绥　化	9880	6725	6571	6733	8562
大兴安岭	1029	1640	2602	1301	1186

分组的法人单位从业人员数

2001年	2002年	2003年	2004年	2005年	2006年	2007年
146607	**92323**	**129146**	**110257**	**103657**	**91201**	**96850**
60840	32450	61850	42442	32538	37686	36927
10736	7967	15936	8574	8586	8219	10287
4617	4115	3420	3926	8992	3763	5885
2928	3796	1675	2995	3928	2710	1572
8375	2604	11028	9395	3298	1812	3165
12387	9815	7944	10173	16868	5974	12199
11022	2205	1795	2256	2209	2830	2903
6295	8949	4863	6451	5731	6276	8340
4637	2736	2930	2469	2973	1873	803
7872	6197	7304	7231	8930	6497	5348
5186	4556	1901	3814	3756	4751	3606
9329	5390	7843	9077	5226	6204	5278
2383	1543	657	1454	622	2606	537

2013年	2014年	2015年	2016年	2017年	2018年	无开业年份
114157	**187553**	**158607**	**210205**	**195106**	**160512**	**83**
43242	49729	73595	102173	76280	61450	27
9629	8596	15580	13171	16315	13115	7
2949	25224	4526	5604	6806	5629	
6479	29694	3791	6384	5706	3667	7
2815	24946	3641	12617	9180	5467	2
14732	11953	13930	14463	19335	14057	2
2454	2537	2763	4364	4121	2477	
4963	7844	8818	8515	9775	9903	5
1396	2803	2914	3171	3223	3402	
8257	10023	12800	15930	20125	17762	14
5407	4971	4969	7308	8282	6082	14
10838	7669	10015	13946	13516	15780	5
996	1564	1265	2559	2442	1721	

1-13 按行业(大类)、开业(成立)

行业大类	代码	法人单位数(个)	1949年以前	1950-1977年	1978-1991年
总计	00	**256191**	**1839**	**8620**	**12989**
农、林、牧、渔业	A	**4758**	**15**	**169**	**128**
农业	01	99	2	36	1
林业	02	44	5	20	13
畜牧业	03	5		1	
渔业	04	2			1
农、林、牧、渔专业及辅助性活动	05	4608	8	112	113
采矿业	B	**1664**	**1**	**10**	**31**
煤炭开采和洗选业	06	621	1	4	14
石油和天然气开采业	07	13		1	1
黑色金属矿采选业	08	59			1
有色金属矿采选业	09	65			1
非金属矿采选业	10	738		4	12
开采专业及辅助性活动	11	136		1	2
其他采矿业	12	32			
制造业	C	**26101**	**8**	**119**	**431**
农副食品加工业	13	4991	2	3	20
食品制造业	14	1233		5	9
酒、饮料和精制茶制造业	15	1154		6	10
烟草制品业	16	11			1
纺织业	17	238		5	4
纺织服装、服饰业	18	303		5	9
皮革、毛皮、羽毛及其制品和制鞋业	19	209	1	1	1
木材加工和木、竹、藤、棕、草制品业	20	1850		1	26
家具制造业	21	459			8
造纸和纸制品业	22	325		1	4
印刷和记录媒介复制业	23	682	1	8	32
文教、工美、体育和娱乐用品制造业	24	348		3	10
石油、煤炭及其他燃料加工业	25	549		2	2
化学原料和化学制品制造业	26	1544		3	15
医药制造业	27	346			4
化学纤维制造业	28	33			2
橡胶和塑料制品业	29	938		5	15
非金属矿物制品业	30	2522	1	14	90
黑色金属冶炼和压延加工业	31	92		2	2
有色金属冶炼和压延加工业	32	86		2	1
金属制品业	33	1574	1	7	31
通用设备制造业	34	2307		13	54
专用设备制造业	35	1856	2	7	28

时间分组的法人单位数

1992–2000年	2001年	2002年	2003年	2004年	2005年	2006年	2007年	2008年	代码
12805	**4408**	**3825**	**4342**	**4325**	**4737**	**5308**	**4896**	**6005**	**00**
108	**28**	**14**	**14**	**17**	**22**	**24**	**29**	**98**	**A**
43	2		1	2	2	2	3	1	01
3									02
	1	1					1		03
					1				04
62	25	13	13	15	19	22	25	97	05
103	**24**	**44**	**52**	**34**	**60**	**91**	**57**	**77**	**B**
51	13	32	32	21	40	55	20	43	06
3	1						1		07
		2	2	2	7	4	6	7	08
4	2	1	1	1	3	10	7	5	09
28	4	6	8	8	9	13	10	19	10
17	2	2	9	2	1	7	13	3	11
	2	1				2			12
2028	**511**	**571**	**753**	**825**	**875**	**918**	**833**	**1074**	**C**
193	87	76	144	186	171	169	154	328	13
87	27	31	34	21	37	32	36	50	14
112	33	30	28	31	32	36	27	51	15
2				1		2	1		16
21	3	3	10	8	14	8	8	4	17
36	5	5	3	2	5	5	4	7	18
3	1	2	1	1	3	4	3	3	19
87	33	39	51	59	61	92	68	60	20
38	7	12	9	13	15	9	14	18	21
32	3	14	17	14	23	13	12	8	22
88	20	23	30	29	25	26	30	20	23
28	6	8	10	8	13	8	11	10	24
27	7	9	5	10	12	8	6	9	25
129	30	41	51	45	48	62	42	40	26
66	19	11	12	12	8	9	9	3	27
1	1			1		1		1	28
93	27	21	35	32	40	27	36	36	29
192	41	47	34	47	62	91	67	83	30
14	4	2	1	2	5	5	6	8	31
12	1	2	4	5	2	5	3	2	32
114	31	35	44	55	44	51	63	62	33
275	39	64	89	106	97	107	103	107	34
127	37	42	61	67	77	56	57	76	35

1-13 续表 1

行业大类	代码	法人单位数(个)	1949年以前	1950-1977年	1978-1991年
汽车制造业	36	276		5	10
铁路、船舶、航空航天和其他运输设备制造业	37	127		2	6
电气机械和器材制造业	38	728		3	16
计算机、通信和其他电子设备制造业	39	212		2	4
仪器仪表制造业	40	230		9	2
其他制造业	41	249		2	4
废弃资源综合利用业	42	158		1	1
金属制品、机械和设备修理业	43	471		2	10
电力、热力、燃气及水生产和供应业	**D**	**2284**	**5**	**58**	**110**
电力、热力生产和供应业	44	1720	4	47	58
燃气生产和供应业	45	197			
水的生产和供应业	46	367	1	11	52
建筑业	**E**	**13859**	**8**	**75**	**236**
房屋建筑业	47	3146	7	53	127
土木工程建筑业	48	2700		18	66
建筑安装业	49	2520	1	3	34
建筑装饰、装修和其他建筑业	50	5493		1	9
批发和零售业	**F**	**69493**	**42**	**142**	**786**
批发业	51	39872	7	43	313
零售业	52	29621	35	99	473
交通运输、仓储和邮政业	**G**	**9398**	**25**	**145**	**243**
铁路运输业	53	14		1	2
道路运输业	54	5994	5	71	142
水上运输业	55	76	2	1	3
航空运输业	56	53		2	2
管道运输业	57				
多式联运和运输代理业	58	594			3
装卸搬运和仓储业	59	2136	18	67	89
邮政业	60	531		3	2
住宿和餐饮业	**H**	**2706**	**4**	**18**	**86**
住宿业	61	1104	2	9	71
餐饮业	62	1602	2	9	15
信息传输、软件和信息技术服务业	**I**	**10182**	**1**	**19**	**64**
电信、广播电视和卫星传输服务	63	768	1	18	47
互联网和相关服务	64	1120			3
软件和信息技术服务业	65	8294		1	15
金融业	**J**	**1487**	**4**	**9**	**50**
货币金融服务	66	747	4	9	48
资本市场服务	67	140			
保险业	68	471			1
其他金融业	69	129			1

1992–2000年	2001年	2002年	2003年	2004年	2005年	2006年	2007年	2008年	代码
48	11	13	11	10	6	11	10	12	36
21	2	1	7	2	6	6	4	5	37
78	18	18	31	28	36	42	23	35	38
22	5	2	8	6	7	5	6	6	39
38	4	5	13	12	12	7	10	12	40
9	1	3	1	3	4	3	3	3	41
4	1	2	1			5	1	2	42
31	7	10	8	9	10	13	16	13	43
125	**36**	**36**	**40**	**39**	**37**	**37**	**45**	**68**	**D**
93	19	26	35	26	23	24	37	46	44
12	1	3	2	3	5	5	2	7	45
20	16	7	3	10	9	8	6	15	46
773	**197**	**163**	**204**	**237**	**257**	**258**	**228**	**285**	**E**
282	78	47	47	60	78	78	66	80	47
179	31	38	45	67	55	42	42	48	48
162	54	37	50	44	46	53	56	49	49
150	34	41	62	66	78	85	64	108	50
2131	**583**	**705**	**842**	**892**	**1118**	**1120**	**1232**	**1686**	**F**
1094	353	393	449	489	712	715	790	1053	51
1037	230	312	393	403	406	405	442	633	52
401	**90**	**87**	**105**	**99**	**117**	**163**	**217**	**249**	**G**
4				1	1				53
261	63	59	75	73	79	111	97	141	54
4	3	1	1	3	1	2	5	1	55
1	2	1	1	3	1	2	2		56
									57
14	6	3	7	7	10	24	11	13	58
96	12	20	19	11	25	22	90	77	59
21	4	3	2	1		2	12	17	60
144	**30**	**30**	**38**	**31**	**43**	**51**	**38**	**53**	**H**
93	18	16	20	19	21	34	25	32	61
51	12	14	18	12	22	17	13	21	62
142	**61**	**54**	**82**	**84**	**80**	**110**	**116**	**151**	**I**
44	23	14	19	22	7	5	9	27	63
12	2	9	5	6	10	7	10	12	64
86	36	31	58	56	63	98	97	112	65
147	**12**	**42**	**40**	**29**	**51**	**46**	**75**	**108**	**J**
114	7	12	9	7	10	7	21	35	66
5	1	1	2	1	1	1	2	3	67
24	1	27	23	17	36	36	48	66	68
4	3	2	6	4	4	2	4	4	69

1-13 续表 2

行业大类	代码	法人单位数（个）	1949年以前	1950-1977年	1978-1991年
房地产业	K	**9574**	**3**	**22**	**94**
房地产业	70	9574	3	22	94
租赁和商务服务业	L	**24764**	**23**	**63**	**317**
租赁业	71	4009		1	3
商务服务业	72	20755	23	62	314
科学研究和技术服务业	M	**15612**	**21**	**286**	**401**
研究和试验发展	73	2186	2	41	34
专业技术服务业	74	7246	12	165	219
科技推广和应用服务业	75	6180	7	80	148
水利、环境和公共设施管理业	N	**2346**	**24**	**145**	**256**
水利管理业	76	566	13	89	116
生态保护和环境治理业	77	280	2	11	20
公共设施管理业	78	1407	8	45	118
土地管理业	79	93	1		2
居民服务、修理和其他服务业	O	**4816**	**1**	**49**	**60**
居民服务业	80	2089		44	38
机动车、电子产品和日用产品修理业	81	1568		4	11
其他服务业	82	1159	1	1	11
教育	P	**11671**	**381**	**1641**	**958**
教育	83	11671	381	1641	958
卫生和社会工作	Q	**6162**	**105**	**1007**	**578**
卫生	84	4207	97	986	516
社会工作	85	1955	8	21	62
文化、体育和娱乐业	R	**6496**	**31**	**196**	**280**
新闻和出版业	86	166	3	9	32
广播、电视、电影和录音制作业	87	469	1	25	34
文化艺术业	88	1952	24	151	186
体育	89	650	1	6	14
娱乐业	90	3259	2	5	14
公共管理、社会保障和社会组织	S	**32818**	**1137**	**4447**	**7880**
中国共产党机关	91	1320	124	282	418
国家机构	92	13922	468	1725	3246
人民政协、民主党派	93	203	9	55	95
社会保障	94	333	2	7	55
群众团体、社会团体和其他成员组织	95	4989	111	228	590
基层群众自治组织	96	12051	423	2150	3476

1992–2000年	2001年	2002年	2003年	2004年	2005年	2006年	2007年	2008年	代码
473	**155**	**163**	**217**	**230**	**233**	**259**	**279**	**292**	K
473	155	163	217	230	233	259	279	292	70
786	**256**	**217**	**249**	**290**	**264**	**309**	**370**	**410**	L
48	11	9	9	11	25	18	29	27	71
738	245	208	240	279	239	291	341	383	72
594	**183**	**162**	**242**	**224**	**222**	**262**	**284**	**283**	M
51	14	15	25	20	23	27	38	38	73
397	114	112	139	135	130	179	189	163	74
146	55	35	78	69	69	56	57	82	75
226	**51**	**34**	**90**	**36**	**36**	**46**	**40**	**46**	N
90	18	14	32	4	5	7	8	9	76
20	3	4	9	10	7	6	8	4	77
113	28	16	46	20	19	29	23	32	78
3	2		3	2	5	4	1	1	79
161	**47**	**47**	**53**	**49**	**69**	**82**	**87**	**101**	O
81	19	32	24	28	29	37	31	36	80
51	20	12	20	13	27	33	36	45	81
29	8	3	9	8	13	12	20	20	82
719	**180**	**141**	**206**	**161**	**212**	**179**	**196**	**248**	P
719	180	141	206	161	212	179	196	248	83
353	**96**	**81**	**136**	**114**	**108**	**106**	**133**	**129**	Q
278	76	56	92	93	77	69	87	76	84
75	20	25	44	21	31	37	46	53	85
171	**51**	**85**	**75**	**75**	**81**	**63**	**68**	**117**	R
19	3	3	6	3	2	1	3	6	86
21	3	3	2	7	5	4	9	12	87
89	31	15	26	37	23	19	20	29	88
15	3	3	6	6	6	5	7	7	89
27	11	61	35	22	45	34	29	63	90
3220	**1817**	**1149**	**904**	**859**	**852**	**1184**	**569**	**530**	S
124	92	36	6	19	4	16	5	5	91
1644	711	445	383	464	293	257	221	250	92
16	3	4	6	1		1			93
72	12	6	14	11	7	9	18	11	94
751	142	99	126	94	97	112	197	176	95
613	857	559	369	270	451	789	128	88	96

1-13 续表 3

行业大类	代码	2009年	2010年	2011年	2012年
总　计	**00**	**7099**	**8925**	**8809**	**9562**
农、林、牧、渔业	**A**	**238**	**335**	**256**	**343**
农业	01				
林业	02		1		
畜牧业	03				
渔业	04				
农、林、牧、渔专业及辅助性活动	05	238	334	256	343
采矿业	**B**	**72**	**81**	**70**	**70**
煤炭开采和洗选业	06	26	25	30	18
石油和天然气开采业	07			1	2
黑色金属矿采选业	08	2	3	4	
有色金属矿采选业	09	8	6	3	4
非金属矿采选业	10	21	41	24	42
开采专业及辅助性活动	11	15	3	4	2
其他采矿业	12		3	4	2
制造业	**C**	**1067**	**1314**	**1274**	**1345**
农副食品加工业	13	309	240	222	285
食品制造业	14	33	30	44	60
酒、饮料和精制茶制造业	15	33	45	46	65
烟草制品业	16			1	2
纺织业	17	5	11	4	11
纺织服装、服饰业	18	8	9	7	18
皮革、毛皮、羽毛及其制品和制鞋业	19	2	4	7	5
木材加工和木、竹、藤、棕、草制品业	20	69	113	73	94
家具制造业	21	15	26	29	19
造纸和纸制品业	22	10	18	9	13
印刷和记录媒介复制业	23	29	27	33	34
文教、工美、体育和娱乐用品制造业	24	9	14	15	20
石油、煤炭及其他燃料加工业	25	9	15	8	17
化学原料和化学制品制造业	26	54	89	81	79
医药制造业	27	16	9	15	11
化学纤维制造业	28	1	1	1	1
橡胶和塑料制品业	29	35	50	54	48
非金属矿物制品业	30	111	186	219	183
黑色金属冶炼和压延加工业	31	4	5	3	5
有色金属冶炼和压延加工业	32	5		4	5
金属制品业	33	49	105	100	85
通用设备制造业	34	90	122	122	90
专用设备制造业	35	71	83	75	89

2013年	2014年	2015年	2016年	2017年	2018年	无开业年份	代码
10942	**15690**	**19506**	**26665**	**32550**	**42236**	**108**	**00**
521	**553**	**378**	**431**	**441**	**591**	**5**	**A**
	1				3		01
	1				1		02
1							03
							04
520	551	378	431	441	587	5	05
78	**106**	**112**	**154**	**176**	**160**	**1**	**B**
21	29	23	28	50	44	1	06
		2	1				07
2	4	4	3	3	3		08
1	2		3	3			09
45	63	75	102	105	99		10
7	5	8	11	12	10		11
2	3		6	3	4		12
1372	**1708**	**1839**	**2090**	**2335**	**2805**	**6**	**C**
323	391	360	452	427	449		13
55	85	120	126	168	143		14
75	94	107	98	101	93	1	15
					1		16
14	18	17	21	24	25		17
19	15	32	25	39	45		18
22	17	31	44	34	16		19
106	121	125	135	160	276	1	20
26	27	40	60	43	31		21
20	21	22	21	22	28		22
30	32	38	36	46	45		23
17	22	24	35	36	41		24
28	47	32	23	62	211		25
85	103	101	110	131	205		26
15	12	19	32	31	33		27
1	1	3	3	8	6		28
56	60	43	62	74	89		29
142	143	160	175	199	233	2	30
6		5	2	7	4		31
2	5	7	3	3	13		32
67	109	104	110	158	148	1	33
77	117	137	148	165	185		34
82	117	162	171	186	183		35

1-13 续表 4

行业大类	代码				
		2009年	2010年	2011年	2012年
汽车制造业	36	8	11	9	9
铁路、船舶、航空航天和其他运输设备制造业	37	5	2	3	4
电气机械和器材制造业	38	44	47	39	28
计算机、通信和其他电子设备制造业	39	12	9	10	9
仪器仪表制造业	40	11	12	10	8
其他制造业	41	6	8	6	11
废弃资源综合利用业	42	1	7	4	8
金属制品、机械和设备修理业	43	13	16	21	29
电力、热力、燃气及水生产和供应业	**D**	**93**	**118**	**105**	**98**
电力、热力生产和供应业	44	63	87	77	76
燃气生产和供应业	45	4	17	15	9
水的生产和供应业	46	26	14	13	13
建筑业	**E**	**306**	**394**	**482**	**400**
房屋建筑业	47	88	105	117	83
土木工程建筑业	48	58	69	87	82
建筑安装业	49	50	66	85	73
建筑装饰、装修和其他建筑业	50	110	154	193	162
批发和零售业	**F**	**2011**	**2316**	**2531**	**2919**
批发业	51	1225	1364	1526	1844
零售业	52	786	952	1005	1075
交通运输、仓储和邮政业	**G**	**297**	**360**	**354**	**407**
铁路运输业	53	3		2	
道路运输业	54	160	220	226	237
水上运输业	55	3	3	8	6
航空运输业	56	2	2	3	1
管道运输业	57				
多式联运和运输代理业	58	17	26	23	23
装卸搬运和仓储业	59	84	57	75	125
邮政业	60	28	52	17	15
住宿和餐饮业	**H**	**70**	**70**	**68**	**98**
住宿业	61	42	41	42	58
餐饮业	62	28	29	26	40
信息传输、软件和信息技术服务业	**I**	**170**	**207**	**240**	**256**
电信、广播电视和卫星传输服务	63	10	20	10	14
互联网和相关服务	64	17	25	7	25
软件和信息技术服务业	65	143	162	223	217
金融业	**J**	**82**	**90**	**119**	**105**
货币金融服务	66	53	69	85	72
资本市场服务	67	4	1	4	6
保险业	68	19	17	18	16
其他金融业	69	6	3	12	11

2013年	2014年	2015年	2016年	2017年	2018年	无开业年份	代码
9	10	17	22	20	14		36
3	6	8	15	10	9		37
32	37	37	42	42	52		38
10	12	15	19	21	22		39
13	12	11	8	15	6		40
8	16	19	29	24	86		41
8	12	7	14	25	53	1	42
21	46	33	49	54	60		43
121	**125**	**132**	**176**	**375**	**305**		**D**
81	86	96	139	331	246		44
19	20	14	11	18	30		45
21	19	22	26	26	29		46
452	**755**	**913**	**1712**	**2460**	**3051**	**13**	**E**
78	107	150	339	501	572	3	47
77	152	175	331	461	574	3	48
107	136	175	291	439	506	3	49
190	360	413	751	1059	1399	4	50
3504	**5128**	**6553**	**9161**	**10438**	**13622**	**31**	**F**
2202	3306	3833	4756	5584	7807	14	51
1302	1822	2720	4405	4854	5815	17	52
425	**745**	**822**	**969**	**1408**	**1667**	**3**	**G**
							53
243	422	490	627	983	1206	3	54
3	11	7	2	3	3		55
2	6	5	5	3	7		56
							57
17	42	81	82	81	104		58
141	223	191	213	223	258		59
19	41	48	40	115	89		60
122	**184**	**238**	**303**	**429**	**558**		**H**
61	92	91	82	123	112		61
61	92	147	221	306	446		62
326	**690**	**1002**	**1401**	**2042**	**2878**	**6**	**I**
13	82	61	49	138	135		63
33	67	119	162	211	378		64
280	541	822	1190	1693	2365	6	65
73	**93**	**75**	**68**	**85**	**83**	**1**	**J**
47	41	26	28	16	26	1	66
8	25	28	12	18	17		67
11	8	11	22	36	34		68
7	19	10	6	15	6		69

1-13 续表 5

行业大类	代码				
		2009年	2010年	2011年	2012年
房地产业	K	**439**	**585**	**564**	**440**
房地产业	70	439	585	564	440
租赁和商务服务业	L	**515**	**686**	**858**	**862**
租赁业	71	52	91	119	129
商务服务业	72	463	595	739	733
科学研究和技术服务业	M	**291**	**403**	**411**	**484**
研究和试验发展	73	38	49	55	60
专业技术服务业	74	165	237	201	235
科技推广和应用服务业	75	88	117	155	189
水利、环境和公共设施管理业	N	**57**	**78**	**77**	**75**
水利管理业	76	8	14	13	9
生态保护和环境治理业	77	11	12	11	15
公共设施管理业	78	34	50	48	46
土地管理业	79	4	2	5	5
居民服务、修理和其他服务业	O	**119**	**146**	**181**	**156**
居民服务业	80	39	58	56	58
机动车、电子产品和日用产品修理业	81	54	60	86	65
其他服务业	82	26	28	39	33
教育	P	**217**	**314**	**253**	**368**
教育	83	217	314	253	368
卫生和社会工作	Q	**131**	**147**	**189**	**218**
卫生	84	87	92	113	118
社会工作	85	44	55	76	100
文化、体育和娱乐业	R	**486**	**262**	**174**	**237**
新闻和出版业	86	8	7	6	12
广播、电视、电影和录音制作业	87	7	10	19	18
文化艺术业	88	58	38	35	55
体育	89	8	9	16	14
娱乐业	90	405	198	98	138
公共管理、社会保障和社会组织	S	**438**	**1019**	**603**	**681**
中国共产党机关	91	11	19	12	4
国家机构	92	209	665	349	364
人民政协、民主党派	93		2	1	1
社会保障	94	13	21	14	13
群众团体、社会团体和其他成员组织	95	141	154	135	209
基层群众自治组织	96	64	158	92	90

2013年	2014年	2015年	2016年	2017年	2018年	无开业年份	代码
422	**562**	**552**	**844**	**1074**	**1669**	**3**	K
422	562	552	844	1074	1669	3	70
1169	**1863**	**2478**	**3292**	**4119**	**5352**	**16**	L
195	293	444	616	850	1026	3	71
974	1570	2034	2676	3269	4326	13	72
598	**977**	**1283**	**1876**	**2427**	**3687**	**11**	M
83	146	191	307	386	540	3	73
300	446	569	790	921	1422	6	74
215	385	523	779	1120	1725	2	75
91	**89**	**188**	**214**	**230**	**216**	**1**	N
20	10	31	24	20	12		76
9	10	28	15	25	40		77
58	66	123	159	168	157	1	78
4	3	6	16	17	7		79
223	**331**	**411**	**665**	**780**	**996**	**2**	O
77	119	176	302	328	475	2	80
78	121	131	203	233	265		81
68	91	104	160	219	256		82
446	**541**	**651**	**884**	**1153**	**1619**	**3**	P
446	541	651	884	1153	1619	3	83
176	**283**	**392**	**546**	**569**	**564**	**1**	Q
97	102	230	254	306	304	1	84
79	181	162	292	263	260		85
248	**414**	**649**	**798**	**853**	**1078**	**4**	R
6	10	9	9	6	3		86
11	27	52	47	60	92		87
55	82	120	229	276	353	1	88
16	40	72	99	121	176		89
160	255	396	414	390	454	3	90
575	**543**	**838**	**1081**	**1156**	**1335**	**1**	S
3	5	9	24	71	31		91
239	227	392	505	524	340	1	92
	1	1	4	2	1		93
3	5	8	13	14	5		94
172	204	244	295	345	367		95
158	101	184	240	200	591		96

1-14 按行业(大类)、开业(成立)时间

行业大类	代码	从业人员数(人)	1949年以前	1950-1977年	1978-1991年
总 计	**00**	**4135303**	**185179**	**663882**	**416160**
农、林、牧、渔业	**A**	**106684**	**53**	**9541**	**7537**
农业	01				
林业	02				
畜牧业	03				
渔业	04				
农、林、牧、渔专业及辅助性活动	05	106684	53	9541	7537
采矿业	**B**	**307089**	**8128**	**158294**	**1805**
煤炭开采和洗选业	06	157572	8128	30846	1639
石油和天然气开采业	07	107844		107345	36
黑色金属矿采选业	08	1631			17
有色金属矿采选业	09	3954			13
非金属矿采选业	10	8491		159	97
开采专业及辅助性活动	11	27283		19944	3
其他采矿业	12	314			
制造业	**C**	**629992**	**2015**	**34303**	**27718**
农副食品加工业	13	106798	18	5	506
食品制造业	14	35647		458	1175
酒、饮料和精制茶制造业	15	24558		905	221
烟草制品业	16	5203			556
纺织业	17	9623		5	469
纺织服装、服饰业	18	3776		10	50
皮革、毛皮、羽毛及其制品和制鞋业	19	3214			
木材加工和木、竹、藤、棕、草制品业	20	26302		172	418
家具制造业	21	11115			113
造纸和纸制品业	22	7401		4	234
印刷和记录媒介复制业	23	7954	27	221	901
文教、工美、体育和娱乐用品制造业	24	4462		41	506
石油、煤炭及其他燃料加工业	25	47736		2392	16
化学原料和化学制品制造业	26	37815		422	284
医药制造业	27	41970			15103
化学纤维制造业	28	893			
橡胶和塑料制品业	29	14357		39	411
非金属矿物制品业	30	42945	293	606	1845
黑色金属冶炼和压延加工业	31	15979		4024	10
有色金属冶炼和压延加工业	32	5859		4041	6
金属制品业	33	18535	704	140	915
通用设备制造业	34	42595		7350	1912
专用设备制造业	35	38370	973	9421	859

分组的法人单位从业人员数

1992–2000年	2001年	2002年	2003年	2004年	2005年	2006年	2007年	2008年	代码
555001	**146607**	**92323**	**129146**	**110257**	**103657**	**91201**	**96850**	**101639**	**00**
60515	**1549**	**31**	**297**	**2582**	**1235**	**1210**	**479**	**436**	**A**
									01
									02
									03
									04
60515	1549	31	297	2582	1235	1210	479	436	05
12642	**7310**	**3711**	**4571**	**5350**	**8139**	**5136**	**1841**	**2548**	**B**
5339	7052	3253	3085	4786	7266	2162	1029	1661	06
453							2		07
			639	60	497	67	108	45	08
184	24	420		125	126	2093	392	34	09
1591	99	36	103	320	249	556	86	480	10
5075	135	2	744	59	1	43	224	328	11
						215			12
140903	**28262**	**17143**	**28004**	**27451**	**31101**	**22651**	**29466**	**24583**	**C**
10648	3729	3800	3560	7360	5023	4592	4355	9012	13
8287	1150	1458	3426	748	1933	1390	1930	1109	14
5362	959	1896	409	741	1964	1312	326	1289	15
				12		177	4240		16
1321	23	142	716	341	1088	235	46	28	17
467	154	24	44	2	126	51	41	70	18
3	6	23	8	1	68	2	40	168	19
3347	851	763	768	788	1414	1376	1165	581	20
3043	553	712	148	215	481	873	133	321	21
2591	57	487	177	324	456	209	170	95	22
1664	249	160	400	301	479	219	463	576	23
680	58	64	394	220	213	109	173	74	24
27457	3299	1394	852	2199	1768	870	538	2461	25
10898	755	574	1132	4044	1013	2138	1711	1953	26
13363	2791	817	465	1059	1246	486	534	88	27
3				2				88	28
1361	1363	428	381	2983	991	290	430	497	29
6533	1057	1077	1850	1068	1964	1737	1016	1875	30
869	4746	1	3471	31	141	57	33	40	31
49		6	13	31	4	376	167	1	32
1668	1982	456	1163	816	774	985	972	564	33
12093	489	1370	1784	1891	1780	2065	1041	980	34
4027	2615	657	2769	1002	1910	1471	541	1461	35

1-14 续表 1

行业大类	代码	从业人员数(人)	1949年以前	1950-1977年	1978-1991年
汽车制造业	36	16679		188	323
铁路、船舶、航空航天和其他运输设备制造业	37	16074		362	442
电气机械和器材制造业	38	25685		1968	188
计算机、通信和其他电子设备制造业	39	4807		7	36
仪器仪表制造业	40	6776		1479	12
其他制造业	41	1842			36
废弃资源综合利用业	42	2119		10	27
金属制品、机械和设备修理业	43	2903		33	144
电力、热力、燃气及水生产和供应业	**D**	**159384**	**2334**	**16174**	**43590**
电力、热力生产和供应业	44	125637	1551	13643	38723
燃气生产和供应业	45	9194			
水的生产和供应业	46	24553	783	2531	4867
建筑业	**E**	**279105**	**823**	**38557**	**27510**
房屋建筑业	47	119588	823	6394	10439
土木工程建筑业	48	99535		29773	14427
建筑安装业	49	31275		2389	2106
建筑装饰、装修和其他建筑业	50	28707		1	538
批发和零售业	**F**	**407918**	**1466**	**4330**	**18241**
批发业	51	207480	192	2099	8715
零售业	52	200438	1274	2231	9526
交通运输、仓储和邮政业	**G**	**185912**	**10077**	**11496**	**12448**
铁路运输业	53				
道路运输业	54	83472	8629	6748	7909
水上运输业	55	1062	224	8	166
航空运输业	56	7340		92	477
管道运输业	57				
多式联运和运输代理业	58	2809			56
装卸搬运和仓储业	59	38389	1224	3171	3817
邮政业	60	52840		1477	23
住宿和餐饮业	**H**	**41951**	**435**	**1106**	**2797**
住宿业	61	26573	395	1051	2327
餐饮业	62	15378	40	55	470
信息传输、软件和信息技术服务业	**I**	**123404**	**2242**	**1073**	**1087**
电信、广播电视和卫星传输服务	63	84128	2242	1047	778
互联网和相关服务	64	4626			23
软件和信息技术服务业	65	34650		26	286
金融业	**J**	**4464**			**9**
货币金融服务	66	2881			9
资本市场服务	67	364			
保险业	68	82			
其他金融业	69	1137			

1992–2000年	2001年	2002年	2003年	2004年	2005年	2006年	2007年	2008年	代码
6639	644	64	314	595	210	538	112	100	36
3371	115	43	507	59	1973	348	6192	511	37
11290	461	377	879	291	3856	400	1378	368	38
2081	36	15	129	67	31	22	698	57	39
1236	62	132	2154	89	121	101	353	87	40
203	2	2	5	156	14	11	18	77	41
35	6	166	5			152	4	9	42
314	50	35	81	15	60	59	646	43	43
14662	**3359**	**3354**	**8406**	**5973**	**5945**	**4874**	**5766**	**4074**	**D**
12918	2901	2687	4318	4921	3300	1642	3138	3285	44
445	5	26	675	177	1999	2630	155	291	45
1299	453	641	3413	875	646	602	2473	498	46
51620	**13374**	**14157**	**21922**	**6796**	**5312**	**8341**	**3534**	**7717**	**E**
24066	9241	6286	17745	2741	1956	4459	1287	2562	47
18077	2229	5813	2600	1519	1642	1495	1448	3810	48
7218	1370	1589	983	2046	734	997	414	721	49
2259	534	469	594	490	980	1390	385	624	50
41881	**7308**	**15910**	**8222**	**13493**	**9553**	**9476**	**13683**	**12303**	**F**
26057	4020	4783	3313	5634	4437	4890	6473	6300	51
15824	3288	11127	4909	7859	5116	4586	7210	6003	52
31814	**1356**	**3124**	**12503**	**2366**	**2644**	**1667**	**5696**	**8245**	**G**
									53
10464	1171	1561	2579	2126	2010	1075	1286	3340	54
67	21	7	6	85	2	14	95		55
306	10	384	4813	14	3	9	2		56
									57
113	21	6	56	46	206	98	54	26	58
3680	106	1117	344	93	423	423	4040	2069	59
17184	27	49	4705	2		48	219	2810	60
6168	**562**	**596**	**640**	**536**	**1751**	**1130**	**1804**	**1025**	**H**
4327	349	516	290	303	1298	746	1399	687	61
1841	213	80	350	233	453	384	405	338	62
12937	**32491**	**1227**	**3438**	**9958**	**459**	**1761**	**1272**	**8626**	**I**
10259	32052	933	3011	9485	65	30	47	8011	63
136	3	79	64	28	27	561	48	66	64
2542	436	215	363	445	367	1170	1177	549	65
1345	**28**	**300**	**23**	**100**	**34**	**32**	**41**	**190**	**J**
1239	4	24	9	9	19	20	27	41	66
11	17			5			8	96	67
									68
95	7	276	14	86	15	12	6	53	69

1-14 续表 2

行业大类	代码	从业人员数(人)	1949年以前	1950-1977年	1978-1991年
房地产业	K	**126728**	**11**	**5845**	**4103**
房地产业	70	126728	11	5845	4103
租赁和商务服务业	L	**205330**	**8342**	**4769**	**11877**
租赁业	71	13675		3	45
商务服务业	72	191655	8342	4766	11832
科学研究和技术服务业	M	**110261**	**1145**	**12360**	**11060**
研究和试验发展	73	14337	375	2195	1498
专业技术服务业	74	69437	605	8311	6782
科技推广和应用服务业	75	26487	165	1854	2780
水利、环境和公共设施管理业	N	**67637**	**1883**	**11919**	**15742**
水利管理业	76	10949	258	3329	2156
生态保护和环境治理业	77	7612	10	3669	603
公共设施管理业	78	48190	1602	4921	12943
土地管理业	79	886	13		40
居民服务、修理和其他服务业	O	**30775**	**20**	**1476**	**1731**
居民服务业	80	15068		1274	1537
机动车、电子产品和日用产品修理业	81	6358		155	48
其他服务业	82	9349	20	47	146
教育	P	**434857**	**46026**	**144224**	**64623**
教育	83	434857	46026	144224	64623
卫生和社会工作	Q	**270646**	**45447**	**93921**	**25093**
卫生	84	254232	45037	93125	24481
社会工作	85	16414	410	796	612
文化、体育和娱乐业	R	**48816**	**1507**	**4824**	**3916**
新闻和出版业	86	8835	898	573	608
广播、电视、电影和录音制作业	87	8442	2	470	1187
文化艺术业	88	14053	569	3183	1724
体育	89	4612		481	250
娱乐业	90	12874	38	117	147
公共管理、社会保障和社会组织	S	**594350**	**53225**	**109670**	**135273**
中国共产党机关	91	21514	3109	6161	5425
国家机构	92	460985	46457	87586	103083
人民政协、民主党派	93	2278	114	819	998
社会保障	94	5697	43	224	1556
群众团体、社会团体和其他成员组织	95	22589	946	1503	2891
基层群众自治组织	96	81287	2556	13377	21320

1992–2000年	2001年	2002年	2003年	2004年	2005年	2006年	2007年	2008年	代码
12333	**3065**	**2521**	**6523**	**5810**	**6968**	**4053**	**7191**	**4049**	K
12333	3065	2521	6523	5810	6968	4053	7191	4049	70
17946	**1673**	**3526**	**2222**	**2851**	**2125**	**4042**	**5179**	**4568**	L
765	44	118	22	76	118	81	74	98	71
17181	1629	3408	2200	2775	2007	3961	5105	4470	72
15217	**3888**	**2848**	**3199**	**1972**	**2036**	**3161**	**2051**	**2472**	M
860	85	110	341	204	183	766	206	181	73
13068	3474	2602	2324	1427	1296	1974	1639	1521	74
1289	329	136	534	341	557	421	206	770	75
8079	**1530**	**456**	**1862**	**1449**	**1217**	**927**	**2824**	**826**	N
2117	296	124	251	120	95	69	290	61	76
651	15	104	85	337	233	221	125	64	77
5268	1210	228	1509	991	863	635	2378	697	78
43	9		17	1	26	2	31	4	79
1990	**399**	**340**	**416**	**309**	**519**	**905**	**574**	**721**	O
985	194	265	225	211	290	383	220	407	80
413	85	53	51	60	89	249	170	222	81
592	120	22	140	38	140	273	184	92	82
44801	**8148**	**5898**	**7882**	**5182**	**8731**	**4365**	**6110**	**5836**	P
44801	8148	5898	7882	5182	8731	4365	6110	5836	83
11606	**3509**	**1071**	**3942**	**5549**	**5913**	**5822**	**2875**	**4815**	Q
10881	3344	861	3700	5427	5535	5452	2189	4018	84
725	165	210	242	122	378	370	686	797	85
4717	**332**	**392**	**573**	**712**	**436**	**320**	**691**	**780**	R
1831	159	73	45	69	7	5	83	128	86
1166	8	13	35	349	9	9	214	260	87
1109	118	108	345	118	214	148	278	211	88
163	4	31	30	128	102	83	38	44	89
448	43	167	118	48	104	75	78	137	90
63825	**28464**	**15718**	**14501**	**11818**	**9539**	**11328**	**5773**	**7825**	S
1518	1092	425	895	149	50	218	22	46	91
52158	20708	10172	9868	9221	5649	5142	3544	6232	92
113	10	45	56	9		16			93
1265	138	83	115	69	120	322	206	241	94
4501	513	735	378	337	338	433	1062	629	95
4270	6003	4258	3189	2033	3382	5197	939	677	96

1-14 续表 3

行业大类	代码	2009年	2010年	2011年	2012年
总 计	**00**	**95712**	**121323**	**105149**	**94994**
农、林、牧、渔业	**A**	**1613**	**2241**	**1252**	**1943**
农业	01				
林业	02				
畜牧业	03				
渔业	04				
农、林、牧、渔专业及辅助性活动	05	1613	2241	1252	1943
采矿业	**B**	**1375**	**1527**	**1384**	**1545**
煤炭开采和洗选业	06	539	955	611	1246
石油和天然气开采业	07				3
黑色金属矿采选业	08		43	1	
有色金属矿采选业	09	317	2	156	1
非金属矿采选业	10	146	471	562	231
开采专业及辅助性活动	11	373	53	52	64
其他采矿业	12		3	2	
制造业	**C**	**19394**	**20976**	**20764**	**20830**
农副食品加工业	13	5882	5211	4082	4754
食品制造业	14	1474	616	845	1285
酒、饮料和精制茶制造业	15	915	861	1089	1175
烟草制品业	16				218
纺织业	17	44	55	8	421
纺织服装、服饰业	18	38	38	15	108
皮革、毛皮、羽毛及其制品和制鞋业	19		100	131	57
木材加工和木、竹、藤、棕、草制品业	20	651	1738	898	1205
家具制造业	21	413	180	387	283
造纸和纸制品业	22	129	318	154	210
印刷和记录媒介复制业	23	311	81	273	273
文教、工美、体育和娱乐用品制造业	24	44	160	117	223
石油、煤炭及其他燃料加工业	25	147	752	41	71
化学原料和化学制品制造业	26	1436	1038	1151	2670
医药制造业	27	1037	722	1569	323
化学纤维制造业	28	4	80		6
橡胶和塑料制品业	29	335	652	929	516
非金属矿物制品业	30	1671	3208	4237	3220
黑色金属冶炼和压延加工业	31	4	36	31	22
有色金属冶炼和压延加工业	32	306		88	43
金属制品业	33	326	722	803	796
通用设备制造业	34	719	1950	1021	913
专用设备制造业	35	1204	1245	1044	975

2013年	2014年	2015年	2016年	2017年	2018年	无开业年份	代码
114157	**187553**	**158607**	**210205**	**195106**	**160512**	**83**	**00**
2142	**2582**	**1972**	**3318**	**2018**	**2129**	**9**	**A**
							01
							02
							03
							04
2142	2582	1972	3318	2018	2129	9	05
5889	**69088**	**1443**	**1466**	**2652**	**1245**		**B**
5549	68513	764	656	1815	678		06
		2	3				07
3	9	38	14	89	1		08
8	1		47	11			09
299	537	608	678	650	533		10
28	20	31	47	44	13		11
2	8		21	43	20		12
28793	**19158**	**19217**	**20682**	**28091**	**18485**	**2**	**C**
6643	5761	5751	5669	5206	5231		13
1645	810	883	996	3527	502		14
732	777	946	652	1617	410		15
							16
962	657	694	1369	496	503		17
900	255	283	312	496	292		18
452	287	724	614	492	38		19
1317	1463	1375	1656	2148	2208		20
706	264	525	497	1078	190		21
263	471	278	97	234	443		22
409	153	152	191	233	218		23
190	191	299	225	223	258		24
149	419	148	160	1294	1309		25
904	1030	1150	1380	1166	966		26
513	478	323	547	317	189		27
10	1	65	16	532	86		28
497	588	497	368	515	286		29
1960	1599	1435	1353	1674	1667		30
43		37	3	2365	15		31
10	37	26	18	21	616		32
1030	1081	629	683	843	481	2	33
963	789	780	1285	813	607		34
1070	1011	1372	977	1167	599		35

1-14 续表 4

行业大类	代码	2009年	2010年	2011年	2012年
汽车制造业	36	62	174	51	64
铁路、船舶、航空航天和其他运输设备制造业	37	617	3	472	72
电气机械和器材制造业	38	1270	479	422	384
计算机、通信和其他电子设备制造业	39	43	41	663	110
仪器仪表制造业	40	178	75	49	140
其他制造业	41	87	51	46	45
废弃资源综合利用业	42	3	347	67	59
金属制品、机械和设备修理业	43	44	43	81	189
电力、热力、燃气及水生产和供应业	**D**	**3741**	**9129**	**3971**	**3589**
电力、热力生产和供应业	44	3395	7616	3327	2535
燃气生产和供应业	45	62	513	217	264
水的生产和供应业	46	284	1000	427	790
建筑业	**E**	**14883**	**7432**	**5962**	**3953**
房屋建筑业	47	7149	4681	3701	1806
土木工程建筑业	48	3801	1093	699	729
建筑安装业	49	1276	598	739	766
建筑装饰、装修和其他建筑业	50	2657	1060	823	652
批发和零售业	**F**	**14269**	**15294**	**15943**	**18790**
批发业	51	7705	8105	7303	8722
零售业	52	6564	7189	8640	10068
交通运输、仓储和邮政业	**G**	**6139**	**5037**	**7924**	**5600**
铁路运输业	53				
道路运输业	54	2660	2719	4487	3595
水上运输业	55	14	68	76	40
航空运输业	56	241	91	119	3
管道运输业	57				
多式联运和运输代理业	58	53	204	61	96
装卸搬运和仓储业	59	1323	672	2724	1628
邮政业	60	1848	1283	457	238
住宿和餐饮业	**H**	**1138**	**2494**	**1501**	**1670**
住宿业	61	774	1686	1118	1217
餐饮业	62	364	808	383	453
信息传输、软件和信息技术服务业	**I**	**1480**	**8171**	**1908**	**1374**
电信、广播电视和卫星传输服务	63	143	6970	126	241
互联网和相关服务	64	99	135	112	117
软件和信息技术服务业	65	1238	1066	1670	1016
金融业	**J**	**386**	**227**	**333**	**354**
货币金融服务	66	205	163	253	312
资本市场服务	67	87	2	8	12
保险业	68			4	
其他金融业	69	94	62	68	30

2013年	2014年	2015年	2016年	2017年	2018年	无开业年　份	代码
5826	87	324	109	57	198		36
30	92	16	697	51	101		37
502	199	206	250	275	242		38
69	50	51	106	329	166		39
243	79	34	30	102	20		40
89	131	85	163	374	247		41
538	101	30	75	290	195		42
128	297	99	184	156	202		43
3617	**3670**	**4064**	**1754**	**5373**	**1965**		**D**
2783	2276	3552	1196	4258	1672		44
581	254	246	291	199	164		45
253	1140	266	267	916	129		46
5118	**5276**	**5395**	**9689**	**12449**	**9280**	**5**	**E**
2331	1403	1963	3268	3336	1950	1	47
1154	1515	938	2072	2826	1872	3	48
866	884	739	1547	1821	1472		49
767	1474	1755	2802	4466	3986	1	50
23099	**26242**	**27135**	**37660**	**39501**	**34102**	**17**	**F**
12992	13872	14586	17580	20755	18938	9	51
10107	12370	12549	20080	18746	15164	8	52
4611	**8935**	**24536**	**6425**	**7984**	**5284**	**1**	**G**
							53
1403	5141	2436	3755	5060	3317	1	54
7	45	67	5	38	7		55
4	553	7	92	97	23		56
							57
101	146	446	291	418	311		58
2741	2574	2105	1752	1378	985		59
355	476	19475	530	993	641		60
1806	**2774**	**2138**	**2645**	**3991**	**3244**		**H**
994	2156	1284	1107	1615	934		61
812	618	854	1538	2376	2310		62
2241	**3241**	**10000**	**4903**	**6781**	**6732**	**2**	**I**
26	822	6229	231	792	588		63
124	188	490	613	776	937		64
2091	2231	3281	4059	5213	5207	2	65
171	**229**	**128**	**249**	**144**	**141**		**J**
140	166	65	78	44	54		66
6	5	25	13	23	46		67
		1	4	40	33		68
25	58	37	154	37	8		69

1-14 续表 5

行业大类	代码	2009年	2010年	2011年	2012年
房地产业	K	**6064**	**6921**	**9557**	**6361**
房地产业	70	6064	6921	9557	6361
租赁和商务服务业	L	**4102**	**8871**	**6949**	**4360**
租赁业	71	308	438	454	519
商务服务业	72	3794	8433	6495	3841
科学研究和技术服务业	M	**1569**	**2777**	**2418**	**2784**
研究和试验发展	73	190	607	325	395
专业技术服务业	74	1093	1579	1411	1530
科技推广和应用服务业	75	286	591	682	859
水利、环境和公共设施管理业	N	**1124**	**737**	**1924**	**875**
水利管理业	76	19	157	188	66
生态保护和环境治理业	77	229	80	157	148
公共设施管理业	78	862	497	1550	593
土地管理业	79	14	3	29	68
居民服务、修理和其他服务业	O	**955**	**884**	**2721**	**637**
居民服务业	80	374	462	389	242
机动车、电子产品和日用产品修理业	81	331	321	357	273
其他服务业	82	250	101	1975	122
教育	P	**5105**	**6078**	**5535**	**6659**
教育	83	5105	6078	5535	6659
卫生和社会工作	Q	**4586**	**2821**	**5409**	**3685**
卫生	84	4092	2306	4939	3122
社会工作	85	494	515	470	563
文化、体育和娱乐业	R	**1442**	**3653**	**1119**	**2144**
新闻和出版业	86	152	2267	88	441
广播、电视、电影和录音制作业	87	34	194	435	707
文化艺术业	88	230	331	208	565
体育	89	96	374	59	45
娱乐业	90	930	487	329	386
公共管理、社会保障和社会组织	S	**6347**	**16053**	**8575**	**7841**
中国共产党机关	91	194	252	74	102
国家机构	92	5079	14037	6980	6223
人民政协、民主党派	93		17	11	
社会保障	94	156	182	283	123
群众团体、社会团体和其他成员组织	95	431	518	556	719
基层群众自治组织	96	487	1047	671	674

2013年	2014年	2015年	2016年	2017年	2018年	无开业年份	代码
4744	**5430**	**4330**	**8009**	**6991**	**5839**	**10**	K
4744	5430	4330	8009	6991	5839	10	70
5814	**10539**	**10110**	**52333**	**17551**	**15577**	**4**	L
716	1134	1314	1893	2701	2754		71
5098	9405	8796	50440	14850	12823	4	72
3343	**4528**	**5736**	**8406**	**8658**	**8622**	**11**	M
298	581	900	1747	1191	1096	3	73
2048	2646	3076	3759	3754	3512	6	74
997	1301	1760	2900	3713	4014	2	75
1386	**846**	**3109**	**3643**	**2372**	**2907**		N
169	71	347	146	431	189		76
94	61	372	124	120	110		77
1023	700	2368	3153	1603	2596		78
100	14	22	220	218	12		79
1254	**1670**	**2654**	**3732**	**3891**	**2965**	**12**	O
573	762	1248	1714	1675	1626	12	80
258	591	452	718	793	669		81
423	317	954	1300	1423	670		82
7262	**7958**	**9447**	**10562**	**13498**	**10922**	**5**	P
7262	7958	9447	10562	13498	10922	5	83
3925	**4559**	**9434**	**11264**	**9503**	**5897**		Q
3061	2753	8393	9256	7790	4470		84
864	1806	1041	2008	1713	1427		85
3049	**3134**	**3362**	**3868**	**4537**	**3304**	**4**	R
31	593	572	144	23	45		86
1397	241	661	412	284	355		87
589	336	404	1246	1213	806		88
275	154	440	510	483	822		89
757	1810	1285	1556	2534	1276	4	90
5893	**7694**	**14397**	**19597**	**19121**	**21872**	**1**	S
15	63	7	232	1177	288		91
3744	5959	11797	16155	14962	16228	1	92
	2		33	20	15		93
45	81	68	172	163	42		94
429	762	1102	1129	1389	1288		95
1660	827	1423	1876	1410	4011		96

1-15 按地区、从业人员

地区	法人单位数(个)	7人及以下	8-19人	20-49人	50-99人
全省	**256191**	**192013**	**34592**	**16267**	**6963**
哈尔滨	102730	79737	13142	5648	2131
齐齐哈尔	20535	14535	3226	1486	654
鸡西	9174	6399	1400	703	359
鹤岗	5624	3959	722	424	274
双鸭山	9336	6979	1161	590	315
大庆	25866	20767	2715	1259	581
伊春	6252	4344	942	496	233
佳木斯	16681	12767	2018	1024	483
七台河	3744	2582	528	306	153
牡丹江	23282	17048	3474	1676	604
黑河	11183	8008	1737	786	342
绥化	16751	11051	2926	1531	700
大兴安岭	5033	3837	601	338	134

1-16 按地区、从业人员组距

地区	从业人员数(人)	7人及以下	8-19人	20-49人	50-99人
全省	**4135303**	**436371**	**403815**	**489298**	**473625**
哈尔滨	1540045	188784	153845	167223	144533
齐齐哈尔	344124	34459	37814	45376	44582
鸡西	187580	14683	16516	21643	24930
鹤岗	145605	7610	8394	12977	18449
双鸭山	170196	14566	13699	17861	21454
大庆	500963	39846	31059	38009	39619
伊春	107672	9003	11183	15056	16308
佳木斯	225439	30114	23347	31483	32427
七台河	107199	6053	6196	9310	10120
牡丹江	292390	38460	40545	50016	41170
黑河	165453	19806	20167	23820	23254
绥化	291100	27480	33855	46590	47664
大兴安岭	57537	5507	7195	9934	9115

组距分组的法人单位数

100-299人	300-499人	500-999人	1000-4999人	5000-9999人	10000人及以上
4572	**799**	**581**	**355**	**29**	**20**
1462	271	178	138	11	12
465	82	52	31	4	
223	40	31	17	1	1
177	32	21	14		1
200	39	36	15		1
377	62	58	39	4	4
181	27	20	9		
270	55	38	24	2	
115	27	22	9	1	1
377	36	41	25	1	
232	39	27	11	1	
400	72	48	19	4	
93	17	9	4		

分组的法人单位从业人员数

100-299人	300-499人	500-999人	1000-4999人	5000-9999人	10000人及以上
703913	**267898**	**328425**	**518791**	**87634**	**425533**
233295	96299	109408	237461	39495	169702
72171	27189	28446	45140	8947	
32280	13332	16490	19351	8128	20227
26614	10214	9671	25000		26676
30378	11554	20065	19847		20772
58913	20444	31384	59731	15160	166798
27440	8842	11145	8695		
41589	18511	21903	26065		
17173	7704	11942	9228	8115	21358
56029	12969	23190	30011		
34434	12204	12989	10990	7789	
60552	22837	25903	26219		
13045	5799	5889	1053		

1-17 按行业(大类)、从业人员

行业大类	代码	法人单位数(个)			
			7人及以下	8-19人	20-49人
总 计	**00**	**256191**	**192013**	**34592**	**16267**
农、林、牧、渔业	**A**	**4758**	**3792**	**716**	**131**
农业	01	99	99		
林业	02	44	44		
畜牧业	03	5	5		
渔业	04	2	2		
农、林、牧、渔专业及辅助性活动	05	4608	3642	716	131
采矿业	**B**	**1664**	**961**	**276**	**155**
煤炭开采和洗选业	06	621	292	63	67
石油和天然气开采业	07	13	8	2	1
黑色金属矿采选业	08	59	38	8	7
有色金属矿采选业	09	65	39	4	8
非金属矿采选业	10	738	465	181	65
开采专业及辅助性活动	11	136	92	15	6
其他采矿业	12	32	27	3	1
制造业	**C**	**26101**	**16719**	**4923**	**2591**
农副食品加工业	13	4991	2635	1301	681
食品制造业	14	1233	790	217	100
酒、饮料和精制茶制造业	15	1154	715	237	111
烟草制品业	16	11	4	1	2
纺织业	17	238	146	39	18
纺织服装、服饰业	18	303	225	35	26
皮革、毛皮、羽毛及其制品和制鞋业	19	209	108	25	62
木材加工和木、竹、藤、棕、草制品业	20	1850	1134	380	216
家具制造业	21	459	298	83	36
造纸和纸制品业	22	325	208	52	32
印刷和记录媒介复制业	23	682	492	126	36
文教、工美、体育和娱乐用品制造业	24	348	239	49	39
石油、煤炭及其他燃料加工业	25	549	409	77	28
化学原料和化学制品制造业	26	1544	1009	289	139
医药制造业	27	346	135	45	45
化学纤维制造业	28	33	20	8	2
橡胶和塑料制品业	29	938	634	177	75
非金属矿物制品业	30	2522	1555	483	297
黑色金属冶炼和压延加工业	31	92	60	14	10
有色金属冶炼和压延加工业	32	86	60	11	7
金属制品业	33	1574	1177	242	94
通用设备制造业	34	2307	1643	391	158
专用设备制造业	35	1856	1277	295	183

组距分组的法人单位数

50-99人	100-299人	300-499人	500-999人	1000-4999人	5000-9999人	10000人及以上	代码
6963	**4572**	**799**	**581**	**355**	**29**	**20**	**00**
55	**34**	**12**	**8**	**8**	**1**	**1**	**A**
							01
							02
							03
							04
55	34	12	8	8	1	1	05
112	**100**	**30**	**14**	**8**	**2**	**6**	**B**
76	81	21	9	6	2	4	06
		1				1	07
4		1	1				08
3	6	4	1				09
19	6	1		1			10
10	6	2	3	1		1	11
	1						12
960	**615**	**139**	**91**	**58**	**3**	**2**	**C**
211	120	18	17	8			13
48	49	18	7	4			14
41	34	11	5				15
	2		1	1			16
10	13	8	4				17
12	4		1				18
14							19
79	36	3	2				20
24	11	4	2	1			21
21	11			1			22
17	7	3	1				23
13	7	1					24
8	5	7	8	5	1	1	25
48	36	10	6	7			26
45	53	13	7	2		1	27
2			1				28
34	15	1		2			29
110	59	11	7				30
	3		1	4			31
1	4		2	1			32
33	19	6	3				33
69	32	3	5	6			34
50	34	11	3	2	1		35

1-17 续表 1

行业大类	代码	法人单位数（个）	7人及以下	8-19人	20-49人
汽车制造业	36	276	172	39	35
铁路、船舶、航空航天和其他运输设备制造业	37	127	54	17	19
电气机械和器材制造业	38	728	479	134	74
计算机、通信和其他电子设备制造业	39	212	157	28	11
仪器仪表制造业	40	230	166	28	19
其他制造业	41	249	199	31	10
废弃资源综合利用业	42	158	117	22	10
金属制品、机械和设备修理业	43	471	402	47	16
电力、热力、燃气及水生产和供应业	**D**	**2284**	**1176**	**341**	**282**
电力、热力生产和供应业	44	1720	927	249	180
燃气生产和供应业	45	197	93	38	39
水的生产和供应业	46	367	156	54	63
建筑业	**E**	**13859**	**10428**	**1584**	**1022**
房屋建筑业	47	3146	1825	486	422
土木工程建筑业	48	2700	1903	330	228
建筑安装业	49	2520	1905	322	183
建筑装饰、装修和其他建筑业	50	5493	4795	446	189
批发和零售业	**F**	**69493**	**60650**	**6185**	**1782**
批发业	51	39872	34802	3704	1008
零售业	52	29621	25848	2481	774
交通运输、仓储和邮政业	**G**	**9398**	**6785**	**1340**	**712**
铁路运输业	53	14	2	3	1
道路运输业	54	5994	4626	766	333
水上运输业	55	76	50	13	8
航空运输业	56	53	32	7	1
管道运输业	57				
多式联运和运输代理业	58	594	520	56	8
装卸搬运和仓储业	59	2136	1255	377	297
邮政业	60	531	300	118	64
住宿和餐饮业	**H**	**2706**	**1617**	**585**	**329**
住宿业	61	1104	528	272	177
餐饮业	62	1602	1089	313	152
信息传输、软件和信息技术服务业	**I**	**10182**	**9112**	**669**	**231**
电信、广播电视和卫星传输服务	63	768	553	70	45
互联网和相关服务	64	1120	998	83	32
软件和信息技术服务业	65	8294	7561	516	154
金融业	**J**	**1487**	**647**	**145**	**128**
货币金融服务	66	747	368	77	55
资本市场服务	67	140	114	15	6
保险业	68	471	64	36	63
其他金融业	69	129	101	17	4

50-99人	100-299人	300-499人	500-999人	1000-4999人	5000-9999人	10000人及以上	代码
12	12	2		3	1		36
12	15	4	3	3			37
19	13	2	1	6			38
7	5	1	3				39
5	10			2			40
5	4						41
6	1	2					42
4	1		1				43
182	**190**	**59**	**34**	**19**		**1**	D
123	150	48	27	15		1	44
13	10	1	1	2			45
46	30	10	6	2			46
410	**289**	**53**	**46**	**25**		**2**	E
194	159	26	20	13		1	47
109	81	18	20	10		1	48
61	35	9	4	1			49
46	14		2	1			50
462	**308**	**58**	**35**	**12**		**1**	F
203	118	20	13	3		1	51
259	190	38	22	9			52
336	**155**	**25**	**24**	**17**	**2**	**2**	G
2	3		1	1		1	53
147	87	13	15	6	1		54
3	2						55
6	2	4		1			56
							57
7	3						58
149	50	6	1	1			59
22	8	2	7	8	1	1	60
113	**49**	**10**	**2**	**1**			H
75	41	9	2				61
38	8	1		1			62
68	**53**	**11**	**20**	**14**	**3**	**1**	I
27	33	7	15	14	3	1	63
6			1				64
35	20	4	4				65
78	**180**	**106**	**96**	**88**	**16**	**3**	J
30	89	65	41	21	1		66
4				1			67
40	89	41	54	66	15	3	68
4	2		1				69

1-17 续表 2

行业大类	代码	法人单位数(个)	7人及以下	8-19人	20-49人
房地产业	K	**9574**	**6404**	**1913**	**897**
房地产业	70	9574	6404	1913	897
租赁和商务服务业	L	**24764**	**21695**	**2087**	**651**
租赁业	71	4009	3642	305	54
商务服务业	72	20755	18053	1782	597
科学研究和技术服务业	M	**15612**	**12923**	**1711**	**642**
研究和试验发展	73	2186	1886	165	85
专业技术服务业	74	7246	5578	1038	405
科技推广和应用服务业	75	6180	5459	508	152
水利、环境和公共设施管理业	N	**2346**	**1399**	**409**	**285**
水利管理业	76	566	285	139	102
生态保护和环境治理业	77	280	171	51	28
公共设施管理业	78	1407	874	205	150
土地管理业	79	93	69	14	5
居民服务、修理和其他服务业	O	**4816**	**4015**	**533**	**200**
居民服务业	80	2089	1653	254	141
机动车、电子产品和日用产品修理业	81	1568	1368	173	24
其他服务业	82	1159	994	106	35
教育	P	**11671**	**5536**	**1937**	**1563**
教育	83	11671	5536	1937	1563
卫生和社会工作	Q	**6162**	**3053**	**1180**	**1104**
卫生	84	4207	1658	806	960
社会工作	85	1955	1395	374	144
文化、体育和娱乐业	R	**6496**	**5550**	**565**	**230**
新闻和出版业	86	166	78	29	26
广播、电视、电影和录音制作业	87	469	320	73	42
文化艺术业	88	1952	1555	261	88
体育	89	650	532	68	34
娱乐业	90	3259	3065	134	40
公共管理、社会保障和社会组织	S	**32818**	**19551**	**7493**	**3332**
中国共产党机关	91	1320	595	414	225
国家机构	92	13922	5870	2972	2790
人民政协、民主党派	93	203	78	105	17
社会保障	94	333	129	115	71
群众团体、社会团体和其他成员组织	95	4989	4289	520	141
基层群众自治组织	96	12051	8590	3367	88

50-99人	100-299人	300-499人	500-999人	1000-4999人	5000-9999人	10000人及以上	代码
221	**106**	**16**	**12**	**5**			K
221	106	16	12	5			70
187	**103**	**14**	**10**	**16**		**1**	L
4	3	1					71
183	100	13	10	16		1	72
201	**109**	**16**	**9**	**1**			M
29	16	4	1				73
126	80	11	7	1			74
46	13	1	1				75
127	**78**	**26**	**17**	**5**			N
30	6	1	3				76
21	8			1			77
72	63	25	14	4			78
4	1						79
36	**26**	**3**	**2**	**1**			O
24	16		1				80
1	2						81
11	8	3	1	1			82
1525	**1003**	**60**	**28**	**18**	**1**		P
1525	1003	60	28	18	1		83
381	**276**	**66**	**63**	**38**	**1**		Q
347	269	65	63	38	1		84
34	7	1					85
87	**51**	**5**	**4**	**4**			R
18	10	1	2	2			86
21	8	3	1	1			87
26	21	1					88
10	6						89
12	6		1	1			90
1422	**847**	**90**	**66**	**17**			S
70	13	2	1				91
1312	810	86	65	17			92
2	1						93
9	9						94
25	12	2					95
4	2						96

1-18 按行业(大类)、从业人员组距

行业大类	代码	从业人员数(人)			
			7人及以下	8-19人	20-49人
总　计	**00**	**4135303**	**436371**	**403815**	**489298**
农、林、牧、渔业	**A**	**106684**	**8130**	**8162**	**3636**
农业	01				
林业	02				
畜牧业	03				
渔业	04				
农、林、牧、渔专业及辅助性活动	05	106684	8130	8162	3636
采矿业	**B**	**307089**	**1629**	**3124**	**4573**
煤炭开采和洗选业	06	157572	293	757	2004
石油和天然气开采业	07	107844	10	32	36
黑色金属矿采选业	08	1631	56	85	229
有色金属矿采选业	09	3954	40	42	243
非金属矿采选业	10	8491	1024	2028	1832
开采专业及辅助性活动	11	27283	160	154	199
其他采矿业	12	314	46	26	30
制造业	**C**	**629992**	**38641**	**58156**	**77194**
农副食品加工业	13	106798	6651	15677	19887
食品制造业	14	35647	1734	2559	2984
酒、饮料和精制茶制造业	15	24558	1581	2760	3310
烟草制品业	16	5203		12	66
纺织业	17	9623	296	455	538
纺织服装、服饰业	18	3776	435	398	726
皮革、毛皮、羽毛及其制品和制鞋业	19	3214	115	332	1946
木材加工和木、竹、藤、棕、草制品业	20	26302	2249	4396	6545
家具制造业	21	11115	732	996	966
造纸和纸制品业	22	7401	478	616	904
印刷和记录媒介复制业	23	7954	1403	1449	1112
文教、工美、体育和娱乐用品制造业	24	4462	526	598	1125
石油、煤炭及其他燃料加工业	25	47736	821	872	794
化学原料和化学制品制造业	26	37815	2073	3423	4148
医药制造业	27	41970	227	560	1442
化学纤维制造业	28	893	38	97	90
橡胶和塑料制品业	29	14357	1643	2115	2242
非金属矿物制品业	30	42945	3315	5620	9130
黑色金属冶炼和压延加工业	31	15979	99	163	279
有色金属冶炼和压延加工业	32	5859	119	146	188
金属制品业	33	18535	3002	2788	2787
通用设备制造业	34	42595	4078	4603	4735
专用设备制造业	35	38370	3039	3418	5403

分组的法人单位从业人员数

50-99人	100-299人	300-499人	500-999人	1000-4999人	5000-9999人	10000人及以上	代码
473625	**703913**	**267898**	**328425**	**518791**	**87634**	**425533**	**00**
3824	**5621**	**4352**	**5655**	**24087**	**7789**	**35428**	**A**
							01
							02
							03
							04
3824	5621	4352	5655	24087	7789	35428	05
8066	**15730**	**11764**	**10123**	**19515**	**16243**	**216322**	**B**
5524	12630	8063	6428	16597	16243	89033	06
		421				107345	07
291		365	605				08
220	1039	1620	750				09
1340	845	397		1025			10
691	1004	898	2340	1893		19944	11
	212						12
65956	**99000**	**54020**	**61647**	**119230**	**24107**	**32041**	**C**
14405	19021	6887	11537	12733			13
3334	8100	6809	5408	4719			14
2874	5937	4239	3857				15
	329		556	4240			16
811	2101	2984	2438				17
889	561		767				18
821							19
5613	5246	1077	1176				20
1643	1597	1761	1515	1905			21
1582	1683			2138			22
1186	1047	1083	674				23
851	915	447					24
457	879	2886	5528	8841	9378	17280	25
3194	5822	3919	4189	11047			26
3131	8988	5209	4422	3230		14761	27
168			500				28
2442	2205	420		3290			29
7251	9080	4311	4238				30
	463		756	14219			31
81	742		1440	3143			32
2184	3174	2537	2063				33
4834	5164	1160	3302	14719			34
3452	5443	3982	1711	2975	8947		35

1-18 续表 1

行业大类	代码	从业人员数(人)			
			7人及以下	8-19人	20-49人
汽车制造业	36	16679	354	474	1048
铁路、船舶、航空航天和其他运输设备制造业	37	16074	122	210	622
电气机械和器材制造业	38	25685	1146	1581	2261
计算机、通信和其他电子设备制造业	39	4807	402	328	370
仪器仪表制造业	40	6776	464	318	586
其他制造业	41	1842	367	371	257
废弃资源综合利用业	42	2119	227	263	275
金属制品、机械和设备修理业	43	2903	905	558	428
电力、热力、燃气及水生产和供应业	**D**	**159384**	**2544**	**4203**	**8703**
电力、热力生产和供应业	44	125637	1993	3035	5564
燃气生产和供应业	45	9194	200	473	1162
水的生产和供应业	46	24553	351	695	1977
建筑业	**E**	**279105**	**21969**	**18511**	**29981**
房屋建筑业	47	119588	3894	5875	12730
土木工程建筑业	48	99535	4140	3813	6774
建筑安装业	49	31275	4157	3754	5406
建筑装饰、装修和其他建筑业	50	28707	9778	5069	5071
批发和零售业	**F**	**407918**	**126131**	**71836**	**51153**
批发业	51	207480	70031	42867	27991
零售业	52	200438	56100	28969	23162
交通运输、仓储和邮政业	**G**	**185912**	**15163**	**16072**	**21884**
铁路运输业	53				
道路运输业	54	83472	10229	9030	10287
水上运输业	55	1062	135	138	229
航空运输业	56	7340	93	83	30
管道运输业	57				
多式联运和运输代理业	58	2809	1045	633	209
装卸搬运和仓储业	59	38389	2739	4745	9096
邮政业	60	52840	922	1443	2033
住宿和餐饮业	**H**	**41951**	**3914**	**6888**	**9738**
住宿业	61	26573	1488	3293	5320
餐饮业	62	15378	2426	3595	4418
信息传输、软件和信息技术服务业	**I**	**123404**	**17938**	**7514**	**6782**
电信、广播电视和卫星传输服务	63	84128	1193	810	1490
互联网和相关服务	64	4626	1912	932	873
软件和信息技术服务业	65	34650	14833	5772	4419
金融业	**J**	**4464**	**1331**	**751**	**249**
货币金融服务	66	2881	906	527	156
资本市场服务	67	364	122	45	22
保险业	68	82	82		
其他金融业	69	1137	221	179	71

50-99人	100-299人	300-499人	500-999人	1000-4999人	5000-9999人	10000人及以上	代码
819	2057	691		5454	5782		36
860	2615	1769	2120	7756			37
1307	2203	744	855	15588			38
460	912	307	2028				39
302	1873			3233			40
325	522						41
393	163	798					42
287	158		567				43
12816	**32654**	**23184**	**22354**	**29271**		**23655**	**D**
8713	26391	18809	17463	20014		23655	44
863	1555	395	941	3605			45
3240	4708	3980	3950	5652			46
27741	**49074**	**20410**	**31908**	**45480**		**34031**	**E**
13110	26797	10159	13698	21523		11802	47
7524	13624	6693	14601	20137		22229	48
4113	5973	3558	2223	2091			49
2994	2680		1386	1729			50
31458	**51718**	**21768**	**23172**	**18940**		**11742**	**F**
13806	19552	7470	8851	5170		11742	51
17652	32166	14298	14321	13770			52
23138	**23752**	**8964**	**15998**	**32672**	**10356**	**17913**	**G**
							53
10575	13733	4609	10891	8852	5266		54
188	372						55
437	336	1548		4813			56
							57
420	502						58
10102	7625	2087	678	1317			59
1416	1184	720	4429	17690	5090	17913	60
7404	**7906**	**3901**	**1175**	**1025**			**H**
4987	6833	3477	1175				61
2417	1073	424		1025			62
4638	**8770**	**4463**	**13125**	**23303**	**18007**	**18864**	**I**
1873	5659	2752	10177	23303	18007	18864	63
389			520				64
2376	3111	1711	2428				65
601	**380**	**307**	**845**				**J**
140		307	845				66
175							67
							68
286	380						69

1-18 续表 2

行业大类	代码	从业人员数（人）			
			7人及以下	8-19人	20-49人
房地产业	K	**126728**	**15871**	**22561**	**26353**
房地产业	70	126728	15871	22561	26353
租赁和商务服务业	L	**205330**	**45063**	**23499**	**18934**
租赁业	71	13675	7715	3335	1521
商务服务业	72	191655	37348	20164	17413
科学研究和技术服务业	M	**110261**	**25706**	**19712**	**18968**
研究和试验发展	73	14337	3431	1817	2540
专业技术服务业	74	69437	12159	12137	11920
科技推广和应用服务业	75	26487	10116	5758	4508
水利、环境和公共设施管理业	N	**67637**	**2918**	**5078**	**8870**
水利管理业	76	10949	562	1727	3181
生态保护和环境治理业	77	7612	336	639	885
公共设施管理业	78	48190	1886	2531	4639
土地管理业	79	886	134	181	165
居民服务、修理和其他服务业	O	**30775**	**8726**	**6306**	**5720**
居民服务业	80	15068	3426	2993	4067
机动车、电子产品和日用产品修理业	81	6358	3290	2076	657
其他服务业	82	9349	2010	1237	996
教育	P	**434857**	**16862**	**22979**	**51560**
教育	83	434857	16862	22979	51560
卫生和社会工作	Q	**270646**	**7670**	**15035**	**33501**
卫生	84	254232	3532	10770	29263
社会工作	85	16414	4138	4265	4238
文化、体育和娱乐业	R	**48816**	**11697**	**6468**	**6912**
新闻和出版业	86	8835	190	307	831
广播、电视、电影和录音制作业	87	8442	756	837	1275
文化艺术业	88	14053	2772	3094	2579
体育	89	4612	1070	785	1071
娱乐业	90	12874	6909	1445	1156
公共管理、社会保障和社会组织	S	**594350**	**64468**	**86960**	**104587**
中国共产党机关	91	21514	1541	5199	6587
国家机构	92	460985	10780	37862	88755
人民政协、民主党派	93	2278	179	1337	498
社会保障	94	5697	232	1504	2084
群众团体、社会团体和其他成员组织	95	22589	8496	5990	4193
基层群众自治组织	96	81287	43240	35068	2470

50-99人	100-299人	300-499人	500-999人	1000-4999人	5000-9999人	10000人及以上	代码
14567	**16995**	**6089**	**7996**	**16296**			K
14567	16995	6089	7996	16296			70
12374	**17002**	**5534**	**6876**	**40511**		**35537**	L
290	323	491					71
12084	16679	5043	6876	40511		35537	72
13434	**18915**	**5735**	**5890**	**1901**			M
1879	2709	1396	565				73
8418	14237	4013	4652	1901			74
3137	1969	326	673				75
8547	**12878**	**10034**	**11120**	**8192**			N
1993	1020	393	2073				76
1408	1157			3187			77
4857	10584	9641	9047	5005			78
289	117						79
2361	**3600**	**1029**	**1159**	**1874**			O
1573	2362		647				80
54	281						81
734	957	1029	512	1874			82
108817	**150290**	**22796**	**19291**	**36883**	**5379**		P
108817	150290	22796	19291	36883	5379		83
25565	**46904**	**25936**	**42209**	**68073**	**5753**		Q
23329	45769	25534	42209	68073	5753		84
2236	1135	402					85
5978	**7912**	**1812**	**2590**	**5447**			R
1231	1443	486	1166	3181			86
1410	1114	941	894	1215			87
1837	3386	385					88
683	1003						89
817	966		530	1051			90
96340	**134812**	**35800**	**45292**	**26091**			S
4464	1972	901	850				91
89328	129478	34249	44442	26091			92
123	141						93
612	1265						94
1560	1700	650					95
253	256						96

1-19 按行业门类分组的个体经营户数

行业	个体经营户数 (个)
总计	**944023**
采矿业	240
制造业	35366
电力、热力、燃气及水生产和供应业	94
建筑业	5372
批发和零售业	500581
交通运输、仓储和邮政业	75960
住宿和餐饮业	149773
信息传输、软件和信息技术服务业	4093
金融业	
房地产业	3179
租赁和商务服务业	13268
科学研究和技术服务业	1940
水利、环境和公共设施管理业	144
居民服务、修理和其他服务业	115860
教育	10832
卫生和社会工作	11941
文化、体育和娱乐业	9683
公共管理、社会保障和社会组织	

注：本表合计数含从事农、林、牧、渔专业及辅助性活动的个体经营户数据。

第2篇

企业篇

2-01　按地区分组的企业法人单位数及从业人员数

地　区	法人单位数(个)	单产业法人单位	多产业法人单位	从业人员数(人)	#女性
全　省	**194607**	**189543**	**5064**	**2679403**	**883250**
哈尔滨	86792	84872	1920	1100195	370105
齐齐哈尔	13324	12874	450	183386	59086
鸡　西	6342	6104	238	115289	28725
鹤　岗	3627	3502	125	102676	23937
双鸭山	6195	5941	254	101330	24514
大　庆	21938	21535	403	399550	146861
伊　春	3868	3695	173	50336	18431
佳木斯	11617	11300	317	119494	41570
七台河	2316	2217	99	75742	18733
牡丹江	17428	17008	420	175306	60462
黑　河	7302	7004	298	83505	27427
绥　化	10849	10626	223	152958	56029
大兴安岭	3009	2865	144	19636	7370

2-02 按控股情况、运营状态、开业(成立)时间分组的企业法人单位数及从业人员数

分 组	法人单位数(个)			从业人员数(人)	
		单产业法人单位	多产业法人单位		#女性
总 计	**194607**	**189543**	**5064**	**2679403**	**883250**
按企业控股情况分组					
国有控股	5655	4623	1032	990714	278750
集体控股	2833	2499	334	78348	22662
私人控股	177182	173937	3245	1327352	477772
港澳台商控股	223	203	20	28334	12382
外商控股	264	235	29	34874	11915
其他	8450	8046	404	219781	79769
按运营状态分组					
正常运营	149408	144739	4669	2610664	863471
停业(歇业)	23272	23029	243	35389	10043
筹建	11406	11383	23	17187	4802
当年关闭	3248	3217	31	5688	1475
当年破产	168	163	5	263	67
当年注销	3040	3019	21	3345	1036
当年吊销	233	232	1	192	76
其他	3832	3761	71	6675	2280
按开业(成立)时间分组					
1949年以前	107	76	31	36487	8541
1950-1977年	668	482	186	284342	86276
1978-1991年	2243	1893	350	152038	45108
1992-2000年	7522	6798	724	414911	134337
2001年	2025	1882	143	102916	26800
2002年	2281	2113	168	66284	23964
2003年	2783	2615	168	98511	27497
2004年	2982	2810	172	85079	31435
2005年	3422	3232	190	78249	28400
2006年	3744	3577	167	68500	24336
2007年	3860	3679	181	78690	26127
2008年	4812	4569	243	80910	27206
2009年	5807	5605	202	75258	24179
2010年	6800	6582	218	89016	29658
2011年	7253	7079	174	80264	27807
2012年	7637	7459	178	71159	26058
2013年	8686	8489	197	90356	31265
2014年	13433	13187	246	164592	38856
2015年	16968	16723	245	122169	47780
2016年	23531	23188	343	167084	66466
2017年	29175	28840	335	150281	54686
2018年	38767	38564	203	122246	46436
无开业年份	101	101		61	32

2-03　按行业(中类)分组的企业法人单位数及从业人员数

行业中类	代码	法人单位数（个）	单产业法人单位	多产业法人单位	从业人员数（人）	#女性
总　计	**00**	**194607**	**189543**	**5064**	**2679403**	**883250**
农、林、牧、渔业	**A**	**995**	**822**	**173**	**77744**	**20236**
农业	01	99		99		
谷物种植	011	82		82		
豆类、油料和薯类种植	012	15		15		
棉、麻、糖、烟草种植	013					
蔬菜、食用菌及园艺作物种植	014	2		2		
水果种植	015					
坚果、含油果、香料和饮料作物种植	016					
中药材种植	017					
草种植及割草	018					
其他农业	019					
林业	02	42		42		
林木育种和育苗	021	3		3		
造林和更新	022	1		1		
森林经营、管护和改培	023	34		34		
木材和竹材采运	024	4		4		
林产品采集	025					
畜牧业	03	5		5		
牲畜饲养	031	5		5		
家禽饲养	032					
狩猎和捕捉动物	033					
其他畜牧业	039					
渔业	04	2		2		
水产养殖	041	2		2		
水产捕捞	042					
农、林、牧、渔专业及辅助性活动	05	847	822	25	77744	20236
农业专业及辅助性活动	051	725	702	23	72300	18735
林业专业及辅助性活动	052	37	36	1	4411	1170
畜牧专业及辅助性活动	053	65	64	1	907	263
渔业专业及辅助性活动	054	20	20		126	68
采矿业	**B**	**1664**	**1615**	**49**	**307089**	**66866**
煤炭开采和洗选业	06	621	584	37	157572	14294
烟煤和无烟煤开采洗选	061	559	525	34	155371	14014
褐煤开采洗选	062	17	15	2	927	147
其他煤炭采选	069	45	44	1	1274	133
石油和天然气开采业	07	13	12	1	107844	40570
石油开采	071	9	8	1	107840	40569
天然气开采	072	4	4		4	1
黑色金属矿采选业	08	59	59		1631	297
铁矿采选	081	57	57		1599	293
锰矿、铬矿采选	082					
其他黑色金属矿采选	089	2	2		32	4

2-03 续表 1

行业中类	代码	法人单位数(个)	单产业法人单位	多产业法人单位	从业人员数(人)	#女性
有色金属矿采选业	09	65	63	2	3954	694
常用有色金属矿采选	091	32	31	1	2442	376
贵金属矿采选	092	24	23	1	1034	226
稀有稀土金属矿采选	093	9	9		478	92
非金属矿采选业	10	738	731	7	8491	1455
土砂石开采	101	675	670	5	5182	725
化学矿开采	102					
采盐	103					
石棉及其他非金属矿采选	109	63	61	2	3309	730
开采专业及辅助性活动	11	136	134	2	27283	9501
煤炭开采和洗选专业及辅助性活动	111	16	16		5	
石油和天然气开采专业及辅助性活动	112	111	109	2	27237	9497
其他开采专业及辅助性活动	119	9	9		41	4
其他采矿业	12	32	32		314	55
其他采矿业	120	32	32		314	55
制造业	**C**	**25788**	**25362**	**426**	**626251**	**202983**
农副食品加工业	13	4771	4682	89	104035	35618
谷物磨制	131	2438	2400	38	37059	8977
饲料加工	132	392	389	3	7347	1709
植物油加工	133	313	310	3	5412	1536
制糖业	134	12	12		821	190
屠宰及肉类加工	135	480	464	16	25128	11733
水产品加工	136	24	22	2	160	72
蔬菜、菌类、水果和坚果加工	137	498	485	13	8482	4128
其他农副食品加工	139	614	600	14	19626	7273
食品制造业	14	1210	1175	35	35251	15802
焙烤食品制造	141	184	174	10	3483	2049
糖果、巧克力及蜜饯制造	142	26	25	1	267	155
方便食品制造	143	224	222	2	4328	2119
乳制品制造	144	94	89	5	14572	6749
罐头食品制造	145	31	31		574	279
调味品、发酵制品制造	146	127	123	4	2409	981
其他食品制造	149	524	511	13	9618	3470
酒、饮料和精制茶制造业	15	1152	1126	26	24558	9276
酒的制造	151	635	621	14	15627	5598
饮料制造	152	507	495	12	8922	3674
精制茶加工	153	10	10		9	4
烟草制品业	16	10	8	2	5203	1093
烟叶复烤	161	5	5		363	91
卷烟制造	162	3	1	2	4808	994
其他烟草制品制造	169	2	2		32	8
纺织业	17	235	235		9578	6062
棉纺织及印染精加工	171	33	33		2287	1527
毛纺织及染整精加工	172	9	9		43	24

2-03 续表 2

行业中类	代码	法人单位数(个)	单产业法人单位	多产业法人单位	从业人员数(人)	#女性
麻纺织及染整精加工	173	111	111		6151	3827
丝绢纺织及印染精加工	174	3	3		6	2
化纤织造及印染精加工	175	5	5		2	
针织或钩针编织物及其制品制造	176	19	19		209	89
家用纺织制成品制造	177	29	29		606	432
产业用纺织制成品制造	178	26	26		274	161
纺织服装、服饰业	18	303	300	3	3776	2689
机织服装制造	181	165	163	2	2457	1848
针织或钩针编织服装制造	182	16	16		236	114
服饰制造	183	122	121	1	1083	727
皮革、毛皮、羽毛及其制品和制鞋业	19	209	209		3214	839
皮革鞣制加工	191	92	92		2180	400
皮革制品制造	192	28	28		229	49
毛皮鞣制及制品加工	193	52	52		506	239
羽毛(绒)加工及制品制造	194	4	4		37	19
制鞋业	195	33	33		262	132
木材加工和木、竹、藤、棕、草制品业	20	1823	1812	11	26101	11032
木材加工	201	1076	1071	5	11380	4372
人造板制造	202	155	154	1	2524	1156
木质制品制造	203	511	507	4	11523	5244
竹、藤、棕、草等制品制造	204	81	80	1	674	260
家具制造业	21	459	452	7	11115	4488
木质家具制造	211	357	353	4	9376	3853
竹、藤家具制造	212					
金属家具制造	213	31	31		1120	394
塑料家具制造	214	7	7		9	3
其他家具制造	219	64	61	3	610	238
造纸和纸制品业	22	325	321	4	7401	2422
纸浆制造	221	2	2		7	2
造纸	222	77	75	2	4274	1188
纸制品制造	223	246	244	2	3120	1232
印刷和记录媒介复制业	23	680	668	12	7794	3182
印刷	231	566	560	6	6849	2717
装订及印刷相关服务	232	111	105	6	938	461
记录媒介复制	233	3	3		7	4
文教、工美、体育和娱乐用品制造业	24	339	336	3	4430	2396
文教办公用品制造	241	80	80		1634	861
乐器制造	242	17	17		313	158
工艺美术及礼仪用品制造	243	215	213	2	2222	1313
体育用品制造	244	18	17	1	240	54
玩具制造	245	6	6		18	9
游艺器材及娱乐用品制造	246	3	3		3	1
石油、煤炭及其他燃料加工业	25	539	530	9	47677	14410
精炼石油产品制造	251	127	122	5	32387	10136

2-03 续表 3

行业中类	代码	法人单位数(个)	单产业法人单位	多产业法人单位	从业人员数(人)	#女性
煤炭加工	252	142	138	4	13577	3870
核燃料加工	253	1	1		4	1
生物质燃料加工	254	269	269		1709	403
化学原料和化学制品制造业	26	1531	1496	35	37734	10723
基础化学原料制造	261	188	182	6	12316	3448
肥料制造	262	675	655	20	8871	2077
农药制造	263	36	35	1	1396	473
涂料、油墨、颜料及类似产品制造	264	169	167	2	1904	553
合成材料制造	265	48	46	2	3064	839
专用化学产品制造	266	313	309	4	7677	2459
炸药、火工及焰火产品制造	267	8	8		2109	673
日用化学产品制造	268	94	94		397	201
医药制造业	27	346	332	14	41970	20217
化学药品原料药制造	271	36	36		1417	612
化学药品制剂制造	272	50	47	3	22690	10118
中药饮片加工	273	54	53	1	952	481
中成药生产	274	89	82	7	11854	6638
兽用药品制造	275	23	23		1358	593
生物药品制品制造	276	50	49	1	2979	1430
卫生材料及医药用品制造	277	40	39	1	311	178
药用辅料及包装材料	278	4	3	1	409	167
化学纤维制造业	28	33	32	1	893	638
纤维素纤维原料及纤维制造	281	6	6		645	547
合成纤维制造	282	12	12		173	73
生物基材料制造	283	15	14	1	75	18
橡胶和塑料制品业	29	938	930	8	14357	5271
橡胶制品业	291	122	120	2	3409	911
塑料制品业	292	816	810	6	10948	4360
非金属矿物制品业	30	2522	2479	43	42945	9964
水泥、石灰和石膏制造	301	234	227	7	11173	2609
石膏、水泥制品及类似制品制造	302	766	746	20	11260	2341
砖瓦、石材等建筑材料制造	303	1046	1039	7	10489	2519
玻璃制造	304	31	31		850	138
玻璃制品制造	305	71	70	1	1773	662
玻璃纤维和玻璃纤维增强塑料制品制造	306	50	49	1	1136	297
陶瓷制品制造	307	41	38	3	1231	339
耐火材料制品制造	308	46	45	1	282	71
石墨及其他非金属矿物制品制造	309	237	234	3	4751	988
黑色金属冶炼和压延加工业	31	92	92		15979	2642
炼铁	311	1	1		3	
炼钢	312	4	4		756	156
钢压延加工	313	77	77		14987	2450
铁合金冶炼	314	10	10		233	36
有色金属冶炼和压延加工业	32	86	83	3	5859	1038

2-03 续表 4

行业中类	代码	法人单位数（个）	单产业法人单位	多产业法人单位	从业人员数（人）	#女性
常用有色金属冶炼	321	13	12	1	973	156
贵金属冶炼	322	5	5		907	172
稀有稀土金属冶炼	323	2	2		15	4
有色金属合金制造	324	24	24		258	81
有色金属压延加工	325	42	40	2	3706	625
金属制品业	33	1574	1552	22	18535	5303
结构性金属制品制造	331	958	943	15	7341	1856
金属工具制造	332	108	108		1817	481
集装箱及金属包装容器制造	333	60	59	1	2260	756
金属丝绳及其制品制造	334	37	37		220	84
建筑、安全用金属制品制造	335	134	133	1	954	260
金属表面处理及热处理加工	336	51	49	2	1259	411
搪瓷制品制造	337	5	5		54	21
金属制日用品制造	338	52	52		722	322
铸造及其他金属制品制造	339	169	166	3	3908	1112
通用设备制造业	34	2307	2279	28	42595	8897
锅炉及原动设备制造	341	344	337	7	14451	2728
金属加工机械制造	342	317	315	2	5864	920
物料搬运设备制造	343	50	50		1639	271
泵、阀门、压缩机及类似机械制造	344	83	83		2169	485
轴承、齿轮和传动部件制造	345	77	76	1	4055	1089
烘炉、风机、包装等设备制造	346	150	145	5	1861	466
文化、办公用机械制造	347	8	8		18	9
通用零部件制造	348	1032	1023	9	8444	2262
其他通用设备制造业	349	246	242	4	4094	667
专用设备制造业	35	1856	1832	24	38370	7801
采矿、冶金、建筑专用设备制造	351	647	643	4	22529	4184
化工、木材、非金属加工专用设备制造	352	111	110	1	1356	328
食品、饮料、烟草及饲料生产专用设备制造	353	93	92	1	1364	213
印刷、制药、日化及日用品生产专用设备制造	354	27	27		953	178
纺织、服装和皮革加工专用设备制造	355	11	11		32	6
电子和电工机械专用设备制造	356	77	76	1	817	250
农、林、牧、渔专用机械制造	357	431	425	6	6553	1182
医疗仪器设备及器械制造	358	118	115	3	1502	631
环保、邮政、社会公共服务及其他专用设备制造	359	341	333	8	3264	829
汽车制造业	36	276	270	6	16679	3429
汽车整车制造	361	17	15	2	8183	1192
汽车用发动机制造	362	3	3		3949	664
改装汽车制造	363	14	13	1	523	106
低速汽车制造	364					
电车制造	365	1	1			
汽车车身、挂车制造	366	16	16		204	34
汽车零部件及配件制造	367	225	222	3	3820	1433
铁路、船舶、航空航天和其他运输设备制造业	37	127	118	9	16074	3094

2-03 续表 5

行业中类	代码	法人单位数(个)	单产业法人单位	多产业法人单位	从业人员数(人)	#女性
铁路运输设备制造	371	58	53	5	12137	2161
城市轨道交通设备制造	372	4	4		69	12
船舶及相关装置制造	373	19	18	1	836	175
航空、航天器及设备制造	374	34	33	1	2957	724
摩托车制造	375	1	1		8	3
自行车和残疾人座车制造	376	3	3		2	
助动车制造	377	3	2	1	45	16
非公路休闲车及零配件制造	378	2	2		5	2
潜水救捞及其他未列明运输设备制造	379	3	2	1	15	1
电气机械和器材制造业	38	728	717	11	25685	7700
电机制造	381	89	88	1	9251	1742
输配电及控制设备制造	382	342	336	6	4430	1418
电线、电缆、光缆及电工器材制造	383	107	104	3	5806	2295
电池制造	384	15	15		4998	1902
家用电力器具制造	385	50	50		290	124
非电力家用器具制造	386	21	20	1	79	28
照明器具制造	387	47	47		365	76
其他电气机械及器材制造	389	57	57		466	115
计算机、通信和其他电子设备制造业	39	212	207	5	4807	2071
计算机制造	391	19	18	1	308	112
通信设备制造	392	25	23	2	700	274
广播电视设备制造	393	4	4		17	5
雷达及配套设备制造	394	1	1		18	11
非专业视听设备制造	395	1	1			
智能消费设备制造	396	21	21		232	89
电子器件制造	397	28	27	1	801	381
电子元件及电子专用材料制造	398	92	91	1	2534	1113
其他电子设备制造	399	21	21		197	86
仪器仪表制造业	40	230	225	5	6776	3054
通用仪器仪表制造	401	170	168	2	3195	1028
专用仪器仪表制造	402	28	27	1	2693	1760
钟表与计时仪器制造	403	4	4		24	7
光学仪器制造	404	4	3	1	355	94
衡器制造	405	12	12		131	29
其他仪器仪表制造业	409	12	11	1	378	136
其他制造业	41	248	247	1	1842	671
日用杂品制造	411	21	21		165	114
核辐射加工	412	3	3		25	10
其他未列明制造业	419	224	223	1	1652	547
废弃资源综合利用业	42	158	155	3	2119	460
金属废料和碎屑加工处理	421	52	49	3	1222	233
非金属废料和碎屑加工处理	422	106	106		897	227
金属制品、机械和设备修理业	43	469	462	7	2899	701
金属制品修理	431	9	9		27	4

2-03 续表 6

行业中类	代码	法人单位数(个)	单产业法人单位	多产业法人单位	从业人员数(人)	#女性
通用设备修理	432	81	81		1010	186
专用设备修理	433	129	127	2	445	125
铁路、船舶、航空航天等运输设备修理	434	36	36		343	55
电气设备修理	435	56	54	2	440	169
仪器仪表修理	436	14	14		33	10
其他机械和设备修理业	439	144	141	3	601	152
电力、热力、燃气及水生产和供应业	D	**2252**	**2111**	**141**	**157171**	**36947**
电力、热力生产和供应业	44	1710	1619	91	124749	26494
电力生产	441	753	739	14	39866	8144
电力供应	442	188	129	59	48972	10986
热力生产和供应	443	769	751	18	35911	7364
燃气生产和供应业	45	196	171	25	9190	3075
燃气生产和供应业	451	178	153	25	9000	3019
生物质燃气生产和供应业	452	18	18		190	56
水的生产和供应业	46	346	321	25	23232	7378
自来水生产和供应	461	206	183	23	20081	6426
污水处理及其再生利用	462	135	133	2	3066	913
海水淡化处理	463	1	1		75	39
其他水的处理、利用与分配	469	4	4		10	
建筑业	E	**13859**	**13527**	**332**	**279105**	**54975**
房屋建筑业	47	3146	2979	167	119588	20648
住宅房屋建筑	471	2624	2476	148	109882	18416
体育场馆建筑	472	10	7	3	698	129
其他房屋建筑业	479	512	496	16	9008	2103
土木工程建筑业	48	2700	2615	85	99535	21360
铁路、道路、隧道和桥梁工程建筑	481	1061	1021	40	39134	7813
水利和水运工程建筑	482	275	255	20	12155	1698
海洋工程建筑	483					
工矿工程建筑	484	34	31	3	30599	7845
架线和管道工程建筑	485	408	398	10	7413	1392
节能环保工程施工	486	38	37	1	254	80
电力工程施工	487	105	101	4	5461	1344
其他土木工程建筑	489	779	772	7	4519	1188
建筑安装业	49	2520	2473	47	31275	5956
电气安装	491	669	649	20	10219	2047
管道和设备安装	492	599	588	11	6197	992
其他建筑安装业	499	1252	1236	16	14859	2917
建筑装饰、装修和其他建筑业	50	5493	5460	33	28707	7011
建筑装饰和装修业	501	4391	4366	25	21369	5312
建筑物拆除和场地准备活动	502	259	258	1	1543	312
提供施工设备服务	503	65	64	1	484	103
其他未列明建筑业	509	778	772	6	5311	1284
批发和零售业	F	**67526**	**65848**	**1678**	**395310**	**180694**
批发业	51	38071	37377	694	195778	71630

2-03 续表 7

行业中类	代码	法人单位数(个)	单产业法人单位	多产业法人单位	从业人员数(人)	#女性
农、林、牧、渔产品批发	511	5605	5501	104	34254	9159
食品、饮料及烟草制品批发	512	4332	4256	76	25294	9337
纺织、服装及家庭用品批发	513	2594	2565	29	9274	4688
文化、体育用品及器材批发	514	920	912	8	3903	1802
医药及医疗器材批发	515	2387	2323	64	19366	9972
矿产品、建材及化工产品批发	516	10506	10219	287	63896	21937
机械设备、五金产品及电子产品批发	517	7572	7515	57	27527	10060
贸易经纪与代理	518	1450	1442	8	4196	1696
其他批发业	519	2705	2644	61	8068	2979
零售业	52	29455	28471	984	199532	109064
综合零售	521	2480	2312	168	53497	34287
食品、饮料及烟草制品专门零售	522	2832	2780	52	11394	4611
纺织、服装及日用品专门零售	523	1813	1752	61	14052	9797
文化、体育用品及器材专门零售	524	951	914	37	6348	3374
医药及医疗器材专门零售	525	7396	6973	423	42019	28510
汽车、摩托车、零配件和燃料及其他动力销售	526	5306	5203	103	37142	13528
家用电器及电子产品专门零售	527	2798	2742	56	14441	7226
五金、家具及室内装饰材料专门零售	528	2948	2923	25	10017	3987
货摊、无店铺及其他零售业	529	2931	2872	59	10622	3744
交通运输、仓储和邮政业	**G**	**8966**	**8617**	**349**	**161913**	**48215**
铁路运输业	53	14	13	1		
铁路旅客运输	531	6	6			
铁路货物运输	532	8	7	1		
铁路运输辅助活动	533					
道路运输业	54	5650	5532	118	60914	15098
城市公共交通运输	541	547	526	21	24235	5227
公路旅客运输	542	370	338	32	5869	1919
道路货物运输	543	4417	4369	48	24622	5707
道路运输辅助活动	544	316	299	17	6188	2245
水上运输业	55	66	65	1	957	162
水上旅客运输	551	22	22		366	73
水上货物运输	552	29	28	1	368	44
水上运输辅助活动	553	15	15		223	45
航空运输业	56	47	44	3	6849	2066
航空客货运输	561	20	20		606	239
通用航空服务	562	18	16	2	843	128
航空运输辅助活动	563	9	8	1	5400	1699
管道运输业	57					
海底管道运输	571					
陆地管道运输	572					
多式联运和运输代理业	58	592	573	19	2789	1029
多式联运	581	5	4	1	56	14
运输代理业	582	587	569	18	2733	1015
装卸搬运和仓储业	59	2068	2005	63	37569	7819

2-03 续表 8

行业中类	代码	法人单位数(个)	单产业法人单位	多产业法人单位	从业人员数(人)	#女性
装卸搬运	591	527	517	10	6642	1046
通用仓储	592	141	138	3	1145	304
低温仓储	593	79	78	1	377	82
危险品仓储	594	3	3		3	
谷物、棉花等农产品仓储	595	1129	1082	47	28301	6096
中药材仓储	596	3	3		60	26
其他仓储业	599	186	184	2	1041	265
邮政业	60	529	385	144	52835	22041
邮政基本服务	601	34	20	14	38654	19201
快递服务	602	494	365	129	9481	2272
其他寄递服务	609	1		1	4700	568
住宿和餐饮业	**H**	**2676**	**2561**	**115**	**41330**	**24245**
住宿业	61	1078	1039	39	26008	15443
旅游饭店	611	308	295	13	14820	8232
一般旅馆	612	653	631	22	9079	5874
民宿服务	613	6	6		13	8
露营地服务	614	1	1		18	7
其他住宿业	619	110	106	4	2078	1322
餐饮业	62	1598	1522	76	15322	8802
正餐服务	621	1223	1164	59	11858	6720
快餐服务	622	145	137	8	1857	1286
饮料及冷饮服务	623	27	24	3	144	77
餐饮配送及外卖送餐服务	624	83	79	4	890	385
其他餐饮业	629	120	118	2	573	334
信息传输、软件和信息技术服务业	**I**	**10003**	**9862**	**141**	**117910**	**39810**
电信、广播电视和卫星传输服务	63	659	589	70	79158	24803
电信	631	574	510	64	69047	21204
广播电视传输服务	632	78	72	6	10089	3584
卫星传输服务	633	7	7		22	15
互联网和相关服务	64	1090	1077	13	4453	1740
互联网接入及相关服务	641	142	140	2	575	195
互联网信息服务	642	457	452	5	2166	860
互联网平台	643	136	135	1	543	221
互联网安全服务	644	10	9	1	60	26
互联网数据服务	645	30	30		131	49
其他互联网服务	649	315	311	4	978	389
软件和信息技术服务业	65	8254	8196	58	34299	13267
软件开发	651	5410	5377	33	22571	8203
集成电路设计	652	16	16		33	6
信息系统集成和物联网技术服务	653	384	384		2266	763
运行维护服务	654	51	50	1	165	56
信息处理和存储支持服务	655	50	50		838	571
信息技术咨询服务	656	1731	1711	20	6000	2622
数字内容服务	657	110	110		456	181
其他信息技术服务业	659	502	498	4	1970	865

2-03 续表 9

行业中类	代码	法人单位数(个)	单产业法人单位	多产业法人单位	从业人员数(人)	#女性
金融业	**J**	**1472**	**923**	**549**	**4464**	**1990**
货币金融服务	66	734	491	243	2881	1293
中央银行服务	661					
货币银行服务	662	313	72	241	864	464
非货币银行服务	663	421	419	2	2017	829
银行理财服务	664					
银行监管服务	665					
资本市场服务	67	139	126	13	364	117
证券市场服务	671	2	1	1	8	2
公开募集证券投资基金	672					
非公开募集证券投资基金	673	71	63	8		
期货市场服务	674	2		2		
证券期货监管服务	675					
资本投资服务	676	55	54	1	344	111
其他资本市场服务	679	9	8	1	12	4
保险业	68	471	185	286	82	44
人身保险	681	192	61	131		
财产保险	682	177	59	118		
再保险	683					
商业养老金	684	6	6			
保险中介服务	685	47	10	37		
保险资产管理	686					
保险监管服务	687					
其他保险活动	689	49	49		82	44
其他金融业	69	128	121	7	1137	536
金融信托与管理服务	691	5	5		13	7
控股公司服务	692	6	6		14	5
非金融机构支付服务	693	2	1	1		
金融信息服务	694	15	13	2	27	10
金融资产管理公司	695					
其他未列明金融业	699	100	96	4	1083	514
房地产业	**K**	**9473**	**9170**	**303**	**124738**	**50441**
房地产业	70	9473	9170	303	124738	50441
房地产开发经营	701	2911	2834	77	37068	13347
物业管理	702	3971	3887	84	69141	29958
房地产中介服务	703	1988	1873	115	8472	4117
房地产租赁经营	704	504	480	24	9496	2791
其他房地产业	709	99	96	3	561	228
租赁和商务服务业	**L**	**22525**	**22086**	**439**	**189560**	**67261**
租赁业	71	3631	3608	23	11972	3176
机械设备经营租赁	711	3597	3574	23	11790	3111

2-03 续表 10

行业中类	代码	法人单位数(个)	单产业法人单位	多产业法人单位	从业人员数(人)	#女性
文体设备和用品出租	712	30	30		173	60
日用品出租	713	4	4		9	5
商务服务业	72	18894	18478	416	177588	64085
组织管理服务	721	2157	2094	63	37325	11766
综合管理服务	722	850	818	32	11454	4328
法律服务	723	192	191	1	887	358
咨询与调查	724	5854	5777	77	18599	9540
广告业	725	3390	3363	27	10413	4559
人力资源服务	726	2374	2346	28	32986	9546
安全保护服务	727	334	327	7	12161	1002
会议、展览及相关服务	728	514	511	3	2168	905
其他商务服务业	729	3229	3051	178	51595	22081
科学研究和技术服务业	**M**	**13641**	**13456**	**185**	**75100**	**26262**
研究和试验发展	73	1951	1934	17	7755	2680
自然科学研究和试验发展	731	110	109	1	282	92
工程和技术研究和试验发展	732	1209	1199	10	4524	1348
农业科学研究和试验发展	733	410	405	5	1895	705
医学研究和试验发展	734	208	207	1	1001	512
社会人文科学研究	735	14	14		53	23
专业技术服务业	74	6228	6103	125	47964	17013
气象服务	741	15	13	2	55	17
地震服务	742	2	2			
海洋服务	743	1		1		
测绘地理信息服务	744	337	329	8	2990	982
质检技术服务	745	841	830	11	7390	2713
环境与生态监测检测服务	746	156	155	1	801	355
地质勘查	747	208	205	3	2048	634
工程技术与设计服务	748	2161	2081	80	26417	9360
工业与专业设计及其他专业技术服务	749	2507	2488	19	8263	2952
科技推广和应用服务业	75	5462	5419	43	19381	6569
技术推广服务	751	4304	4270	34	15763	5088
知识产权服务	752	113	112	1	407	238
科技中介服务	753	139	139		423	155
创业空间服务	754	221	217	4	810	355
其他科技推广服务业	759	685	681	4	1978	733
水利、环境和公共设施管理业	**N**	**1232**	**1212**	**20**	**18870**	**5827**
水利管理业	76	65	64	1	953	266
防洪除涝设施管理	761	8	8		16	4
水资源管理	762	14	13	1	113	46
天然水收集与分配	763	5	5		41	3
水文服务	764	3	3		17	8
其他水利管理业	769	35	35		766	205
生态保护和环境治理业	77	158	155	3	4460	1068

2-03 续表 11

行业中类	代码	法人单位数(个)	单产业法人单位	多产业法人单位	从业人员数(人)	#女性
生态保护	771	24	22	2	3518	838
环境治理业	772	134	133	1	942	230
公共设施管理业	78	953	941	12	13019	4364
市政设施管理	781	134	131	3	1973	310
环境卫生管理	782	172	172		4685	1736
城乡市容管理	783	17	16	1	230	98
绿化管理	784	447	444	3	2499	901
城市公园管理	785	16	16		61	26
游览景区管理	786	167	162	5	3571	1293
土地管理业	79	56	52	4	438	129
土地整治服务	791	7	7		93	36
土地调查评估服务	792	28	25	3	230	63
土地登记服务	793	3	3		7	1
土地登记代理服务	794	12	11	1	66	19
其他土地管理服务	799	6	6		42	10
居民服务、修理和其他服务业	**O**	**4473**	**4414**	**59**	**25848**	**11738**
居民服务业	80	1801	1772	29	10720	5713
家庭服务	801	471	465	6	2014	1308
托儿所服务	802	4	4		19	13
洗染服务	803	66	63	3	313	180
理发及美容服务	804	176	174	2	557	415
洗浴和保健养生服务	805	303	297	6	3155	1909
摄影扩印服务	806	97	93	4	460	253
婚姻服务	807	146	146		465	227
殡葬服务	808	157	151	6	1862	617
其他居民服务业	809	381	379	2	1875	791
机动车、电子产品和日用产品修理业	81	1560	1537	23	6173	1692
汽车、摩托车等修理与维护	811	1143	1122	21	4898	1305
计算机和办公设备维修	812	216	215	1	668	193
家用电器修理	813	151	151		479	149
其他日用产品修理业	819	50	49	1	128	45
其他服务业	82	1112	1105	7	8955	4333
清洁服务	821	833	830	3	7022	3724
宠物服务	822	42	40	2	174	97
其他未列明服务业	829	237	235	2	1759	512
教育	**P**	**1845**	**1820**	**25**	**11951**	**6097**
教育	83	1845	1820	25	11951	6097
学前教育	831	224	224		1891	1707
初等教育	832	17	16	1	44	33
中等教育	833	15	15		211	165
高等教育	834	3	3		74	50
特殊教育	835	2	2		5	4
技能培训、教育辅助及其他教育	839	1584	1560	24	9726	4138

2-03　续表 12

行业中类	代码	法人单位数（个）	单产业法人单位	多产业法人单位	从业人员数（人）	#女性
卫生和社会工作	Q	**1189**	**1167**	**22**	**40045**	**27700**
卫生	84	980	960	20	38577	26987
医院	841	404	390	14	33128	23352
基层医疗卫生服务	842	468	463	5	2855	1899
专业公共卫生服务	843	51	51		706	491
其他卫生活动	849	57	56	1	1888	1245
社会工作	85	209	207	2	1468	713
提供住宿社会工作	851	199	197	2	1170	654
不提供住宿社会工作	852	10	10		298	59
文化、体育和娱乐业	R	**5028**	**4970**	**58**	**25004**	**10963**
新闻和出版业	86	66	64	2	2902	1297
新闻业	861	6	6		76	47
出版业	862	60	58	2	2826	1250
广播、电视、电影和录音制作业	87	358	351	7	3513	1627
广播	871	6	6		47	20
电视	872	10	10		936	417
影视节目制作	873	168	168		606	267
广播电视集成播控	874					
电影和广播电视节目发行	875	16	16		45	16
电影放映	876	142	135	7	1846	898
录音制作	877	16	16		33	9
文化艺术业	88	1057	1048	9	4304	2064
文艺创作与表演	881	363	361	2	1591	768
艺术表演场馆	882	8	7	1	743	360
图书馆与档案馆	883	9	9		28	14
文物及非物质文化遗产保护	884	11	11		31	8
博物馆	885	9	9		38	23
烈士陵园、纪念馆	886					
群众文体活动	887	111	111		286	148
其他文化艺术业	889	546	540	6	1587	743
体育	89	368	353	15	2009	785
体育组织	891	87	87		487	145
体育场地设施管理	892	20	19	1	104	31
健身休闲活动	893	241	227	14	1367	590
其他体育	899	20	20		51	19
娱乐业	90	3179	3154	25	12276	5190
室内娱乐活动	901	2402	2385	17	6804	2926
游乐园	902	65	64	1	2552	958
休闲观光活动	903	33	30	3	794	397
彩票活动	904	4	4		3	
文化体育娱乐活动与经纪代理服务	905	646	642	4	1818	804
其他娱乐业	909	29	29		305	105

2-04 按行业(大类)、地区

行业大类	代码	法人单位数(个)	哈尔滨	齐齐哈尔	鸡西	鹤岗
总　计	**00**	**194607**	**86792**	**13324**	**6342**	**3627**
农、林、牧、渔业	**A**	**995**	**253**	**136**	**51**	**45**
农业	01	99	5	10	12	7
林业	02	42			2	1
畜牧业	03	5	1			1
渔业	04	2				
农、林、牧、渔专业及辅助性活动	05	847	247	126	37	36
采矿业	**B**	**1664**	**238**	**51**	**296**	**142**
煤炭开采和洗选业	06	621	4		232	82
石油和天然气开采业	07	13	2	1	1	
黑色金属矿采选业	08	59	6		6	
有色金属矿采选业	09	65	6	1	2	2
非金属矿采选业	10	738	200	48	54	53
开采专业及辅助性活动	11	136	12	1		3
其他采矿业	12	32	8		1	2
制造业	**C**	**25788**	**10462**	**1969**	**1033**	**507**
农副食品加工业	13	4771	1510	427	354	107
食品制造业	14	1210	527	92	35	25
酒、饮料和精制茶制造业	15	1152	282	112	58	23
烟草制品业	16	10	4			
纺织业	17	235	89	21	3	1
纺织服装、服饰业	18	303	148	20	5	9
皮革、毛皮、羽毛及其制品和制鞋业	19	209	48	5	5	1
木材加工和木、竹、藤、棕、草制品业	20	1823	439	57	42	19
家具制造业	21	459	224	31	3	2
造纸和纸制品业	22	325	123	23	9	10
印刷和记录媒介复制业	23	680	384	36	6	6
文教、工美、体育和娱乐用品制造业	24	339	151	16	7	8
石油、煤炭及其他燃料加工业	25	539	113	53	78	17
化学原料和化学制品制造业	26	1531	495	130	43	20
医药制造业	27	346	168	20	8	4
化学纤维制造业	28	33	11	2	1	
橡胶和塑料制品业	29	938	399	74	22	16
非金属矿物制品业	30	2522	860	213	183	89
黑色金属冶炼和压延加工业	31	92	38	9	5	
有色金属冶炼和压延加工业	32	86	52	4	2	1

分组的企业法人单位数

双鸭山	大庆	伊春	佳木斯	七台河	牡丹江	黑河	绥化	大兴安岭	代码
6195	**21938**	**3868**	**11617**	**2316**	**17428**	**7302**	**10849**	**3009**	**00**
62	**51**	**33**	**90**	**28**	**41**	**84**	**103**	**18**	**A**
9	4	3	16	1	2	26	4		01
2		17	2		7	1	1	9	02
		1		1				1	03
			1		1				04
51	47	12	71	26	31	57	98	8	05
151	**106**	**68**	**55**	**139**	**246**	**75**	**32**	**65**	**B**
106			4	116	48	17		12	06
	8						1		07
4	1	18	2		8	8	1	5	08
1		10	1	1	4	13	3	21	09
37	4	38	46	11	176	30	19	22	10
	90	1	2	11	3	5	8		11
3	3	1			7	2		5	12
685	**2724**	**772**	**1507**	**332**	**2783**	**762**	**1879**	**373**	**C**
258	276	164	461	55	380	185	514	80	13
44	86	54	57	7	101	37	113	32	14
59	66	84	71	25	121	99	81	71	15
					3		3		16
	13	2	5		27	12	60	2	17
3	36	2	8	5	25	7	34	1	18
2	130	4	2	1	6	3	2		19
26	94	125	81	21	693	55	95	76	20
1	45	53	23	7	47	4	14	5	21
2	39	7	30	3	51	5	23		22
13	76	7	31	4	51	25	34	7	23
8	7	43	11	4	37	13	19	15	24
20	111	3	29	24	47	6	36	2	25
35	246	37	87	23	134	45	218	18	26
3	17	19	13	4	37	9	36	8	27
	2	1	4	3	3	2	4		28
14	116	10	61	14	111	22	75	4	29
59	257	81	137	55	272	87	198	31	30
2	20	5	3	2	3	1	2	2	31
1	2	3	2	1	11	4		3	32

2-04 续表 1

行业大类	代码	法人单位数(个)	哈尔滨	齐齐哈尔	鸡西	鹤岗
金属制品业	33	1574	858	137	19	36
通用设备制造业	34	2307	1401	249	31	40
专用设备制造业	35	1856	694	95	67	37
汽车制造业	36	276	202	10		2
铁路、船舶、航空航天和其他运输设备制造业	37	127	82	11	2	3
电气机械和器材制造业	38	728	468	49	15	8
计算机、通信和其他电子设备制造业	39	212	151	6	5	1
仪器仪表制造业	40	230	162	6		2
其他制造业	41	248	129	16	6	1
废弃资源综合利用业	42	158	44	8	6	1
金属制品、机械和设备修理业	43	469	206	37	13	18
电力、热力、燃气及水生产和供应业	**D**	**2252**	**394**	**423**	**112**	**56**
电力、热力生产和供应业	44	1710	263	366	79	36
燃气生产和供应业	45	196	45	13	9	9
水的生产和供应业	46	346	86	44	24	11
建筑业	**E**	**13859**	**6326**	**900**	**401**	**309**
房屋建筑业	47	3146	1071	245	112	104
土木工程建筑业	48	2700	1301	197	77	47
建筑安装业	49	2520	1233	166	83	30
建筑装饰、装修和其他建筑业	50	5493	2721	292	129	128
批发和零售业	**F**	**67526**	**27854**	**5151**	**2377**	**1217**
批发业	51	38071	17379	2625	1287	711
零售业	52	29455	10475	2526	1090	506
交通运输、仓储和邮政业	**G**	**8966**	**3320**	**723**	**298**	**229**
铁路运输业	53	14	5			
道路运输业	54	5650	2240	449	172	139
水上运输业	55	66	26	4		3
航空运输业	56	47	31	1		1
管道运输业	57					
多式联运和运输代理业	58	592	280	19	18	8
装卸搬运和仓储业	59	2068	577	201	91	58
邮政业	60	529	161	49	17	20
住宿和餐饮业	**H**	**2676**	**1385**	**155**	**89**	**43**
住宿业	61	1078	568	55	25	18
餐饮业	62	1598	817	100	64	25
信息传输、软件和信息技术服务业	**I**	**10003**	**5921**	**421**	**120**	**122**
电信、广播电视和卫星传输服务	63	659	180	59	18	13
互联网和相关服务	64	1090	431	61	36	14
软件和信息技术服务业	65	8254	5310	301	66	95

双鸭山	大庆	伊春	佳木斯	七台河	牡丹江	黑河	绥化	大兴安岭	代码
24	171	26	79	9	96	46	70	3	33
23	199	9	89	17	175	18	54	2	34
51	446	11	125	20	188	34	87	1	35
3	16	2	9		20	4	8		36
	2	2	11		10	2	2		37
6	58	2	24	8	62	9	19		38
1	21		4	2	18	1	2		39
1	38	2	1		16		2		40
3	11	6	15	3	11	8	32	7	41
11	17	6	15	10	9	4	26	1	42
12	106	2	19	5	18	15	16	2	43
133	**227**	**65**	**155**	**34**	**236**	**167**	**207**	**43**	D
97	160	45	120	19	191	139	167	28	44
10	34	6	11	10	14	11	20	4	45
26	33	14	24	5	31	17	20	11	46
463	**1242**	**396**	**752**	**113**	**1213**	**696**	**786**	**262**	E
137	318	132	206	31	281	178	247	84	47
73	214	75	146	18	204	132	145	71	48
79	293	40	149	21	202	101	107	16	49
174	417	149	251	43	526	285	287	91	50
2417	**7922**	**1143**	**4446**	**714**	**6666**	**2793**	**3898**	**928**	F
1501	3861	433	2728	229	3788	1428	1780	321	51
916	4061	710	1718	485	2878	1365	2118	607	52
406	**727**	**212**	**785**	**95**	**833**	**380**	**795**	**163**	G
1			3		1	2		2	53
215	539	156	385	50	480	197	520	108	54
4	3		12		7	3		4	55
	3	1	2		3	3		2	56
									57
6	24	10	28	1	144	35	13	6	58
150	127	27	305	31	159	111	205	26	59
30	31	18	50	13	39	29	57	15	60
55	**169**	**87**	**152**	**23**	**226**	**98**	**141**	**53**	H
16	39	48	50	11	124	54	34	36	61
39	130	39	102	12	102	44	107	17	62
190	**1536**	**93**	**457**	**78**	**544**	**189**	**258**	**74**	I
31	73	18	43	14	81	55	60	14	63
40	118	18	113	18	133	33	52	23	64
119	1345	57	301	46	330	101	146	37	65

2-04 续表 2

行业大类	代码	法人单位数(个)	哈尔滨	齐齐哈尔	鸡西	鹤岗
金融业	J	**1472**	**535**	**110**	**52**	**53**
货币金融服务	66	734	242	49	26	26
资本市场服务	67	139	108	5		1
保险业	68	471	125	48	26	22
其他金融业	69	128	60	8		4
房地产业	K	**9473**	**3524**	**686**	**414**	**250**
房地产业	70	9473	3524	686	414	250
租赁和商务服务业	L	**22525**	**12426**	**1126**	**391**	**293**
租赁业	71	3631	1776	190	55	66
商务服务业	72	18894	10650	936	336	227
科学研究和技术服务业	M	**13641**	**8286**	**538**	**226**	**115**
研究和试验发展	73	1951	862	101	26	10
专业技术服务业	74	6228	3927	243	119	58
科技推广和应用服务业	75	5462	3497	194	81	47
水利、环境和公共设施管理业	N	**1232**	**556**	**67**	**32**	**18**
水利管理业	76	65	31	2	3	5
生态保护和环境治理业	77	158	63	15	4	2
公共设施管理业	78	953	431	47	22	11
土地管理业	79	56	31	3	3	
居民服务、修理和其他服务业	O	**4473**	**2327**	**312**	**117**	**60**
居民服务业	80	1801	852	153	62	22
机动车、电子产品和日用产品修理业	81	1560	779	90	37	23
其他服务业	82	1112	696	69	18	15
教育	P	**1845**	**472**	**135**	**117**	**18**
教育	83	1845	472	135	117	18
卫生和社会工作	Q	**1189**	**554**	**103**	**36**	**36**
卫生	84	980	482	80	30	30
社会工作	85	209	72	23	6	6
文化、体育和娱乐业	R	**5028**	**1959**	**318**	**180**	**114**
新闻和出版业	86	66	48	3		
广播、电视、电影和录音制作业	87	358	171	21	6	5
文化艺术业	88	1057	551	51	13	13
体育	89	368	206	15	3	8
娱乐业	90	3179	983	228	158	88

双鸭山	大庆	伊春	佳木斯	七台河	牡丹江	黑河	绥化	大兴安岭	代码
54	**161**	**44**	**90**	**43**	**130**	**70**	**99**	**31**	J
26	97	19	42	22	78	36	55	16	66
	9	2	3	1	2	5	1	2	67
25	43	19	40	20	31	25	37	10	68
3	12	4	5		19	4	6	3	69
311	**1066**	**172**	**662**	**124**	**978**	**470**	**685**	**131**	K
311	1066	172	662	124	978	470	685	131	70
600	**2104**	**382**	**1142**	**174**	**1852**	**714**	**815**	**506**	L
119	328	93	198	22	281	145	231	127	71
481	1776	289	944	152	1571	569	584	379	72
211	**2366**	**103**	**432**	**63**	**566**	**260**	**387**	**88**	M
9	696	20	95	4	63	21	31	13	73
85	946	44	160	38	294	148	111	55	74
117	724	39	177	21	209	91	245	20	75
54	**144**	**64**	**55**	**13**	**76**	**61**	**53**	**39**	N
2	4	1	2		3	5	6	1	76
3	23	9	8	1	8	9	8	5	77
47	116	52	39	12	61	46	36	33	78
2	1	2	6		4	1	3		79
104	**506**	**50**	**280**	**44**	**263**	**134**	**213**	**63**	O
61	166	24	115	27	125	62	104	28	80
29	217	15	112	12	100	52	67	27	81
14	123	11	53	5	38	20	42	8	82
49	**170**	**23**	**167**	**191**	**161**	**123**	**166**	**53**	P
49	170	23	167	191	161	123	166	53	83
35	**112**	**25**	**82**	**13**	**77**	**18**	**73**	**25**	Q
31	85	13	73	13	52	13	55	23	84
4	27	12	9		25	5	18	2	85
215	**605**	**136**	**308**	**95**	**537**	**208**	**259**	**94**	R
	4	1	3		2	2	2	1	86
12	46	7	18	5	35	10	19	3	87
22	215	11	32	2	79	30	32	6	88
14	39	9	13	7	23	11	14	6	89
167	301	108	242	81	398	155	192	78	90

2-05 按行业(大类)、地区分组的

行业大类	代码	从业人员数(人)				
			哈尔滨	齐齐哈尔	鸡西	鹤岗
总　计	00	**2679403**	**1100195**	**183386**	**115289**	**102676**
农、林、牧、渔业	A	**77744**	**40463**	**1069**	**314**	**8906**
农业	01					
林业	02					
畜牧业	03					
渔业	04					
农、林、牧、渔专业及辅助性活动	05	77744	40463	1069	314	8906
采矿业	B	**307089**	**2609**	**775**	**39319**	**40987**
煤炭开采和洗选业	06	157572	180		37602	39570
石油和天然气开采业	07	107844	5	36		
黑色金属矿采选业	08	1631	58		13	
有色金属矿采选业	09	3954	218	420	8	3
非金属矿采选业	10	8491	1836	319	1696	1411
开采专业及辅助性活动	11	27283	76			
其他采矿业	12	314	236			3
制造业	C	**626251**	**241857**	**72319**	**17433**	**11780**
农副食品加工业	13	104035	35298	13261	5195	3894
食品制造业	14	35251	14773	6036	475	618
酒、饮料和精制茶制造业	15	24558	9279	3480	865	781
烟草制品业	16	5203	4438			
纺织业	17	9578	2265	769	22	4
纺织服装、服饰业	18	3776	835	232	14	14
皮革、毛皮、羽毛及其制品和制鞋业	19	3214	418	26	8	
木材加工和木、竹、藤、棕、草制品业	20	26101	5334	1743	925	234
家具制造业	21	11115	2807	1817	21	81
造纸和纸制品业	22	7401	1528	304	56	160
印刷和记录媒介复制业	23	7794	4999	302	20	23
文教、工美、体育和娱乐用品制造业	24	4430	2446	221	117	13
石油、煤炭及其他燃料加工业	25	47677	5166	186	1244	1112
化学原料和化学制品制造业	26	37734	5330	3258	313	538
医药制造业	27	41970	29316	900	1323	280
化学纤维制造业	28	893	72	22	18	
橡胶和塑料制品业	29	14357	4808	681	386	121
非金属矿物制品业	30	42945	14574	4289	3800	1772
黑色金属冶炼和压延加工业	31	15979	2714	4801	58	
有色金属冶炼和压延加工业	32	5859	3685	587	5	

企业法人单位从业人员数

双鸭山	大庆	伊春	佳木斯	七台河	牡丹江	黑河	绥化	大兴安岭	代码
101330	**399550**	**50336**	**119494**	**75742**	**175306**	**83505**	**152958**	**19636**	**00**
4255	**141**	**651**	**1247**	**410**	**3251**	**12142**	**4844**	**51**	**A**
									01
									02
									03
									04
4255	141	651	1247	410	3251	12142	4844	51	05
32727	**134528**	**1105**	**443**	**39282**	**5839**	**6759**	**1317**	**1399**	**B**
31793			10	38818	4025	4291		1283	06
	107382						421		07
690	1	120	34		103	524	88		08
20		562		397	50	1700	507	69	09
211	2	421	398	67	1594	229	265	42	10
	27140	2	1		16	12	36		11
13	3				51	3		5	12
13905	**89283**	**19400**	**28709**	**13568**	**52188**	**11031**	**52267**	**2511**	**C**
3061	6132	2269	8228	894	5243	3014	17183	363	13
532	4606	471	586	164	1392	1003	4419	176	14
1184	1707	1171	854	169	1795	1647	1049	577	15
					588		177		16
	395	348	1654		712	284	3125		17
20	511	35	228	30	291	132	1434		18
3	2626	85	1		11	20	16		19
91	790	2283	721	89	11641	708	1032	510	20
5	487	1796	145	2037	1673	37	173	36	21
7	848	164	592	30	3048	106	558		22
106	320	18	177	29	474	156	1131	39	23
16	49	751	37	15	515	65	155	30	24
1459	29698	10	1228	6122	1053	48	351		25
240	12676	1006	3073	1567	1773	620	7141	199	26
97	915	1457	1171	101	1953	226	3956	275	27
	8	3	102	512	46		110		28
181	1923	115	606	103	3822	186	1388	37	29
1283	3376	1138	2630	709	4849	1337	2995	193	30
3473	132	4716	7	3	21		41	13	31
215	23	926	7	3	219	186		3	32

2-05 续表 1

行业大类	代码	从业人员数（人）	哈尔滨	齐齐哈尔	鸡西	鹤岗
金属制品业	33	18535	10240	2847	200	565
通用设备制造业	34	42595	29169	6717	219	397
专用设备制造业	35	38370	9533	10462	1370	753
汽车制造业	36	16679	9528	459		1
铁路、船舶、航空航天和其他运输设备制造业	37	16074	6492	7366		23
电气机械和器材制造业	38	25685	15757	728	81	45
计算机、通信和其他电子设备制造业	39	4807	3976	89	61	211
仪器仪表制造业	40	6776	4219	251		12
其他制造业	41	1842	960	245	37	
废弃资源综合利用业	42	2119	972	88	7	
金属制品、机械和设备修理业	43	2899	926	152	593	128
电力、热力、燃气及水生产和供应业	**D**	**157171**	**58896**	**15525**	**9176**	**6306**
电力、热力生产和供应业	44	124749	48389	12438	7605	4705
燃气生产和供应业	45	9190	3703	1127	50	473
水的生产和供应业	46	23232	6804	1960	1521	1128
建筑业	**E**	**279105**	**123862**	**14140**	**9924**	**7551**
房屋建筑业	47	119588	49305	7673	4661	5254
土木工程建筑业	48	99535	41714	3535	4111	1146
建筑安装业	49	31275	17080	1589	765	524
建筑装饰、装修和其他建筑业	50	28707	15763	1343	387	627
批发和零售业	**F**	**395310**	**174485**	**27699**	**15557**	**8493**
批发业	51	195778	97772	13756	8757	2983
零售业	52	199532	76713	13943	6800	5510
交通运输、仓储和邮政业	**G**	**161913**	**79738**	**10546**	**6043**	**4766**
铁路运输业	53					
道路运输业	54	60914	31441	3169	2046	1772
水上运输业	55	957	403	7		6
航空运输业	56	6849	6220			1
管道运输业	57					
多式联运和运输代理业	58	2789	1627	250	31	22
装卸搬运和仓储业	59	37569	7599	4503	1953	1978
邮政业	60	52835	32448	2617	2013	987
住宿和餐饮业	**H**	**41330**	**22904**	**1978**	**1100**	**895**
住宿业	61	26008	14976	1192	277	734
餐饮业	62	15322	7928	786	823	161
信息传输、软件和信息技术服务业	**I**	**117910**	**77681**	**5254**	**2393**	**1656**
电信、广播电视和卫星传输服务	63	79158	49391	4276	2063	1331
互联网和相关服务	64	4453	2651	224	118	63
软件和信息技术服务业	65	34299	25639	754	212	262

双鸭山	大庆	伊春	佳木斯	七台河	牡丹江	黑河	绥化	大兴安岭	代码
110	1809	98	489	42	947	267	886	35	33
533	1264	122	411	59	2787	232	679	6	34
1025	7568	122	1743	554	3533	382	1325		35
15	5866	31	148		478	53	100		36
		30	265		1796	95	7		37
146	4237	28	3281	179	849	106	248		38
5	108		12	61	272		12		39
7	395	6			100		1786		40
11	62	163	70	1	132	18	130	13	41
22	100	34	144	59	94	23	576		42
58	652	4	99	36	81	80	84	6	43
7578	**12771**	**4027**	**8569**	**3517**	**10564**	**8002**	**10621**	**1619**	D
6544	7668	3192	6825	2190	8645	6491	8839	1218	44
310	1598	122	512	511	370	147	207	60	45
724	3505	713	1232	816	1549	1364	1575	341	46
6853	**43921**	**6588**	**20266**	**3588**	**16041**	**6352**	**17281**	**2738**	E
3612	8665	4983	13720	1499	5692	3001	9995	1528	47
2039	29826	1199	3501	1169	3812	1666	4946	871	48
584	3811	135	2088	573	2384	682	933	127	49
618	1619	271	957	347	4153	1003	1407	212	50
12249	**39105**	**5115**	**26306**	**3669**	**35155**	**14816**	**29515**	**3146**	F
5686	14422	1692	10463	1558	19307	6684	11322	1376	51
6563	24683	3423	15843	2111	15848	8132	18193	1770	52
6540	**9219**	**3715**	**10550**	**2721**	**10335**	**5373**	**10599**	**1768**	G
									53
1967	3867	1714	2897	1305	4548	1447	4250	491	54
26	12		193		53	235		22	55
	241	3	156		25	101		102	56
									57
10	51	34	103		437	174	45	5	58
3612	3023	709	4715	714	2228	2637	3717	181	59
925	2025	1255	2486	702	3044	779	2587	967	60
603	**2508**	**1524**	**2049**	**431**	**3115**	**1488**	**1737**	**998**	H
282	1553	1280	771	273	2013	1058	688	911	61
321	955	244	1278	158	1102	430	1049	87	62
2051	**8193**	**1883**	**3679**	**1517**	**5108**	**3186**	**4060**	**1249**	I
1715	3304	1733	2836	1218	3820	2674	3647	1150	63
107	271	51	245	69	315	179	129	31	64
229	4618	99	598	230	973	333	284	68	65

2-05 续表 2

行业大类	代码	从业人员数（人）	哈尔滨	齐齐哈尔	鸡西	鹤岗
金融业	J	**4464**	**2750**	**132**	**30**	**86**
货币金融服务	66	2881	1698	76	30	51
资本市场服务	67	364	290	6		
保险业	68	82	25	22		9
其他金融业	69	1137	737	28		26
房地产业	K	**124738**	**49726**	**8480**	**4358**	**5160**
房地产业	70	124738	49726	8480	4358	5160
租赁和商务服务业	L	**189560**	**127192**	**10519**	**4253**	**1673**
租赁业	71	11972	6195	413	130	108
商务服务业	72	177588	120997	10106	4123	1565
科学研究和技术服务业	M	**75100**	**47053**	**3001**	**1213**	**615**
研究和试验发展	73	7755	4310	222	102	50
专业技术服务业	74	47964	29673	2265	737	420
科技推广和应用服务业	75	19381	13070	514	374	145
水利、环境和公共设施管理业	N	**18870**	**5995**	**2037**	**332**	**72**
水利管理业	76	953	724	9		3
生态保护和环境治理业	77	4460	616	170	10	11
公共设施管理业	78	13019	4386	1844	248	58
土地管理业	79	438	269	14	74	
居民服务、修理和其他服务业	O	**25848**	**14864**	**2218**	**633**	**258**
居民服务业	80	10720	4902	1508	451	119
机动车、电子产品和日用产品修理业	81	6173	3380	294	113	97
其他服务业	82	8955	6582	416	69	42
教育	P	**11951**	**3274**	**989**	**872**	**363**
教育	83	11951	3274	989	872	363
卫生和社会工作	Q	**40045**	**14110**	**5052**	**1801**	**2742**
卫生	84	38577	13511	4916	1776	2734
社会工作	85	1468	599	136	25	8
文化、体育和娱乐业	R	**25004**	**12736**	**1653**	**538**	**367**
新闻和出版业	86	2902	2037	524		
广播、电视、电影和录音制作业	87	3513	1521	164	75	25
文化艺术业	88	4304	2637	120	10	12
体育	89	2009	1112	104		81
娱乐业	90	12276	5429	741	453	249

双鸭山	大庆	伊春	佳木斯	七台河	牡丹江	黑河	绥化	大兴安岭	代码
46	**390**	**38**	**70**	**55**	**556**	**139**	**139**	**33**	**J**
35	191	28	45	51	465	92	94	25	66
	12	6	9			32	9		67
5			6	4		6	5		68
6	187	4	10		91	9	31	8	69
3466	**24566**	**2567**	**5903**	**1599**	**8137**	**3591**	**6357**	**828**	**K**
3466	24566	2567	5903	1599	8137	3591	6357	828	70
4677	**9996**	**1788**	**4027**	**1443**	**14206**	**3085**	**5368**	**1333**	**L**
244	1207	167	514	108	1194	349	1063	280	71
4433	8789	1621	3513	1335	13012	2736	4305	1053	72
1044	**11671**	**310**	**2214**	**953**	**3120**	**1588**	**2021**	**297**	**M**
13	1662	27	735	4	338	146	89	57	73
588	8023	226	995	376	2137	1166	1146	212	74
443	1986	57	484	573	645	276	786	28	75
1412	**1559**	**330**	**418**	**592**	**644**	**4092**	**562**	**825**	**N**
1	9	3	7		9	82	106		76
12	83	20	30	10	107	3278	107	6	77
1397	1464	302	345	582	504	730	340	819	78
2	3	5	36		24	2	9		79
472	**2144**	**200**	**989**	**205**	**1687**	**572**	**1405**	**201**	**O**
285	919	138	442	134	708	316	726	72	80
140	718	40	376	53	371	203	291	97	81
47	507	22	171	18	608	53	388	32	82
411	**703**	**162**	**1264**	**792**	**985**	**514**	**1359**	**263**	**P**
411	703	162	1264	792	985	514	1359	263	83
2442	**6834**	**349**	**1704**	**1147**	**1026**	**217**	**2433**	**188**	**Q**
2146	6798	302	1680	1147	833	217	2331	186	84
296	36	47	24		193		102	2	85
599	**2018**	**584**	**1087**	**253**	**3349**	**558**	**1073**	**189**	**R**
	159	87	5		20	11	9	50	86
55	261	24	126	17	1077	54	110	4	87
91	786	136	92	10	188	95	124	3	88
53	142	71	55	38	151	41	119	42	89
400	670	266	809	188	1913	357	711	90	90

2-06 按地区、登记注册

地区	法人单位数（个）	内资企业	国有企业	集体企业	股份合作企业	联营企业	国有联营企业
全省	**194607**	**193981**	**2511**	**1613**	**438**	**135**	**18**
哈尔滨	86792	86467	767	737	216	62	8
齐齐哈尔	13324	13270	191	134	63	11	1
鸡西	6342	6323	172	113	9	12	1
鹤岗	3627	3618	95	41	12	2	
双鸭山	6195	6190	93	37	6		
大庆	21938	21892	155	126	25	6	
伊春	3868	3854	115	19	7	2	
佳木斯	11617	11583	170	81	34	9	1
七台河	2316	2308	51	10	7	2	
牡丹江	17428	17356	167	111	26	6	
黑河	7302	7281	205	69	9	7	4
绥化	10849	10833	237	116	19	13	3
大兴安岭	3009	3006	93	19	5	3	

2-06 续表

地区	私营合伙企业	私营有限责任公司	私营股份有限公司	其他企业	港、澳、台商投资企业	合资经营企业(港或澳、台资)	合作经营企业(港或澳、台资)
全省	**915**	**135258**	**3082**	**21**	**234**	**78**	**8**
哈尔滨	442	58547	1305	5	136	45	5
齐齐哈尔	50	8577	218	1	19	9	
鸡西	29	3938	133	1	8	5	
鹤岗	20	1952	85	1	4	2	
双鸭山	26	4692	83	1	3	2	
大庆	63	17982	248	4	14	3	1
伊春	16	2630	41		3	2	
佳木斯	43	8871	222	3	9	1	
七台河	12	1276	51		5	1	1
牡丹江	111	12230	334	2	22	4	1
黑河	25	5778	65	2	4	3	
绥化	60	6599	279	1	7	1	
大兴安岭	18	2186	18				

类型分组的企业法人单位数

集体联营企业	国有与集体联营企业	其他联营企业	有限责任公司	国有独资公司	其他有限责任公司	股份有限公司	私营企业	私营独资企业
57	**15**	**45**	**34454**	**965**	**33489**	**4379**	**150430**	**11175**
27	9	18	19961	319	19642	2063	62656	2362
5		5	2403	67	2336	365	10102	1257
5		6	973	58	915	168	4875	775
1		1	917	27	890	87	2463	406
			657	58	599	138	5258	457
4		2	2360	61	2299	260	18956	663
1	1		644	32	612	98	2969	282
5	1	2	1052	99	953	236	9998	862
		2	380	28	352	120	1738	399
2		4	1852	76	1776	354	14838	2163
2	1		725	70	655	128	6136	268
3	2	5	2197	54	2143	304	7946	1008
2	1		333	16	317	58	2495	273

港、澳、台商独资经营企业	港、澳、台商投资股份有限公司	其他港、澳、台商投资企业	外商投资企业	中外合资经营企业	中外合作经营企业	外资企业	外商投资股份有限公司	其他外商投资
115	**14**	**19**	**392**	**157**	**12**	**165**	**19**	**39**
70	8	8	189	72	7	84	8	18
9		1	35	14		16	2	3
1	1	1	11	7	1	2	1	
2			5	3			1	1
1			2	2				
5	2	3	32	13		17	1	1
		1	11	8		3		
6		2	25	10	1	8		6
2		1	3	1	1		1	
15		2	50	12		27	4	7
1			17	11	1	5		
3	3		9	3		3		3
			3	1	1		1	

2-07 按地区、登记注册类型

地区	从业人员数(人)	内资企业	国有企业	集体企业	股份合作企业	联营企业	国有联营企业
全省	**2679403**	**2572100**	**255303**	**36854**	**4615**	**1684**	**278**
哈尔滨	1100195	1036424	93731	10689	1349	466	183
齐齐哈尔	183386	175119	12624	2308	283	47	1
鸡西	115289	113273	8044	2568	101	105	
鹤岗	102676	101096	13549	4649	91	20	
双鸭山	101330	100370	7247	490	72		
大庆	399550	388463	36502	9067	653	40	
伊春	50336	49261	7506	526	991	168	
佳木斯	119494	115313	10960	2865	174	467	
七台河	75742	74734	5133	191	311	7	
牡丹江	175306	167618	15884	1592	245	24	
黑河	83505	81180	23222	709	78	59	53
绥化	152958	150156	16950	1124	210	215	41
大兴安岭	19636	19093	3951	76	57	66	

2-07 续表

地区	私营合伙企业	私营有限责任公司	私营股份有限公司	其他企业	港、澳、台商投资企业	合资经营企业(港或澳、台资)	合作经营企业(港或澳、台资)
全省	**6127**	**837747**	**36701**	**183**	**39344**	**13846**	**1627**
哈尔滨	2789	348462	14856	24	21625	8548	929
齐齐哈尔	558	57985	2897		3719	1685	
鸡西	515	28795	1291		1423	1227	
鹤岗	112	16657	2128		831	809	
双鸭山	353	30285	537		940	662	
大庆	237	90719	2664	119	3614	94	695
伊春	51	18845	226		884	7	
佳木斯	230	50653	1488		1224	133	
七台河	45	18071	2348		933	193	3
牡丹江	551	86956	4598	40	3150	84	
黑河	177	31005	930		654	402	
绥化	473	51291	2687		347	2	
大兴安岭	36	8023	51				

分组的企业法人单位从业人员数

集体联营企业	国有与集体联营企业	其他联营企业	有限责任公司	国有独资公司	其他有限责任公司	股份有限公司	私营企业	私营独资企业
678	**302**	**426**	**1108274**	**231895**	**876379**	**232183**	**933004**	**52429**
138	83	62	418339	60507	357832	135013	376813	10706
11		35	82405	11050	71355	11402	66050	4610
48		57	61782	7051	54731	5553	35120	4519
		20	57562	31201	26361	3444	21781	2884
			52840	32194	20646	6388	33333	2158
35		5	212068	34799	177269	33589	96425	2805
17	151		18094	1478	16616	1651	20325	1203
395	2	70	35490	6109	29381	9162	56195	3824
		7	41775	31094	10681	5527	21790	1326
8		16	42788	9003	33785	4925	102120	10015
6			18248	4119	14129	3479	35385	3273
16	4	154	61688	2545	59143	11041	58928	4477
4	62		5195	745	4450	1009	8739	629

港、澳、台商独资经营企业	港、澳、台商投资股份有限公司	其他港、澳、台商投资企业	外商投资企业	中外合资经营企业	中外合作经营企业	外资企业	外商投资股份有限公司	其他外商投资
17918	**2324**	**3629**	**67959**	**41978**	**821**	**20357**	**3608**	**1195**
11627	461	60	42146	27805	173	11232	2336	600
2034			4548	3015		1230	244	59
191	4	1	593	174	102	311	6	
22			749	198			402	149
278			20	20				
1176	1583	66	7473	6104		1366		3
		877	191	108		83		
859		232	2957	1114	473	1052		318
256		481	75		54		21	
1154		1912	4538	1567		2849	70	52
252			1671	1548	5	118		
69	276		2455	325		2116		14
			543		14		529	

2-08 按行业(大类)、登记注册

行业大类	代码	法人单位数(个)	内资企业	国有企业	集体企业	股份合作企业	联营企业
总 计	00	**194607**	**193981**	**2511**	**1613**	**438**	**135**
农、林、牧、渔业	A	**995**	**993**	**214**	**1**	**1**	**3**
农业	01	99	99	90			
林业	02	42	42	41			
畜牧业	03	5	5	1			
渔业	04	2	2	1			
农、林、牧、渔专业及辅助性活动	05	847	845	81	1	1	3
采矿业	B	**1664**	**1659**	**25**	**44**	**4**	**1**
煤炭开采和洗选业	06	621	620	12	32	3	
石油和天然气开采业	07	13	13	1			
黑色金属矿采选业	08	59	59	1			
有色金属矿采选业	09	65	64				
非金属矿采选业	10	738	736	7	5	1	1
开采专业及辅助性活动	11	136	135	4	7		
其他采矿业	12	32	32				
制造业	C	**25788**	**25553**	**167**	**375**	**172**	**14**
农副食品加工业	13	4771	4727	23	23	8	1
食品制造业	14	1210	1186		7	2	
酒、饮料和精制茶制造业	15	1152	1124	6	4	3	
烟草制品业	16	10	9	2			
纺织业	17	235	231	7	1	4	
纺织服装、服饰业	18	303	303	4	9	4	
皮革、毛皮、羽毛及其制品和制鞋业	19	209	208		3	1	
木材加工和木、竹、藤、棕、草制品业	20	1823	1814	19	9	3	
家具制造业	21	459	456	2	5		1
造纸和纸制品业	22	325	324	2	10	6	
印刷和记录媒介复制业	23	680	680	17	29	7	3
文教、工美、体育和娱乐用品制造业	24	339	331	2	8	2	
石油、煤炭及其他燃料加工业	25	539	536	1	3	2	
化学原料和化学制品制造业	26	1531	1514	10	25	7	
医药制造业	27	346	333	2	1	2	
化学纤维制造业	28	33	33				
橡胶和塑料制品业	29	938	932	1	16	12	1
非金属矿物制品业	30	2522	2505	20	68	22	2
黑色金属冶炼和压延加工业	31	92	92	1		3	
有色金属冶炼和压延加工业	32	86	86		3	1	

类型分组的企业法人单位数

国有联营企业	集体联营企业	国有与集体联营企业	其他联营企业	有限责任公司	国有独资公司	其他有限责任公司	股份有限公司	私营企业	私营独资企业	私营合伙企业	代码
18	**57**	**15**	**45**	**34454**	**965**	**33489**	**4379**	**150430**	**11175**	**915**	**00**
		2	**1**	**126**	**6**	**120**	**22**	**626**	**49**	**14**	**A**
				5	4	1	2	2			01
								1			02
				1		1		3	1		03
				1		1					04
		2	1	119	2	117	20	620	48	14	05
			1	**237**	**15**	**222**	**34**	**1314**	**416**	**22**	**B**
				124	8	116	17	432	162	9	06
				6		6	1	5			07
				13		13	1	44	2	1	08
				24	4	20	3	37			09
			1	51	3	48	7	664	239	11	10
				14		14	4	106	8		11
				5		5	1	26	5	1	12
	10	**1**	**3**	**4508**	**72**	**4436**	**680**	**19634**	**1604**	**95**	**C**
			1	832	8	824	108	3729	250	12	13
				227	4	223	39	911	57	2	14
				215	1	214	31	865	88	4	15
				5		5		2			16
				37		37	10	172	11	1	17
				56	2	54	4	226	14	1	18
				87		87	2	115	4		19
				205	4	201	26	1552	206	6	20
			1	70		70	10	368	25	2	21
				52	3	49	7	247	21	1	22
	3			113	2	111	18	493	61	3	23
				43	1	42	12	264	25	1	24
				85	3	82	16	429	68	4	25
				292	7	285	39	1141	65	5	26
				84		84	36	208	12	1	27
				6		6	3	24			28
	1			153	1	152	26	723	64	6	29
	2			410	6	404	84	1899	280	17	30
				23		23		65	6		31
				27	3	24	2	53	3	1	32

2-08 续表 1

行业大类	代码	法人单位数(个)					
			内资企业	国有企业	集体企业	股份合作企业	联营企业
金属制品业	33	1574	1563	6	32	20	1
通用设备制造业	34	2307	2298	11	53	36	1
专用设备制造业	35	1856	1842	10	12	11	1
汽车制造业	36	276	268	5	6	1	
铁路、船舶、航空航天和其他运输设备制造业	37	127	122	3	7		
电气机械和器材制造业	38	728	724	5	17	7	3
计算机、通信和其他电子设备制造业	39	212	208	2	2	1	
仪器仪表制造业	40	230	229	2	3	3	
其他制造业	41	248	248		4	1	
废弃资源综合利用业	42	158	158	2			
金属制品、机械和设备修理业	43	469	469	2	15	3	
电力、热力、燃气及水生产和供应业	**D**	**2252**	**2207**	**259**	**45**		
电力、热力生产和供应业	44	1710	1681	165	35		
燃气生产和供应业	45	196	189	4	1		
水的生产和供应业	46	346	337	90	9		
建筑业	**E**	**13859**	**13851**	**138**	**135**	**13**	**3**
房屋建筑业	47	3146	3144	49	78	6	2
土木工程建筑业	48	2700	2698	63	28	2	1
建筑安装业	49	2520	2519	19	23	2	
建筑装饰、装修和其他建筑业	50	5493	5490	7	6	3	
批发和零售业	**F**	**67526**	**67425**	**513**	**687**	**150**	**66**
批发业	51	38071	38020	285	243	48	23
零售业	52	29455	29405	228	444	102	43
交通运输、仓储和邮政业	**G**	**8966**	**8956**	**305**	**50**	**3**	**5**
铁路运输业	53	14	14	3			
道路运输业	54	5650	5647	118	18	1	2
水上运输业	55	66	66	1	1		
航空运输业	56	47	47	1			
管道运输业	57						
多式联运和运输代理业	58	592	591	5	1		
装卸搬运和仓储业	59	2068	2063	152	30	1	3
邮政业	60	529	528	25		1	
住宿和餐饮业	**H**	**2676**	**2651**	**135**	**43**	**3**	**8**
住宿业	61	1078	1067	88	35	2	5
餐饮业	62	1598	1584	47	8	1	3
信息传输、软件和信息技术服务业	**I**	**10003**	**9982**	**39**	**7**	**1**	**6**
电信、广播电视和卫星传输服务	63	659	644	31			5
互联网和相关服务	64	1090	1090	2	1		
软件和信息技术服务业	65	8254	8248	6	6	1	1

国有联营企业	集体联营企业	国有与集体联营企业	其他联营企业	有限责任公司	国有独资公司	其他有限责任公司	股份有限公司	私营企业	私营独资企业	私营合伙企业	代码
			1	294	4	290	29	1181	87	9	33
		1		380	2	378	49	1768	108	10	34
	1			298	8	290	45	1465	65	3	35
				59		59	10	187	11	1	36
				38	6	32	7	67	1		37
	3			150	5	145	28	514	30	1	38
				63		63	13	127			39
				59		59	8	154	2	1	40
				40		40	5	198	14	2	41
				23	1	22	7	126	7		42
				82	1	81	6	361	19	1	43
				637	**73**	**564**	**80**	**1186**	**40**	**2**	**D**
				502	59	443	61	918	26	1	44
				53		53	7	124	4		45
				82	14	68	12	144	10	1	46
		1	**2**	**2692**	**61**	**2631**	**242**	**10628**	**153**	**9**	**E**
		1	1	770	9	761	73	2166	30	6	47
			1	573	37	536	43	1988	34		48
				490	10	480	39	1946	17		49
				859	5	854	87	4528	72	3	50
10	**32**	**6**	**18**	**10247**	**130**	**10117**	**1219**	**54542**	**5029**	**159**	**F**
5	11		7	5903	76	5827	661	30857	1686	65	51
5	21	6	11	4344	54	4290	558	23685	3343	94	52
1	**1**	**1**	**2**	**1602**	**179**	**1423**	**206**	**6785**	**152**	**6**	**G**
				10		10	1				53
	1		1	815	23	792	104	4589	91	5	54
				15	2	13	3	46	1		55
				18	4	14	1	27			56
											57
				124	3	121	11	450	6		58
1		1	1	533	145	388	61	1283	52	1	59
				87	2	85	25	390	2		60
1	**3**	**2**	**2**	**528**	**16**	**512**	**68**	**1866**	**170**	**64**	**H**
1	2	2		262	10	252	36	639	76	8	61
	1		2	266	6	260	32	1227	94	56	62
2			**4**	**2047**	**27**	**2020**	**193**	**7689**	**120**	**28**	**I**
2			3	135	18	117	52	421	24	1	63
				144	3	141	13	930	61	2	64
			1	1768	6	1762	128	6338	35	25	65

2-08 续表 2

行业大类	代码	法人单位数(个)	内资企业	国有企业	集体企业	股份合作企业	联营企业
金融业	**J**	**1472**	**1427**	**104**	**4**	**43**	
货币金融服务	66	737	727	82	4	43	
资本市场服务	67	139	139	2			
保险业	68	471	436	19			
其他金融业	69	125	125	1			
房地产业	**K**	**9473**	**9431**	**91**	**51**	**9**	**6**
房地产业	70	9473	9431	91	51	9	6
租赁和商务服务业	**L**	**22525**	**22486**	**146**	**82**	**9**	**8**
租赁业	71	3631	3629	3	3	1	1
商务服务业	72	18894	18857	143	79	8	7
科学研究和技术服务业	**M**	**13641**	**13613**	**167**	**33**	**13**	**3**
研究和试验发展	73	1951	1949	7	1		
专业技术服务业	74	6228	6218	122	20	9	2
科技推广和应用服务业	75	5462	5446	38	12	4	1
水利、环境和公共设施管理业	**N**	**1232**	**1230**	**55**	**3**	**1**	**3**
水利管理业	76	65	65	11			1
生态保护和环境治理业	77	158	157	16			
公共设施管理业	78	953	952	27	3	1	2
土地管理业	79	56	56	1			
居民服务、修理和其他服务业	**O**	**4473**	**4466**	**26**	**36**	**8**	**4**
居民服务业	80	1801	1796	18	4	3	2
机动车、电子产品和日用产品修理业	81	1560	1559	6	14	5	2
其他服务业	82	1112	1111	2	18		
教育	**P**	**1845**	**1845**	**33**	**5**	**4**	**2**
教育	83	1845	1845	33	5	4	2
卫生和社会工作	**Q**	**1189**	**1186**	**47**	**7**	**3**	**2**
卫生	84	980	978	42	7	3	2
社会工作	85	209	208	5			
文化、体育和娱乐业	**R**	**5028**	**5020**	**47**	**5**	**1**	**1**
新闻和出版业	86	66	66	10	2		
广播、电视、电影和录音制作业	87	358	356	20	2		
文化艺术业	88	1057	1057	9	1		
体育	89	368	364	2			
娱乐业	90	3179	3177	6		1	1

国有联营企业	集体联营企业	国有与集体联营企业	其他联营企业	有限责任公司	国有独资公司	其他有限责任公司	股份有限公司	私营企业	私营独资企业	私营合伙企业	代码
				339	**16**	**323**	**472**	**449**	**27**	**13**	**J**
				181	7	174	185	232	2		66
				47	1	46	2	88	1	10	67
				61	1	60	281	59	24	1	68
				50	7	43	4	70		2	69
1	**3**		**2**	**2400**	**97**	**2303**	**267**	**6607**	**57**	**13**	**K**
1	3		2	2400	97	2303	267	6607	57	13	70
	2	**1**	**5**	**4272**	**166**	**4106**	**370**	**17599**	**380**	**301**	**L**
			1	519	4	515	55	3047	56	1	71
	2	1	4	3753	162	3591	315	14552	324	300	72
	1	**1**	**1**	**2816**	**44**	**2772**	**269**	**10312**	**149**	**56**	**M**
				329	2	327	39	1573	32	11	73
		1	1	1390	30	1360	131	4544	60	11	74
	1			1097	12	1085	99	4195	57	34	75
2	**1**			**229**	**33**	**196**	**28**	**911**	**11**	**5**	**N**
1				11	3	8	3	39			76
				33	3	30	3	105	1		77
1	1			168	24	144	20	731	10	1	78
				17	3	14	2	36		4	79
	3		**1**	**735**	**5**	**730**	**93**	**3564**	**233**	**17**	**O**
	1		1	278	3	275	43	1448	131	8	80
	2			273		273	30	1229	80	7	81
				184	2	182	20	887	22	2	82
	1		**1**	**296**	**3**	**293**	**33**	**1472**	**186**	**42**	**P**
	1		1	296	3	293	33	1472	186	42	83
1			**1**	**172**	**2**	**170**	**37**	**917**	**439**	**42**	**Q**
1			1	136	1	135	35	752	417	41	84
				36	1	35	2	165	22	1	85
			1	**571**	**20**	**551**	**66**	**4329**	**1960**	**27**	**R**
				26	4	22	4	24	1		86
				69	4	65	9	256	10	3	87
				172	8	164	21	854	21	3	88
				65	1	64	9	288	18		89
			1	239	3	236	23	2907	1910	21	90

2-08 续表 3

行业大类	代码	私营有限责任公司	私营股份有限公司	其他企业	港、澳、台商投资企业	合资经营企业(港或澳、台资)
总 计	**00**	**135258**	**3082**	**21**	**234**	**78**
农、林、牧、渔业	**A**	**554**	**9**		**1**	
农业	01	2				
林业	02	1				
畜牧业	03	2				
渔业	04					
农、林、牧、渔专业及辅助性活动	05	549	9		1	
采矿业	**B**	**857**	**19**		**3**	**1**
煤炭开采和洗选业	06	253	8			
石油和天然气开采业	07	5				
黑色金属矿采选业	08	41				
有色金属矿采选业	09	36	1		1	1
非金属矿采选业	10	406	8		1	
开采专业及辅助性活动	11	96	2		1	
其他采矿业	12	20				
制造业	**C**	**17466**	**469**	**3**	**68**	**32**
农副食品加工业	13	3377	90	3	15	4
食品制造业	14	820	32		6	2
酒、饮料和精制茶制造业	15	748	25		4	2
烟草制品业	16	2			1	1
纺织业	17	155	5		2	
纺织服装、服饰业	18	203	8			
皮革、毛皮、羽毛及其制品和制鞋业	19	109	2			
木材加工和木、竹、藤、棕、草制品业	20	1318	22		4	1
家具制造业	21	332	9			
造纸和纸制品业	22	222	3			
印刷和记录媒介复制业	23	416	13			
文教、工美、体育和娱乐用品制造业	24	229	9		2	1
石油、煤炭及其他燃料加工业	25	343	14		3	1
化学原料和化学制品制造业	26	1039	32		4	3
医药制造业	27	185	10		7	4
化学纤维制造业	28	23	1			
橡胶和塑料制品业	29	634	19		1	
非金属矿物制品业	30	1565	37		6	4
黑色金属冶炼和压延加工业	31	59				
有色金属冶炼和压延加工业	32	47	2			

合作经营企业(港或澳、台资)	港、澳、台商独资经营企业	港、澳、台商投资股份有限公司	其他港、澳、台商投资企业	外商投资企业	中外合资经营企业	中外合作经营企业	外资企业	外商投资股份有限公司	其他外商投资	代码
8	**115**	**14**	**19**	**392**	**157**	**12**	**165**	**19**	**39**	**00**
	1			**1**		**1**				**A**
										01
										02
										03
										04
	1			1		1				05
1	**1**			**2**	**2**					**B**
				1	1					06
										07
										08
										09
	1			1	1					10
1										11
										12
1	**32**	**2**	**1**	**167**	**71**	**2**	**82**	**7**	**5**	**C**
1	9	1		29	12		17			13
	4			18	5		9	3	1	14
	2			24	6		15	3		15
										16
	2			2	2					17
										18
				1			1			19
	2		1	5	4		1			20
				3			3			21
				1	1					22
										23
	1			6	1	1	4			24
	2									25
	1			13	3		8		2	26
	3			6	2		4			27
										28
	1			5	2		2	1		29
	1	1		11	4	1	5		1	30
										31
										32

2-08 续表 4

行业大类	代码	私营有限责任公司	私营股份有限公司	其他企业	港、澳、台商投资企业	合资经营企业(港或澳、台资)
金属制品业	33	1057	28		4	3
通用设备制造业	34	1616	34		1	1
专用设备制造业	35	1364	33		3	2
汽车制造业	36	172	3		1	1
铁路、船舶、航空航天和其他运输设备制造业	37	65	1		3	1
电气机械和器材制造业	38	469	14			
计算机、通信和其他电子设备制造业	39	123	4		1	1
仪器仪表制造业	40	140	11			
其他制造业	41	182				
废弃资源综合利用业	42	115	4			
金属制品、机械和设备修理业	43	337	4			
电力、热力、燃气及水生产和供应业	**D**	**1111**	**33**		**12**	**4**
电力、热力生产和供应业	44	866	25		7	1
燃气生产和供应业	45	117	3		3	2
水的生产和供应业	46	128	5		2	1
建筑业	**E**	**10226**	**240**		**1**	**1**
房屋建筑业	47	2056	74			
土木工程建筑业	48	1916	38			
建筑安装业	49	1884	45			
建筑装饰、装修和其他建筑业	50	4370	83		1	1
批发和零售业	**F**	**48354**	**1000**	**1**	**45**	**8**
批发业	51	28564	542		16	3
零售业	52	19790	458	1	29	5
交通运输、仓储和邮政业	**G**	**6457**	**170**		**6**	**3**
铁路运输业	53					
道路运输业	54	4380	113		2	1
水上运输业	55	44	1			
航空运输业	56	26	1			
管道运输业	57					
多式联运和运输代理业	58	432	12		1	
装卸搬运和仓储业	59	1194	36		3	2
邮政业	60	381	7			
住宿和餐饮业	**H**	**1583**	**49**		**12**	**3**
住宿业	61	535	20		8	2
餐饮业	62	1048	29		4	1
信息传输、软件和信息技术服务业	**I**	**7397**	**144**		**11**	**5**
电信、广播电视和卫星传输服务	63	384	12		10	4
互联网和相关服务	64	847	20			
软件和信息技术服务业	65	6166	112		1	1

合作经营企业(港或澳、台资)	港、澳、台商独资经营企业	港、澳、台商投资股份有限公司	其他港、澳、台商投资企业	外商投资企业	中外合资经营企业	中外合作经营企业	外资企业	外商投资股份有限公司	其他外商投资	代码
	1			7	6		1			33
				8	7		1			34
	1			11	4		7			35
				7	5		2			36
	2			2	2					37
				4	2		1		1	38
				3	3					39
				1			1			40
										41
										42
										43
1	**7**			**33**	**17**	**2**	**10**		**4**	**D**
1	5			22	13	1	5		3	44
	1			4	2		1		1	45
	1			7	2	1	4			46
				7	**3**		**2**		**2**	**E**
				2			1		1	47
				2	2					48
				1					1	49
				2	1		1			50
	29	**2**	**6**	**56**	**9**	**2**	**25**	**7**	**13**	**F**
	9	1	3	35	7	2	17	3	6	51
	20	1	3	21	2		8	4	7	52
1	**2**			**4**			**2**		**2**	**G**
										53
1				1					1	54
										55
										56
										57
	1									58
	1			2			2			59
				1					1	60
	5	**1**	**3**	**13**	**1**	**1**	**7**	**2**	**2**	**H**
	4	1	1	3		1	1	1		61
	1		2	10	1		6	1	2	62
	1	**2**	**3**	**10**	**4**		**3**	**2**	**1**	**I**
	1	2	3	5	3			2		63
										64
				5	1		3		1	65

2-08 续表 5

行业大类	代码	私营有限责任公司	私营股份有限公司	其他企业	港、澳、台商投资企业	合资经营企业(港或澳、台资)
金融业	J	**389**	**20**	**16**	**10**	**1**
货币金融服务	66	216	14		5	1
资本市场服务	67	76	1			
保险业	68	32	2	16	5	
其他金融业	69	65	3			
房地产业	K	**6345**	**192**		**27**	**8**
房地产业	70	6345	192		27	8
租赁和商务服务业	L	**16575**	**343**		**25**	**5**
租赁业	71	2928	62		2	1
商务服务业	72	13647	281		23	4
科学研究和技术服务业	M	**9918**	**189**		**9**	**6**
研究和试验发展	73	1504	26			
专业技术服务业	74	4391	82		3	2
科技推广和应用服务业	75	4023	81		6	4
水利、环境和公共设施管理业	N	**873**	**22**		**1**	
水利管理业	76	39				
生态保护和环境治理业	77	102	2		1	
公共设施管理业	78	701	19			
土地管理业	79	31	1			
居民服务、修理和其他服务业	O	**3241**	**73**		**1**	
居民服务业	80	1283	26			
机动车、电子产品和日用产品修理业	81	1114	28			
其他服务业	82	844	19		1	
教育	P	**1203**	**41**			
教育	83	1203	41			
卫生和社会工作	Q	**424**	**12**	**1**	**1**	**1**
卫生	84	287	7	1	1	1
社会工作	85	137	5			
文化、体育和娱乐业	R	**2285**	**57**		**1**	
新闻和出版业	86	22	1			
广播、电视、电影和录音制作业	87	238	5		1	
文化艺术业	88	814	16			
体育	89	265	5			
娱乐业	90	946	30			

合作经营企业(港或澳、台资)	港、澳、台商独资经营企业	港、澳、台商投资股份有限公司	其他港、澳、台商投资企业	外商投资企业	中外合资经营企业	中外合作经营企业	外资企业	外商投资股份有限公司	其他外商投资	代码
	3	**1**	**5**	**35**	**30**		**5**			**J**
	3	1		5			5			66
										67
			5	30	30					68
										69
2	**15**	**2**		**15**	**5**	**1**	**9**			**K**
2	15	2		15	5	1	9			70
2	**14**	**4**		**14**	**2**		**7**	**1**	**4**	**L**
	1									71
2	13	4		14	2		7	1	4	72
	3			**19**	**9**	**1**	**7**		**2**	**M**
				2	1		1			73
	1			7	4	1	1		1	74
	2			10	4		5		1	75
	1			**1**			**1**			**N**
										76
	1									77
				1			1			78
										79
			1	**6**	**2**		**3**		**1**	**O**
				5	1		3		1	80
				1	1					81
			1							82
										P
										83
				2	**1**	**1**				**Q**
				1	1					84
				1		1				85
	1			**7**	**1**	**1**	**2**		**3**	**R**
										86
	1			1					1	87
										88
				4	1	1	1		1	89
				2			1		1	90

2-09 按行业(大类)、登记注册类型

行业大类	代码	从业人员数(人)	内资企业				
				国有企业	集体企业	股份合作企业	联营企业
总 计	00	**2679403**	**2572100**	**255303**	**36854**	**4615**	**1684**
农、林、牧、渔业	A	**77744**	**77645**	**35184**	**3**	**7**	**12**
农业	01						
林业	02						
畜牧业	03						
渔业	04						
农、林、牧、渔专业及辅助性活动	05	77744	77645	35184	3	7	12
采矿业	B	**307089**	**305620**	**23950**	**7510**	**250**	**66**
煤炭开采和洗选业	06	157572	157295	1879	4582	247	
石油和天然气开采业	07	107844	107844	36			
黑色金属矿采选业	08	1631	1631				
有色金属矿采选业	09	3954	3643				
非金属矿采选业	10	8491	8305	45	91	3	66
开采专业及辅助性活动	11	27283	26588	21990	2837		
其他采矿业	12	314	314				
制造业	C	**626251**	**562610**	**10090**	**8235**	**1687**	**68**
农副食品加工业	13	104035	94871	391	488	61	3
食品制造业	14	35251	28140		64	8	
酒、饮料和精制茶制造业	15	24558	18371	61	40	6	
烟草制品业	16	5203	5203	12			
纺织业	17	9578	8501	25	3	48	
纺织服装、服饰业	18	3776	3776	154	103	62	
皮革、毛皮、羽毛及其制品和制鞋业	19	3214	3199			2	
木材加工和木、竹、藤、棕、草制品业	20	26101	25553	905	119	15	
家具制造业	21	11115	10697	10	10		8
造纸和纸制品业	22	7401	7329	5	270	68	
印刷和记录媒介复制业	23	7794	7794	954	372	65	6
文教、工美、体育和娱乐用品制造业	24	4430	4180	256	70	32	
石油、煤炭及其他燃料加工业	25	47677	47059		16	1	
化学原料和化学制品制造业	26	37734	35106	365	4082	38	
医药制造业	27	41970	25946	614	8	61	
化学纤维制造业	28	893	893				
橡胶和塑料制品业	29	14357	11715	2	179	164	6
非金属矿物制品业	30	42945	41667	700	687	167	10
黑色金属冶炼和压延加工业	31	15979	15979	6		10	
有色金属冶炼和压延加工业	32	5859	5859		6	6	

分组的企业法人单位从业人员数

国有联营企业	集体联营企业	国有与集体联营企业	其他联营企业	有限责任公司	国有独资公司	其他有限责任公司	股份有限公司	私营企业	私营独资企业	代码
278	**678**	**302**	**426**	**1108274**	**231895**	**876379**	**232183**	**933004**	**52429**	**00**
		7	**5**	**3588**	**1898**	**1690**	**35512**	**3339**	**169**	**A**
										01
										02
										03
										04
		7	5	3588	1898	1690	35512	3339	169	05
			66	**238532**	**80332**	**158200**	**6353**	**28959**	**7638**	**B**
				126701	80305	46396	4241	19645	6227	06
				107771		107771	2	35		07
				569		569		1062	5	08
				1904	2	1902	761	978		09
			66	774	25	749	1204	6122	1390	10
				592		592	145	1024	1	11
				221		221		93	15	12
	53	**3**	**12**	**235635**	**35447**	**200188**	**70091**	**236685**	**9631**	**C**
			3	36748	140	36608	4384	52677	1453	13
				12239	695	11544	1762	14067	443	14
				8157	381	7776	633	9474	555	15
				5159		5159		32		16
				3653		3653	691	4081	38	17
				1590	25	1565	29	1838	30	18
				1537		1537		1660	21	19
				3855	774	3081	1094	19565	1102	20
			8	3276		3276	132	7261	157	21
				2788	2236	552	130	4068	164	22
	6			2057	74	1983	321	4019	300	23
				456	3	453	583	2783	119	24
				7613	3551	4062	31880	7549	249	25
				17752	2462	15290	1646	11223	353	26
				10918		10918	6581	7764	217	27
				27		27	91	775		28
	6			4021	9	4012	761	6582	379	29
	10			15732	1291	14441	2906	21465	2241	30
				11951		11951		4012	25	31
				4506	4184	322	774	567	2	32

2-09 续表 1

行业大类	代码	从业人员数(人)					
			内资企业				
				国有企业	集体企业	股份合作企业	联营企业
金属制品业	33	18535	17504	94	491	151	1
通用设备制造业	34	42595	42204	2621	321	381	3
专用设备制造业	35	38370	37308	280	160	169	29
汽车制造业	36	16679	9321	1674	86		
铁路、船舶、航空航天和其他运输设备制造业	37	16074	15421	551	163		
电气机械和器材制造业	38	25685	20743	202	139	107	2
计算机、通信和其他电子设备制造业	39	4807	4749	116	3	3	
仪器仪表制造业	40	6776	6662	11		32	
其他制造业	41	1842	1842		12	24	
废弃资源综合利用业	42	2119	2119	81			
金属制品、机械和设备修理业	43	2899	2899		343	6	
电力、热力、燃气及水生产和供应业	**D**	**157171**	**145578**	**40440**	**441**		
电力、热力生产和供应业	44	124749	117701	31713	410		
燃气生产和供应业	45	9190	5430	294	9		
水的生产和供应业	46	23232	22447	8433	22		
建筑业	**E**	**279105**	**278755**	**14709**	**10238**	**988**	**22**
房屋建筑业	47	119588	119573	4490	7096	951	2
土木工程建筑业	48	99535	99231	8478	2232	19	20
建筑安装业	49	31275	31272	1551	862	12	
建筑装饰、装修和其他建筑业	50	28707	28679	190	48	6	
批发和零售业	**F**	**395310**	**388078**	**13767**	**5946**	**1106**	**809**
批发业	51	195778	195194	8804	2145	157	73
零售业	52	199532	192884	4963	3801	949	736
交通运输、仓储和邮政业	**G**	**161913**	**161747**	**51475**	**1345**	**3**	**204**
铁路运输业	53						
道路运输业	54	60914	60875	6833	130	2	2
水上运输业	55	957	957	5	1		
航空运输业	56	6849	6849	10			
管道运输业	57						
多式联运和运输代理业	58	2789	2789	60	4		
装卸搬运和仓储业	59	37569	37497	6125	1210	1	202
邮政业	60	52835	52780	38442			
住宿和餐饮业	**H**	**41330**	**38786**	**5789**	**355**	**27**	**106**
住宿业	61	26008	24239	5043	300	7	74
餐饮业	62	15322	14547	746	55	20	32
信息传输、软件和信息技术服务业	**I**	**117910**	**102068**	**5292**	**33**	**4**	**9**
电信、广播电视和卫星传输服务	63	79158	63453	5201			8
互联网和相关服务	64	4453	4453	21	2		
软件和信息技术服务业	65	34299	34162	70	31	4	1

国有联营企　业	集体联营企　业	国有与集体联营企业	其他联营企　业	有限责任公　司	国有独资公　司	其他有限责任公司	股份有限公　司	私营企业	私营独资企　业	代码
			1	8561	614	7947	121	8085	445	33
		3		18177	868	17309	4722	15979	592	34
	29			20185	10517	9668	1713	14772	373	35
				2708		2708	3094	1759	40	36
				11017	3176	7841	1908	1782		37
	2			12127	4141	7986	2817	5349	209	38
				1719		1719	769	2139		39
				4704		4704	334	1581	8	40
				529		529	113	1164	41	41
				775	302	473	63	1200	11	42
				1098	4	1094	39	1413	64	43
				80872	**12772**	**68100**	**3602**	**20223**	**239**	D
				65978	8251	57727	3200	16400	148	44
				2828		2828	152	2147	12	45
				12066	4521	7545	250	1676	79	46
			22	**153320**	**43710**	**109610**	**15741**	**83737**	**1609**	E
			2	66491	12137	54354	6419	34124	1035	47
			20	65892	28308	37584	6183	16407	164	48
				13339	2395	10944	1990	13518	101	49
				7598	870	6728	1149	19688	309	50
53	**551**	**10**	**195**	**102383**	**3913**	**98470**	**37826**	**226217**	**15484**	F
22	42		9	44520	2705	41815	25814	113681	5387	51
31	509	10	186	57863	1208	56655	12012	112536	10097	52
45		**151**	**8**	**52196**	**21193**	**31003**	**4930**	**51594**	**473**	G
										53
			2	25542	7411	18131	2641	25725	273	54
				602	268	334	86	263	2	55
				6588	5435	1153		251		56
										57
				974	20	954	102	1649	14	58
45		151	6	17207	7866	9341	1301	11451	182	59
				1283	193	1090	800	12255	2	60
3	**21**	**66**	**16**	**10561**	**785**	**9776**	**2134**	**19814**	**1588**	H
3	5	66		7831	537	7294	1675	9309	749	61
	16		16	2730	248	2482	459	10505	839	62
2			**7**	**32001**	**3720**	**28281**	**38663**	**26066**	**274**	I
2			6	19392	3590	15802	36834	2018	31	63
				819	2	817	164	3447	189	64
			1	11790	128	11662	1665	20601	54	65

2-09 续表 2

行业大类	代码	从业人员数（人）					
			内资企业				
				国有企业	集体企业	股份合作企业	联营企业
金融业	**J**	**4464**	**4436**	**867**		**10**	
货币金融服务	66	2881	2853	847		10	
资本市场服务	67	364	364	17			
保险业	68	82	82				
其他金融业	69	1137	1137	3			
房地产业	**K**	**124738**	**123486**	**2513**	**594**	**66**	**75**
房地产业	70	124738	123486	2513	594	66	75
租赁和商务服务业	**L**	**189560**	**188192**	**27670**	**1302**	**43**	**25**
租赁业	71	11972	11943	553	10	6	3
商务服务业	72	177588	176249	27117	1292	37	22
科学研究和技术服务业	**M**	**75100**	**74936**	**8181**	**271**	**274**	**65**
研究和试验发展	73	7755	7743	149	5		
专业技术服务业	74	47964	47846	7084	240	245	65
科技推广和应用服务业	75	19381	19347	948	26	29	
水利、环境和公共设施管理业	**N**	**18870**	**18840**	**4650**	**20**	**3**	**60**
水利管理业	76	953	953	143			37
生态保护和环境治理业	77	4460	4437	3487			
公共设施管理业	78	13019	13012	1015	20	3	23
土地管理业	79	438	438	5			
居民服务、修理和其他服务业	**O**	**25848**	**25651**	**367**	**425**	**49**	**28**
居民服务业	80	10720	10699	309	15	32	14
机动车、电子产品和日用产品修理业	81	6173	6002	49	55	17	14
其他服务业	82	8955	8950	9	355		
教育	**P**	**11951**	**11951**	**802**	**59**	**34**	**27**
教育	83	11951	11951	802	59	34	27
卫生和社会工作	**Q**	**40045**	**38897**	**7877**	**64**	**60**	**103**
卫生	84	38577	37436	7865	64	60	103
社会工作	85	1468	1461	12			
文化、体育和娱乐业	**R**	**25004**	**24824**	**1680**	**13**	**4**	**5**
新闻和出版业	86	2902	2902	741	6		
广播、电视、电影和录音制作业	87	3513	3454	230	6		
文化艺术业	88	4304	4304	451	1		
体育	89	2009	1910	5			
娱乐业	90	12276	12254	253		4	5

国有联营企业	集体联营企业	国有与集体联营企业	其他联营企业	有限责任公司	国有独资公司	其他有限责任公司	股份有限公司	私营企业	私营独资企业	代码
				2016	**594**	**1422**	**226**	**1317**	**49**	J
				1041	342	699	132	823	2	66
				228	91	137	17	102		67
				5		5	3	74	47	68
				742	161	581	74	318		69
30	**7**		**38**	**62891**	**12742**	**50149**	**3542**	**53805**	**321**	K
30	7		38	62891	12742	50149	3542	53805	321	70
	1	**2**	**22**	**79307**	**8536**	**70771**	**2988**	**76857**	**1189**	L
			3	2340	52	2288	169	8862	140	71
	1	2	19	76967	8484	68483	2819	67995	1049	72
		63	**2**	**22186**	**1822**	**20364**	**3424**	**40535**	**533**	M
				1763	63	1700	397	5429	169	73
		63	2	15177	1280	13897	2148	22887	163	74
				5246	479	4767	879	12219	201	75
60				**6481**	**1455**	**5026**	**556**	**7070**	**23**	N
37				603	29	574	12	158		76
				455	19	436	16	479		77
23				5257	1372	3885	505	6189	23	78
				166	35	131	23	244		79
	28			**5659**	**43**	**5616**	**598**	**18525**	**1055**	O
	14			2547	41	2506	319	7463	691	80
	14			1041		1041	117	4709	301	81
				2071	2	2069	162	6353	63	82
	17		**10**	**2047**	**131**	**1916**	**233**	**8749**	**2026**	P
	17		10	2047	131	1916	233	8749	2026	83
85			**18**	**11343**	**294**	**11049**	**4994**	**14416**	**4924**	Q
85			18	10708	8	10700	4981	13615	4811	84
				635	286	349	13	801	113	85
			5	**7256**	**2508**	**4748**	**770**	**15096**	**5204**	R
				1765	1192	573	173	217	3	86
				2003	904	1099	127	1088	44	87
				1003	402	601	113	2736	41	88
				533		533	156	1216	66	89
			5	1952	10	1942	201	9839	5050	90

2-09 续表 3

行业大类	代码	私营合伙企业	私营有限责任公司	私营股份有限公司	其他企业	港、澳、台商投资企业	合资经营企业(港或澳、台资)
总　计	**00**	**6127**	**837747**	**36701**	**183**	**39344**	**13846**
农、林、牧、渔业	**A**	**34**	**3095**	**41**			
农业	01						
林业	02						
畜牧业	03						
渔业	04						
农、林、牧、渔专业及辅助性活动	05	34	3095	41			
采矿业	**B**	**600**	**18665**	**2056**		**1012**	**311**
煤炭开采和洗选业	06	466	10995	1957			
石油和天然气开采业	07		35				
黑色金属矿采选业	08		1057				
有色金属矿采选业	09		968	10		311	311
非金属矿采选业	10	132	4513	87		6	
开采专业及辅助性活动	11		1021	2		695	
其他采矿业	12	2	76				
制造业	**C**	**867**	**214380**	**11807**	**119**	**10871**	**4227**
农副食品加工业	13	257	48280	2687	119	3545	190
食品制造业	14	4	12780	840		1181	18
酒、饮料和精制茶制造业	15	4	8158	757		277	39
烟草制品业	16		32				
纺织业	17	30	3210	803		752	
纺织服装、服饰业	18	3	1725	80			
皮革、毛皮、羽毛及其制品和制鞋业	19		1621	18			
木材加工和木、竹、藤、棕、草制品业	20	88	18099	276		414	16
家具制造业	21	3	6884	217			
造纸和纸制品业	22	1	3793	110			
印刷和记录媒介复制业	23	2	3642	75			
文教、工美、体育和娱乐用品制造业	24	1	2626	37		18	5
石油、煤炭及其他燃料加工业	25	16	6777	507		618	608
化学原料和化学制品制造业	26	31	10457	382		161	155
医药制造业	27		6472	1075		948	720
化学纤维制造业	28		687	88			
橡胶和塑料制品业	29	30	5696	477		420	
非金属矿物制品业	30	223	18425	576		961	947
黑色金属冶炼和压延加工业	31		3987				
有色金属冶炼和压延加工业	32		559	6			

合作经营企业(港或澳、台资)	港、澳、台商独资经营企业	港、澳、台商投资股份有限公司	其他港、澳、台商投资企业	外商投资企业	中外合资经营企业	中外合作经营企业	外资企业	外商投资股份有限公司	其他外商投资	代码
1627	**17918**	**2324**	**3629**	**67959**	**41978**	**821**	**20357**	**3608**	**1195**	00
				99		**99**				A
										01
										02
										03
										04
				99		99				05
695	**6**			**457**	**457**					B
				277	277					06
										07
										08
										09
	6			180	180					10
695										11
										12
735	**5594**	**179**	**136**	**52770**	**32304**	**113**	**17986**	**2337**	**30**	C
735	2445	175		5619	726		4893			13
	1163			5930	1832		2424	1664	10	14
	238			5910	1324		3954	632		15
										16
	752			325	325					17
										18
				15			15			19
	262		136	134	96		38			20
				418			418			21
				72	72					22
										23
	13			232	6	102	124			24
	10									25
	6			2467	7		2453		7	26
	228			15076	14864		212			27
										28
	420			2222	39		2142	41		29
	10	4		317	152	11	146		8	30
										31
										32

2-09 续表 4

行业大类	代码	私营合伙企业	私营有限责任公司	私营股份有限公司	其他企业	港、澳、台商投资企业	合资经营企业(港或澳、台资)
金属制品业	33	88	7327	225		733	726
通用设备制造业	34	50	14881	456		48	48
专用设备制造业	35	4	13709	686		215	211
汽车制造业	36	26	1454	239		1	1
铁路、船舶、航空航天和其他运输设备制造业	37		1777	5		569	533
电气机械和器材制造业	38	3	4831	306			
计算机、通信和其他电子设备制造业	39		1860	279		10	10
仪器仪表制造业	40	3	995	575			
其他制造业	41		1123				
废弃资源综合利用业	42		1182	7			
金属制品、机械和设备修理业	43		1331	18			
电力、热力、燃气及水生产和供应业	**D**	**10**	**19101**	**873**		**4985**	**4843**
电力、热力生产和供应业	44	5	15519	728		1140	1044
燃气生产和供应业	45		2075	60		3574	3540
水的生产和供应业	46	5	1507	85		271	259
建筑业	**E**	**36**	**77793**	**4299**		**15**	**15**
房屋建筑业	47	30	30318	2741			
土木工程建筑业	48		15718	525			
建筑安装业	49		12706	711			
建筑装饰、装修和其他建筑业	50	6	19051	322		15	15
批发和零售业	**F**	**602**	**205585**	**4546**	**24**	**5462**	**965**
批发业	51	175	105933	2186		308	21
零售业	52	427	99652	2360	24	5154	944
交通运输、仓储和邮政业	**G**	**32**	**49819**	**1270**		**78**	**53**
铁路运输业	53						
道路运输业	54	18	24647	787		36	33
水上运输业	55		261				
航空运输业	56		186	65			
管道运输业	57						
多式联运和运输代理业	58		1546	89			
装卸搬运和仓储业	59	14	10972	283		42	20
邮政业	60		12207	46			
住宿和餐饮业	**H**	**511**	**17150**	**565**		**1703**	**671**
住宿业	61	68	8235	257		1169	247
餐饮业	62	443	8915	308		534	424
信息传输、软件和信息技术服务业	**I**	**24**	**24914**	**854**		**12503**	**1931**
电信、广播电视和卫星传输服务	63		1947	40		12426	1854
互联网和相关服务	64	6	3177	75			
软件和信息技术服务业	65	18	19790	739		77	77

合作经营企业(港或澳、台资)	港、澳、台商独资经营企业	港、澳、台商投资股份有限公司	其他港、澳、台商投资企业	外商投资企业	中外合资经营企业	中外合作经营企业	外资企业	外商投资股份有限公司	其他外商投资	代码
	7			298	289		9			33
				343	158		185			34
	4			847	53		794			35
				7357	7297		60			36
	36			84	84					37
				4942	4932		5		5	38
				48	48					39
				114			114			40
										41
										42
										43
	142			**6608**	**5460**	**527**	**425**		**196**	**D**
	96			5908	5116	473	272		47	44
	34			186	3		34		149	45
	12			514	341	54	119			46
				335	**315**		**14**		**6**	**E**
				15			12		3	47
				304	304					48
				3					3	49
				13	11		2			50
	4205	**18**	**274**	**1770**	**22**	**19**	**738**	**312**	**679**	**F**
	281	1	5	276	9	19	226	3	19	51
	3924	17	269	1494	13		512	309	660	52
3	**22**			**88**			**30**		**58**	**G**
										53
3				3					3	54
										55
										56
										57
										58
	22			30			30			59
				55					55	60
	853	**99**	**80**	**841**	**14**	**18**	**755**	**28**	**26**	**H**
	793	99	30	600		18	554	28		61
	60		50	241	14		201		26	62
	5870	**1568**	**3134**	**3339**	**2349**		**54**	**931**	**5**	**I**
	5870	1568	3134	3279	2348			931		63
										64
				60	1		54		5	65

2-09 续表 5

行业大类	代码	私营合伙企业	私营有限责任公司	私营股份有限公司	其他企业	港、澳、台商投资企业	合资经营企业(港或澳、台资)
金融业	**J**	**21**	**1177**	**70**		**28**	**8**
货币金融服务	66		764	57		28	8
资本市场服务	67	20	82				
保险业	68		22	5			
其他金融业	69	1	309	8			
房地产业	**K**	**52**	**50765**	**2667**		**896**	**112**
房地产业	70	52	50765	2667		896	112
租赁和商务服务业	**L**	**971**	**70187**	**4510**		**1073**	**85**
租赁业	71	1	8483	238		29	27
商务服务业	72	970	61704	4272		1044	58
科学研究和技术服务业	**M**	**281**	**37952**	**1769**		**93**	**79**
研究和试验发展	73	8	5190	62			
专业技术服务业	74	49	21447	1228		75	64
科技推广和应用服务业	75	224	11315	479		18	15
水利、环境和公共设施管理业	**N**	**11**	**6804**	**232**		**23**	
水利管理业	76		158				
生态保护和环境治理业	77		469	10		23	
公共设施管理业	78		5946	220			
土地管理业	79	11	231	2			
居民服务、修理和其他服务业	**O**	**101**	**17061**	**308**		**5**	
居民服务业	80	50	6625	97			
机动车、电子产品和日用产品修理业	81	31	4219	158			
其他服务业	82	20	6217	53		5	
教育	**P**	**496**	**5884**	**343**			
教育	83	496	5884	343			
卫生和社会工作	**Q**	**1409**	**7832**	**251**	**40**	**546**	**546**
卫生	84	1401	7165	238	40	546	546
社会工作	85	8	667	13			
文化、体育和娱乐业	**R**	**69**	**9583**	**240**		**51**	
新闻和出版业	86		214				
广播、电视、电影和录音制作业	87	8	1002	34		51	
文化艺术业	88	9	2623	63			
体育	89		1139	11			
娱乐业	90	52	4605	132			

合作经营企业(港或澳、台资)	港、澳、台商独资经营企业	港、澳、台商投资股份有限公司	其他港、澳、台商投资企业	外商投资企业	中外合资经营企业	中外合作经营企业	外资企业	外商投资股份有限公司	其他外商投资	代码
	16	**4**								**J**
	16	4								66
										67
										68
										69
70	**700**	**14**		**356**	**90**	**5**	**261**			**K**
70	700	14		356	90	5	261			70
124	**422**	**442**		**295**	**92**		**26**		**177**	**L**
	2									71
124	420	442		295	92		26		177	72
	14			**71**	**46**	**2**	**17**		**6**	**M**
				12	8		4			73
	11			43	34	2	6		1	74
	3			16	4		7		5	75
	23			**7**			**7**			**N**
										76
	23									77
				7			7			78
										79
			5	**192**	**171**		**18**		**3**	**O**
				21			18		3	80
				171	171					81
			5							82
										P
										83
				602	**595**	**7**				**Q**
				595	595					84
				7		7				85
	51			**129**	**63**	**31**	**26**		**9**	**R**
										86
	51			8					8	87
										88
				99	63	31	4		1	89
				22			22			90

2-10 按地区、控股情况分组的企业法人单位数

地　　区	法人单位数(个)	国有控股	集体控股	私人控股	港澳台商控股	外商控股	其他
全　　省	**194607**	**5655**	**2833**	**177182**	**223**	**264**	**8450**
哈 尔 滨	86792	2014	1246	78313	135	136	4948
齐齐哈尔	13324	451	332	11754	21	28	738
鸡　　西	6342	318	163	5675	4	4	178
鹤　　岗	3627	190	72	3099	3	1	262
双 鸭 山	6195	244	70	5722	4	1	154
大　　庆	21938	378	203	20599	11	25	722
伊　　春	3868	238	51	3406		4	169
佳 木 斯	11617	376	142	10833	8	12	246
七 台 河	2316	116	29	2074	3	2	92
牡 丹 江	17428	389	197	16487	20	33	302
黑　　河	7302	376	115	6676	5	10	120
绥　　化	10849	410	184	9775	9	5	466
大兴安岭	3009	155	29	2769		3	53

2-11 按地区、控股情况分组的企业法人单位从业人员数

地 区	从业人员数（人）	国有控股	集体控股	私人控股	港澳台商控股	外商控股	其他
全 省	**2679403**	**990714**	**78348**	**1327352**	**28334**	**34874**	**219781**
哈尔滨	1100195	359809	23967	539106	14709	20080	142524
齐齐哈尔	183386	50384	9317	104872	3623	3258	11932
鸡 西	115289	56809	4974	48739	218	419	4130
鹤 岗	102676	49863	5123	42508	281	402	4499
双鸭山	101330	47514	1741	46262	886		4927
大 庆	399550	244256	14739	124488	2842	1708	11517
伊 春	50336	13409	2217	26921		85	7704
佳木斯	119494	27029	4609	75696	1095	1981	9084
七台河	75742	38942	1548	32465	259	21	2507
牡丹江	175306	35586	4463	124443	1368	2920	6526
黑 河	83505	33527	1984	43843	654	553	2944
绥 化	152958	27386	3465	105837	2399	2901	10970
大兴安岭	19636	6200	201	12172		546	517

2-12 按行业(大类)、控股情况分组的企业法人单位数

行业大类	代码	法人单位数(个)	国有控股	集体控股	私人控股	港澳台商控股	外商控股	其他
总 计	**00**	**194607**	**5655**	**2833**	**177182**	**223**	**264**	**8450**
农、林、牧、渔业	**A**	**995**	**228**	**9**	**721**	**1**		**36**
农业	01	99	96	1	2			
林业	02	42	41		1			
畜牧业	03	5	1		4			
渔业	04	2	1					1
农、林、牧、渔专业及辅助性活动	05	847	89	8	714	1		35
采矿业	**B**	**1664**	**59**	**56**	**1504**	**2**	**1**	**42**
煤炭开采和洗选业	06	621	28	40	535		1	17
石油和天然气开采业	07	13	4		9			
黑色金属矿采选业	08	59	1		56			2
有色金属矿采选业	09	65	8	1	49	1		6
非金属矿采选业	10	738	11	6	708	1		12
开采专业及辅助性活动	11	136	7	9	115			5
其他采矿业	12	32			32			
制造业	**C**	**25788**	**518**	**673**	**23498**	**52**	**114**	**933**
农副食品加工业	13	4771	72	43	4484	11	21	140
食品制造业	14	1210	19	18	1091	6	14	62
酒、饮料和精制茶制造业	15	1152	15	12	1052	4	21	48
烟草制品业	16	10	4	1	2	1		2
纺织业	17	235	9	5	206	2		13
纺织服装、服饰业	18	303	10	15	266			12
皮革、毛皮、羽毛及其制品和制鞋业	19	209	1	5	166		1	36
木材加工和木、竹、藤、棕、草制品业	20	1823	34	12	1737	4	1	35
家具制造业	21	459	4	5	438		3	9
造纸和纸制品业	22	325	7	18	291			9
印刷和记录媒介复制业	23	680	25	44	585			26
文教、工美、体育和娱乐用品制造业	24	339	3	10	307	2	6	11
石油、煤炭及其他燃料加工业	25	539	11	9	500	3		16
化学原料和化学制品制造业	26	1531	35	38	1390	3	10	55
医药制造业	27	346	9	4	295	4	5	29
化学纤维制造业	28	33			32			1
橡胶和塑料制品业	29	938	7	32	854	1	3	41
非金属矿物制品业	30	2522	61	105	2253	2	7	94
黑色金属冶炼和压延加工业	31	92	2	4	82			4
有色金属冶炼和压延加工业	32	86	6	4	70			6

2-12　续表 1

行业大类	代码	法人单位数(个)	国有控股	集体控股	私人控股	港澳台商控股	外商控股	其他
金属制品业	33	1574	18	57	1441	3	4	51
通用设备制造业	34	2307	51	104	2071	3	2	76
专用设备制造业	35	1856	33	33	1720	1	8	61
汽车制造业	36	276	14	10	238		2	12
铁路、船舶、航空航天和其他运输设备制造业	37	127	21	10	90	1	1	4
电气机械和器材制造业	38	728	19	36	646		3	24
计算机、通信和其他电子设备制造业	39	212	5	3	185	1	1	17
仪器仪表制造业	40	230	10	7	203		1	9
其他制造业	41	248	1	5	234			8
废弃资源综合利用业	42	158	3	4	147			4
金属制品、机械和设备修理业	43	469	9	20	422			18
电力、热力、燃气及水生产和供应业	**D**	**2252**	**511**	**119**	**1463**	**11**	**14**	**134**
电力、热力生产和供应业	44	1710	367	99	1122	6	8	108
燃气生产和供应业	45	196	9	4	167	3	2	11
水的生产和供应业	46	346	135	16	174	2	4	15
建筑业	**E**	**13859**	**330**	**267**	**12699**	**5**	**4**	**554**
房屋建筑业	47	3146	94	132	2766	1	2	151
土木工程建筑业	48	2700	158	58	2393	1		90
建筑安装业	49	2520	52	51	2317			100
建筑装饰、装修和其他建筑业	50	5493	26	26	5223	3	2	213
批发和零售业	**F**	**67526**	**932**	**990**	**62998**	**53**	**44**	**2509**
批发业	51	38071	537	381	35823	23	29	1278
零售业	52	29455	395	609	27175	30	15	1231
交通运输、仓储和邮政业	**G**	**8966**	**704**	**99**	**7829**	**5**	**2**	**327**
铁路运输业	53	14	14					
道路运输业	54	5650	194	49	5206	2		199
水上运输业	55	66	9	2	52			3
航空运输业	56	47	8		37			2
管道运输业	57							
多式联运和运输代理业	58	592	16	3	543	1		29
装卸搬运和仓储业	59	2068	431	42	1519	2	2	72
邮政业	60	529	32	3	472			22
住宿和餐饮业	**H**	**2676**	**198**	**64**	**2245**	**8**	**15**	**146**
住宿业	61	1078	135	51	806	7	4	75
餐饮业	62	1598	63	13	1439	1	11	71
信息传输、软件和信息技术服务业	**I**	**10003**	**167**	**23**	**9278**	**7**	**10**	**518**
电信、广播电视和卫星传输服务	63	659	119	2	488	4	6	40
互联网和相关服务	64	1090	8	2	1043		1	36
软件和信息技术服务业	65	8254	40	19	7747	3	3	442

2-12 续表 2

行业大类	代码	法人单位数(个)	国有控股	集体控股	私人控股	港澳台商控股	外商控股	其他
金融业	J	**1472**	**426**	**57**	**707**	**9**	**5**	**268**
货币金融服务	66	734	203	53	358	9	5	106
资本市场服务	67	139	12		117			10
保险业	68	471	193	4	126			148
其他金融业	69	128	18		106			4
房地产业	K	**9473**	**371**	**132**	**8318**	**26**	**16**	**610**
房地产业	70	9473	371	132	8318	26	16	610
租赁和商务服务业	L	**22525**	**527**	**138**	**20760**	**28**	**12**	**1060**
租赁业	71	3631	19	8	3480	2		122
商务服务业	72	18894	508	130	17280	26	12	938
科学研究和技术服务业	M	**13641**	**328**	**91**	**12457**	**10**	**16**	**739**
研究和试验发展	73	1951	17	7	1846	1	3	77
专业技术服务业	74	6228	234	59	5570	4	5	356
科技推广和应用服务业	75	5462	77	25	5041	5	8	306
水利、环境和公共设施管理业	N	**1232**	**129**	**11**	**1048**	**1**	**1**	**42**
水利管理业	76	65	17		47			1
生态保护和环境治理业	77	158	23		128	1		6
公共设施管理业	78	953	84	10	826		1	32
土地管理业	79	56	5	1	47			3
居民服务、修理和其他服务业	O	**4473**	**42**	**58**	**4152**	**3**	**5**	**213**
居民服务业	80	1801	26	14	1671	2	5	83
机动车、电子产品和日用产品修理业	81	1560	9	24	1449			78
其他服务业	82	1112	7	20	1032	1		52
教育	P	**1845**	**42**	**10**	**1695**		**1**	**97**
教育	83	1845	42	10	1695		1	97
卫生和社会工作	Q	**1189**	**55**	**15**	**1057**	**1**	**1**	**60**
卫生	84	980	47	15	864	1	1	52
社会工作	85	209	8		193			8
文化、体育和娱乐业	R	**5028**	**88**	**21**	**4753**	**1**	**3**	**162**
新闻和出版业	86	66	22	3	34			7
广播、电视、电影和录音制作业	87	358	28	6	305	1		18
文化艺术业	88	1057	21	6	984			46
体育	89	368	4	1	338		2	23
娱乐业	90	3179	13	5	3092		1	68

2-13　按行业(大类)、控股情况分组的企业法人单位从业人员数

行业大类	代码	从业人员数(人)	国有控股	集体控股	私人控股	港澳台商控股	外商控股	其他
总　计	**00**	**2679403**	**990714**	**78348**	**1327352**	**28334**	**34874**	**219781**
农、林、牧、渔业	**A**	**77744**	**37192**	**869**	**4029**			**35654**
农业	01							
林业	02							
畜牧业	03							
渔业	04							
农、林、牧、渔专业及辅助性活动	05	77744	37192	869	4029			35654
采矿业	**B**	**307089**	**245755**	**8615**	**50366**	**317**	**277**	**1759**
煤炭开采和洗选业	06	157572	115307	5117	36233		277	638
石油和天然气开采业	07	107844	107802		42			
黑色金属矿采选业	08	1631			1601			30
有色金属矿采选业	09	3954	350	397	1998	311		898
非金属矿采选业	10	8491	209	94	8105	6		77
开采专业及辅助性活动	11	27283	22087	3007	2073			116
其他采矿业	12	314			314			
制造业	**C**	**626251**	**163943**	**22957**	**365921**	**7649**	**27405**	**38376**
农副食品加工业	13	104035	6010	1997	80594	2745	5470	7219
食品制造业	14	35251	4936	863	21071	1198	3990	3193
酒、饮料和精制茶制造业	15	24558	1525	302	16145	277	5551	758
烟草制品业	16	5203	4286	556	32			329
纺织业	17	9578	121	51	7614	752		1040
纺织服装、服饰业	18	3776	191	170	3334			81
皮革、毛皮、羽毛及其制品和制鞋业	19	3214		2	2869		15	328
木材加工和木、竹、藤、棕、草制品业	20	26101	1934	158	23187	414	38	370
家具制造业	21	11115	40	10	10583		418	64
造纸和纸制品业	22	7401	2241	415	4618			127
印刷和记录媒介复制业	23	7794	2051	608	4830			305
文教、工美、体育和娱乐用品制造业	24	4430	259	102	3777	18	232	42
石油、煤炭及其他燃料加工业	25	47677	34127	24	12478	618		430
化学原料和化学制品制造业	26	37734	9766	4939	17706	18	2462	2843
医药制造业	27	41970	16504	176	17912	345	315	6718
化学纤维制造业	28	893			893			
橡胶和塑料制品业	29	14357	1423	596	9021	420	2183	714
非金属矿物制品业	30	42945	7716	1505	29898	14	234	3578
黑色金属冶炼和压延加工业	31	15979	188	32	10465			5294
有色金属冶炼和压延加工业	32	5859	4730	13	1046			70

2-13 续表 1

行业大类	代码	从业人员数(人)	国有控股	集体控股	私人控股	港澳台商控股	外商控股	其他
金属制品业	33	18535	2538	2036	11848	732	295	1086
通用设备制造业	34	42595	16298	1987	23015	51	203	1041
专用设备制造业	35	38370	14971	2537	19139	4	814	905
汽车制造业	36	16679	6478	595	9286		60	260
铁路、船舶、航空航天和其他运输设备制造业	37	16074	10383	1886	3520	33	72	180
电气机械和器材制造业	38	25685	11853	648	8040		4937	207
计算机、通信和其他电子设备制造业	39	4807	427	6	3383	10	2	979
仪器仪表制造业	40	6776	1812	211	4599		114	40
其他制造业	41	1842	35	36	1716			55
废弃资源综合利用业	42	2119	475	122	1503			19
金属制品、机械和设备修理业	43	2899	625	374	1799			101
电力、热力、燃气及水生产和供应业	**D**	**157171**	**113735**	**2573**	**33038**	**1411**	**1694**	**4720**
电力、热力生产和供应业	44	124749	89842	2243	27091	104	1538	3931
燃气生产和供应业	45	9190	4403	77	3155	1036	37	482
水的生产和供应业	46	23232	19490	253	2792	271	119	307
建筑业	**E**	**279105**	**96598**	**21572**	**143675**	**83**	**28**	**17149**
房屋建筑业	47	119588	29200	12367	69714	5	15	8287
土木工程建筑业	48	99535	60460	5168	29161	2		4744
建筑安装业	49	31275	5617	3924	18706			3028
建筑装饰、装修和其他建筑业	50	28707	1321	113	26094	76	13	1090
批发和零售业	**F**	**395310**	**55696**	**10426**	**292709**	**5373**	**1451**	**29655**
批发业	51	195778	42159	3950	141313	338	258	7760
零售业	52	199532	13537	6476	151396	5035	1193	21895
交通运输、仓储和邮政业	**G**	**161913**	**87200**	**2406**	**65520**	**121**	**30**	**6636**
铁路运输业	53							
道路运输业	54	60914	20208	900	35171	4		4631
水上运输业	55	957	581	9	293			74
航空运输业	56	6849	6087		672			90
管道运输业	57							
多式联运和运输代理业	58	2789	335	10	2314			130
装卸搬运和仓储业	59	37569	20816	1472	13973	117	30	1161
邮政业	60	52835	39173	15	13097			550
住宿和餐饮业	**H**	**41330**	**9083**	**588**	**25585**	**1199**	**880**	**3995**
住宿业	61	26008	7873	468	12977	1139	630	2921
餐饮业	62	15322	1210	120	12608	60	250	1074
信息传输、软件和信息技术服务业	**I**	**117910**	**66041**	**241**	**36159**	**9493**	**1975**	**4001**
电信、广播电视和卫星传输服务	63	79158	64816	3	2230	9483	1919	707
互联网和相关服务	64	4453	72	52	3998		2	329
软件和信息技术服务业	65	34299	1153	186	29931	10	54	2965

2-13　续表 2

行业大类	代码	从　业 人员数 (人)	国有控股	集体控股	私人控股	港澳台 商控股	外商控股	其他
金融业	**J**	**4464**	**1735**	**25**	**2302**	**37**		**365**
货币金融服务	66	2881	1221	25	1338	37		260
资本市场服务	67	364	210		142			12
保险业	68	82			76			6
其他金融业	69	1137	304		746			87
房地产业	**K**	**124738**	**30951**	**2825**	**77898**	**893**	**357**	**11814**
房地产业	70	124738	30951	2825	77898	893	357	11814
租赁和商务服务业	**L**	**189560**	**42135**	**2073**	**97047**	**975**	**64**	**47266**
租赁业	71	11972	918	47	10395	29		583
商务服务业	72	177588	41217	2026	86652	946	64	46683
科学研究和技术服务业	**M**	**75100**	**17031**	**1183**	**51872**	**128**	**60**	**4826**
研究和试验发展	73	7755	633	36	6734	1	14	337
专业技术服务业	74	47964	14300	1076	29613	110	11	2854
科技推广和应用服务业	75	19381	2098	71	15525	17	35	1635
水利、环境和公共设施管理业	**N**	**18870**	**8223**	**360**	**8762**	**23**	**7**	**1495**
水利管理业	76	953	764		182			7
生态保护和环境治理业	77	4460	3739		668	23		30
公共设施管理业	78	13019	3678	295	7601		7	1438
土地管理业	79	438	42	65	311			20
居民服务、修理和其他服务业	**O**	**25848**	**584**	**590**	**22216**	**35**	**22**	**2401**
居民服务业	80	10720	415	136	9399	33	22	715
机动车、电子产品和日用产品修理业	81	6173	71	93	5713			296
其他服务业	82	8955	98	361	7104	2		1390
教育	**P**	**11951**	**922**	**210**	**10217**		**2**	**600**
教育	83	11951	922	210	10217		2	600
卫生和社会工作	**Q**	**40045**	**8484**	**432**	**22517**	**546**	**595**	**7471**
卫生	84	38577	8163	432	21580	546	595	7261
社会工作	85	1468	321		937			210
文化、体育和娱乐业	**R**	**25004**	**5406**	**403**	**17519**	**51**	**27**	**1598**
新闻和出版业	86	2902	2369	10	288			235
广播、电视、电影和录音制作业	87	3513	1214	335	1632	51		281
文化艺术业	88	4304	867	12	3215			210
体育	89	2009	5	6	1673		5	320
娱乐业	90	12276	951	40	10711		22	552

2-14 按地区、开业(成立)时间

地区	法人单位数(个)	1949年以前	1950-1977年	1978-1991年	1992-2000年	2001年	2002年	2003年	2004年	2005年	2006年
全省	**194607**	**107**	**668**	**2243**	**7522**	**2025**	**2281**	**2783**	**2982**	**3422**	**3744**
哈尔滨	86792	24	239	930	3851	920	1026	1324	1430	1610	1768
齐齐哈尔	13324	16	50	186	535	184	221	203	202	219	259
鸡西	6342	5	42	105	288	71	76	94	102	169	195
鹤岗	3627	4	23	60	152	53	65	55	71	63	80
双鸭山	6195	6	28	68	120	47	68	82	87	107	76
大庆	21938		28	143	711	148	262	261	311	385	419
伊春	3868	6	36	51	150	84	65	72	68	60	78
佳木斯	11617	8	23	127	364	109	97	126	137	170	192
七台河	2316	2	18	32	83	33	35	53	24	47	48
牡丹江	17428	12	54	179	589	198	176	257	278	275	328
黑河	7302	10	55	80	198	60	68	71	101	135	108
绥化	10849	14	64	217	392	87	76	140	137	140	149
大兴安岭	3009		8	65	89	31	46	45	34	42	44

2-15 按地区、开业(成立)时间分组的

地区	从业人员数(人)	1949年以前	1950-1977年	1978-1991年	1992-2000年
全省	**2679403**	**36487**	**284342**	**152038**	**414911**
哈尔滨	1100195	13784	36311	87144	208754
齐齐哈尔	183386	3861	16400	10071	22116
鸡西	115289	9993	3088	5267	9896
鹤岗	102676	454	1072	7246	18193
双鸭山	101330	67	3972	4873	4943
大庆	399550		161923	9494	60701
伊春	50336	33	3924	3191	5375
佳木斯	119494	151	3659	6433	16272
七台河	75742	331	32067	2176	6512
牡丹江	175306	6616	4761	5048	22768
黑河	83505	417	5575	4770	15387
绥化	152958	780	11541	4797	20919
大兴安岭	19636		49	1528	3075

分组的企业法人单位数

2007年	2008年	2009年	2010年	2011年	2012年	2013年	2014年	2015年	2016年	2017年	2018年	无开业年份
3860	**4812**	**5807**	**6800**	**7253**	**7637**	**8686**	**13433**	**16968**	**23531**	**29175**	**38767**	**101**
1831	2144	2730	3176	3574	3465	4061	6432	7668	10414	12839	15317	19
239	358	385	440	448	560	662	847	1214	1587	1865	2633	11
146	226	230	248	235	265	273	415	533	716	877	1026	5
66	91	116	113	121	138	149	221	241	389	469	883	4
88	138	164	214	215	273	254	483	464	800	999	1406	8
494	497	610	696	727	684	845	1460	2074	2792	3424	4962	5
81	100	134	127	128	144	167	212	296	449	562	795	3
185	256	283	413	386	448	451	822	1082	1372	1801	2760	5
40	56	69	108	85	97	91	154	170	244	283	544	
343	437	524	588	620	722	682	1061	1508	2194	2820	3572	11
135	193	201	272	250	304	363	539	558	1105	1159	1313	24
162	254	285	296	349	416	545	614	902	1147	1522	2935	6
50	62	76	109	115	121	143	173	258	322	555	621	

企业法人单位从业人员数

2001年	2002年	2003年	2004年	2005年	2006年	2007年
102916	**66284**	**98511**	**85079**	**78249**	**68500**	**78690**
46107	24909	57594	33022	26427	30216	31663
6390	6482	4022	5332	5051	4148	8571
3208	1585	1815	3420	6192	3117	4292
1788	2651	1099	2590	3416	2121	1284
5756	1408	6580	8100	2525	1060	2287
9012	7885	6217	8772	13850	4782	11056
8137	1082	1371	1619	837	2271	1709
3666	6952	3518	3646	3475	5403	6614
4222	2063	2792	2058	2355	1469	531
5649	4263	5774	6258	7528	5348	3599
2668	3443	1344	2578	2738	2601	2649
5513	3286	5880	6690	3598	5026	4122
800	275	505	994	257	938	313

2-15 续表

地　区	2008年	2009年	2010年	2011年	2012年
全　省	**80910**	**75258**	**89016**	**80264**	**71159**
哈尔滨	35429	30765	37471	36173	26851
齐齐哈尔	8624	3986	12041	5259	6744
鸡　西	3934	6685	5537	2282	2747
鹤　岗	2290	1843	2366	1700	2112
双鸭山	2154	1931	1890	2913	2722
大　庆	7075	6374	7676	9082	6396
伊　春	1346	2218	1322	1323	1748
佳木斯	3898	4510	4703	6109	4389
七台河	2604	882	1281	927	1037
牡丹江	5060	7936	7216	6680	5578
黑　河	2110	2058	2131	2637	3607
绥　化	5686	5235	4268	4413	6603
大兴安岭	700	835	1114	766	625

2013年	2014年	2015年	2016年	2017年	2018年	无开业年份
90356	**164592**	**122169**	**167084**	**150281**	**122246**	**61**
33975	42877	61478	88543	62552	48135	15
7566	5994	11392	9586	11236	8507	7
2190	23936	3025	3906	5104	4070	
5912	29097	2917	5623	4755	2140	7
2283	24204	1744	9576	6416	3924	2
12655	9202	11532	10933	13951	10980	2
1251	2127	1832	2863	3171	1586	
3568	6038	5277	5888	7558	7762	5
881	2414	1544	2262	2673	2661	
5842	8301	9939	12266	15379	13483	14
4404	3514	3279	5098	6074	4419	4
9385	5954	7346	9032	9322	13557	5
444	934	864	1508	2090	1022	

2-16 按行业(大类)、运营状态

行业大类	代码	法人单位数(个)	正常运营	停业(歇业)
总 计	**00**	**194607**	**149408**	**23272**
农、林、牧、渔业	**A**	**995**	**686**	**166**
农业	01	99	99	
林业	02	42	41	1
畜牧业	03	5	5	
渔业	04	2	2	
农、林、牧、渔专业及辅助性活动	05	847	539	165
采矿业	**B**	**1664**	**1010**	**386**
煤炭开采和洗选业	06	621	319	137
石油和天然气开采业	07	13	11	1
黑色金属矿采选业	08	59	31	23
有色金属矿采选业	09	65	31	25
非金属矿采选业	10	738	513	160
开采专业及辅助性活动	11	136	89	30
其他采矿业	12	32	16	10
制造业	**C**	**25788**	**19003**	**4343**
农副食品加工业	13	4771	3565	753
食品制造业	14	1210	879	188
酒、饮料和精制茶制造业	15	1152	781	228
烟草制品业	16	10	7	2
纺织业	17	235	153	58
纺织服装、服饰业	18	303	213	48
皮革、毛皮、羽毛及其制品和制鞋业	19	209	128	50
木材加工和木、竹、藤、棕、草制品业	20	1823	1226	412
家具制造业	21	459	362	75
造纸和纸制品业	22	325	233	63
印刷和记录媒介复制业	23	680	601	52
文教、工美、体育和娱乐用品制造业	24	339	247	66
石油、煤炭及其他燃料加工业	25	539	329	84
化学原料和化学制品制造业	26	1531	1026	296
医药制造业	27	346	260	42
化学纤维制造业	28	33	21	4
橡胶和塑料制品业	29	938	716	160
非金属矿物制品业	30	2522	1739	535
黑色金属冶炼和压延加工业	31	92	56	26
有色金属冶炼和压延加工业	32	86	54	23

分组的企业法人单位数

						代码
筹建	当年关闭	当年破产	当年注销	当年吊销	其他	
11406	**3248**	**168**	**3040**	**233**	**3832**	**00**
94	**16**	**2**	**8**	**1**	**22**	**A**
						01
						02
						03
						04
94	16	2	8	1	22	05
71	**85**	**4**	**20**	**4**	**84**	**B**
26	51	2	9	2	75	06
					1	07
3			2			08
6			2		1	09
31	22	2	5	1	4	10
1	11		2		3	11
4	1			1		12
1241	**455**	**41**	**359**	**53**	**293**	**C**
249	83	10	49	6	56	13
91	18	3	13		18	14
90	28	3	5	3	14	15
	1					16
8	8	1	4		3	17
15	7	2	7	2	9	18
12	5		14			19
58	50	5	52	5	15	20
13	2	1	3		3	21
9	12		2	2	4	22
6	7	2	6		6	23
13	5		3		5	24
90	14		7		15	25
108	37	3	20	5	36	26
35	2		6	1		27
5	2		1			28
27	12	1	9	4	9	29
105	59	6	43	3	32	30
1	5	1	1		2	31
3			4	2		32

2-16 续表 1

行业大类	代码	法人单位数(个)		
			正常运营	停业(歇业)
金属制品业	33	1574	1214	242
通用设备制造业	34	2307	1820	333
专用设备制造业	35	1856	1466	267
汽车制造业	36	276	199	55
铁路、船舶、航空航天和其他运输设备制造业	37	127	105	17
电气机械和器材制造业	38	728	587	96
计算机、通信和其他电子设备制造业	39	212	181	16
仪器仪表制造业	40	230	208	18
其他制造业	41	248	152	47
废弃资源综合利用业	42	158	96	32
金属制品、机械和设备修理业	43	469	379	55
电力、热力、燃气及水生产和供应业	**D**	**2252**	**1844**	**165**
电力、热力生产和供应业	44	1710	1396	133
燃气生产和供应业	45	196	145	16
水的生产和供应业	46	346	303	16
建筑业	**E**	**13859**	**10943**	**1468**
房屋建筑业	47	3146	2496	332
土木工程建筑业	48	2700	2158	279
建筑安装业	49	2520	2044	248
建筑装饰、装修和其他建筑业	50	5493	4245	609
批发和零售业	**F**	**67526**	**50669**	**8808**
批发业	51	38071	27200	5943
零售业	52	29455	23469	2865
交通运输、仓储和邮政业	**G**	**8966**	**6960**	**1021**
铁路运输业	53	14	12	2
道路运输业	54	5650	4344	634
水上运输业	55	66	54	8
航空运输业	56	47	44	3
管道运输业	57			
多式联运和运输代理业	58	592	453	67
装卸搬运和仓储业	59	2068	1576	283
邮政业	60	529	477	24
住宿和餐饮业	**H**	**2676**	**2084**	**268**
住宿业	61	1078	918	77
餐饮业	62	1598	1166	191
信息传输、软件和信息技术服务业	**I**	**10003**	**7950**	**854**
电信、广播电视和卫星传输服务	63	659	563	47
互联网和相关服务	64	1090	785	129
软件和信息技术服务业	65	8254	6602	678

筹建	当年关闭	当年破产	当年注销	当年吊销	其他	代码
61	17	1	20	3	16	33
62	35		34	9	14	34
62	19	2	21	2	17	35
13	4		1	3	1	36
3	1		1			37
26	6		12		1	38
10	4				1	39
1					3	40
37	5		5	1	1	41
21	3		3		3	42
7	4		13	2	9	43
154	**36**		**25**		**28**	D
115	29		18		19	44
27	3		1		4	45
12	4		6		5	46
820	**200**	**4**	**176**	**12**	**236**	E
188	54	2	34	1	39	47
167	33		31		32	48
122	31	1	32	2	40	49
343	82	1	79	9	125	50
3690	**1236**	**67**	**1230**	**98**	**1728**	F
2271	725	42	705	62	1123	51
1419	511	25	525	36	605	52
516	**157**	**11**	**119**	**10**	**172**	G
						53
353	100	7	76	8	128	54
2					2	55
						56
						57
36	13		12		11	58
120	32	3	25	2	27	59
5	12	1	6		4	60
172	**65**	**1**	**47**	**1**	**38**	H
46	17	1	11		8	61
126	48		36	1	30	62
684	**149**	**6**	**162**	**2**	**196**	I
19	11	1	11		7	63
100	33		24		19	64
565	105	5	127	2	170	65

2-16 续表 2

行业大类	代码	法人单位数(个)		
			正常运营	停业(歇业)
金融业	J	**1472**	**1313**	**91**
货币金融服务	66	734	639	61
资本市场服务	67	139	120	8
保险业	68	471	454	8
其他金融业	69	128	100	14
房地产业	K	**9473**	**7645**	**941**
房地产业	70	9473	7645	941
租赁和商务服务业	L	**22525**	**17655**	**2274**
租赁业	71	3631	2846	388
商务服务业	72	18894	14809	1886
科学研究和技术服务业	M	**13641**	**10549**	**1255**
研究和试验发展	73	1951	1380	208
专业技术服务业	74	6228	5163	432
科技推广和应用服务业	75	5462	4006	615
水利、环境和公共设施管理业	N	**1232**	**911**	**156**
水利管理业	76	65	47	9
生态保护和环境治理业	77	158	105	27
公共设施管理业	78	953	708	118
土地管理业	79	56	51	2
居民服务、修理和其他服务业	O	**4473**	**3583**	**424**
居民服务业	80	1801	1393	172
机动车、电子产品和日用产品修理业	81	1560	1291	151
其他服务业	82	1112	899	101
教育	P	**1845**	**1565**	**115**
教育	83	1845	1565	115
卫生和社会工作	Q	**1189**	**972**	**67**
卫生	84	980	865	38
社会工作	85	209	107	29
文化、体育和娱乐业	R	**5028**	**4066**	**470**
新闻和出版业	86	66	61	2
广播、电视、电影和录音制作业	87	358	298	23
文化艺术业	88	1057	784	117
体育	89	368	275	39
娱乐业	90	3179	2648	289

筹建	当年关闭	当年破产	当年注销	当年吊销	其他	代码
25	**13**		**9**	**2**	**19**	J
6	6		6	1	15	66
9				1	1	67
5	3		1			68
5	4		2		3	69
427	**120**	**5**	**127**	**7**	**201**	K
427	120	5	127	7	201	70
1458	**330**	**14**	**418**	**22**	**354**	L
211	48	2	87	1	48	71
1247	282	12	331	21	306	72
1243	**158**	**3**	**169**	**14**	**250**	M
243	28	1	19	3	69	73
405	67		76	8	77	74
595	63	2	74	3	104	75
103	**17**	**1**	**19**	**1**	**24**	N
1	2				6	76
17	4		2		3	77
84	9	1	17	1	15	78
1	2					79
249	**61**	**3**	**84**	**2**	**67**	O
120	42	2	46	1	25	80
58	13		18	1	28	81
71	6	1	20		14	82
94	**24**	**1**	**12**	**2**	**32**	P
94	24	1	12	2	32	83
113	**14**		**5**		**18**	Q
54	9		4		10	84
59	5		1		8	85
252	**112**	**5**	**51**	**2**	**70**	R
	2				1	86
20	5		4		8	87
99	16	2	19		20	88
37	6		4		7	89
96	83	3	24	2	34	90

2-17 按行业(大类)、运营状态

行业大类	代码	从业人员数(人)		
			正常运营	停业(歇业)
总　计	**00**	**2679403**	**2610664**	**35389**
农、林、牧、渔业	**A**	**77744**	**77332**	**173**
农业	01			
林业	02			
畜牧业	03			
渔业	04			
农、林、牧、渔专业及辅助性活动	05	77744	77332	173
采矿业	**B**	**307089**	**303290**	**1820**
煤炭开采和洗选业	06	157572	154233	1546
石油和天然气开采业	07	107844	107808	36
黑色金属矿采选业	08	1631	1569	60
有色金属矿采选业	09	3954	3852	23
非金属矿采选业	10	8491	8278	128
开采专业及辅助性活动	11	27283	27254	23
其他采矿业	12	314	296	4
制造业	**C**	**626251**	**603911**	**11568**
农副食品加工业	13	104035	98623	1711
食品制造业	14	35251	33567	327
酒、饮料和精制茶制造业	15	24558	23563	373
烟草制品业	16	5203	5060	143
纺织业	17	9578	8796	365
纺织服装、服饰业	18	3776	3694	63
皮革、毛皮、羽毛及其制品和制鞋业	19	3214	3127	38
木材加工和木、竹、藤、棕、草制品业	20	26101	24917	938
家具制造业	21	11115	10981	101
造纸和纸制品业	22	7401	7282	86
印刷和记录媒介复制业	23	7794	7615	140
文教、工美、体育和娱乐用品制造业	24	4430	4216	143
石油、煤炭及其他燃料加工业	25	47677	46438	332
化学原料和化学制品制造业	26	37734	36336	812
医药制造业	27	41970	41609	152
化学纤维制造业	28	893	871	11
橡胶和塑料制品业	29	14357	14049	228
非金属矿物制品业	30	42945	41110	1235
黑色金属冶炼和压延加工业	31	15979	15926	27
有色金属冶炼和压延加工业	32	5859	4405	912

分组的企业法人单位从业人员数

筹建	当年关闭	当年破产	当年注销	当年吊销	其他	代码
17187	**5688**	**263**	**3345**	**192**	**6675**	**00**
212	**6**		**4**	**5**	**12**	**A**
						01
						02
						03
						04
212	6		4	5	12	05
389	**1126**		**107**	**1**	**356**	**B**
237	1101		102		353	06
						07
1			1			08
78			1			09
62	23					10
			3		3	11
11	2			1		12
8027	**1124**	**64**	**589**	**8**	**960**	**C**
3347	116	16	153		69	13
1309	4	2	26		16	14
273	345	1			3	15
						16
284	96		16		21	17
6		1			12	18
2	7		40			19
162	33		50		1	20
31			2			21
29	2		2			22
7	10		5		17	23
12	35		23		1	24
339	108		7		453	25
490	47		12		37	26
184	2		23			27
11						28
15	1	7	32		25	29
430	79		53	7	31	30
		22	4			31
542						32

2-17 续表 1

行业大类	代码	从业人员数(人)	正常运营	停业(歇业)
金属制品业	33	18535	17859	361
通用设备制造业	34	42595	41847	562
专用设备制造业	35	38370	37835	254
汽车制造业	36	16679	14855	1726
铁路、船舶、航空航天和其他运输设备制造业	37	16074	16058	12
电气机械和器材制造业	38	25685	25305	264
计算机、通信和其他电子设备制造业	39	4807	4775	20
仪器仪表制造业	40	6776	6706	48
其他制造业	41	1842	1752	37
废弃资源综合利用业	42	2119	1973	28
金属制品、机械和设备修理业	43	2899	2761	119
电力、热力、燃气及水生产和供应业	**D**	**157171**	**154781**	**1488**
电力、热力生产和供应业	44	124749	122597	1404
燃气生产和供应业	45	9190	9007	67
水的生产和供应业	46	23232	23177	17
建筑业	**E**	**279105**	**275625**	**1772**
房屋建筑业	47	119588	118639	549
土木工程建筑业	48	99535	98833	426
建筑安装业	49	31275	30632	219
建筑装饰、装修和其他建筑业	50	28707	27521	578
批发和零售业	**F**	**395310**	**378713**	**8969**
批发业	51	195778	184463	6356
零售业	52	199532	194250	2613
交通运输、仓储和邮政业	**G**	**161913**	**159051**	**1451**
铁路运输业	53			
道路运输业	54	60914	59172	622
水上运输业	55	957	916	39
航空运输业	56	6849	6846	3
管道运输业	57			
多式联运和运输代理业	58	2789	2721	39
装卸搬运和仓储业	59	37569	36604	741
邮政业	60	52835	52792	7
住宿和餐饮业	**H**	**41330**	**39667**	**812**
住宿业	61	26008	25087	327
餐饮业	62	15322	14580	485
信息传输、软件和信息技术服务业	**I**	**117910**	**116520**	**533**
电信、广播电视和卫星传输服务	63	79158	79082	40
互联网和相关服务	64	4453	4271	79
软件和信息技术服务业	65	34299	33167	414
		4464	4386	59

筹建	当年关闭	当年破产	当年注销	当年吊销	其他	代码
72	1	14	21		207	33
34	37		99	1	15	34
151	100	1	9		20	35
87	11					36
2	2					37
103	7		6			38
5	5				2	39
					22	40
48			5			41
43	75					42
9	1		1		8	43
809	**78**		**4**		**11**	**D**
716	18		3		11	44
56	60					45
37			1			46
548	**406**		**313**	**8**	**433**	**E**
111	102		19		168	47
137	50		25		64	48
112	21		181	1	109	49
188	233		88	7	92	50
2514	**1482**	**88**	**1095**	**85**	**2364**	**F**
1577	771	62	674	52	1823	51
937	711	26	421	33	541	52
364	**191**	**55**	**543**		**258**	**G**
						53
224	145	54	528		169	54
2						55
						56
						57
27	1		1			58
108	21	1	5		89	59
3	24		9			60
285	**151**		**24**		**391**	**H**
165	61				368	61
120	90		24		23	62
389	**216**	**21**	**94**	**3**	**134**	**I**
11	10	2	3		10	63
44	32		13		14	64
334	174	19	78	3	110	65
11	4		3		1	

2-17 续表 2

行业大类	代码	从业人员数(人)		
			正常运营	停业(歇业)
金融业	J	**4464**	**4386**	**59**
货币金融服务	66	2881	2830	40
资本市场服务	67	364	348	12
保险业	68	82	77	5
其他金融业	69	1137	1131	2
房地产业	K	**124738**	**121030**	**2272**
房地产业	70	124738	121030	2272
租赁和商务服务业	L	**189560**	**185068**	**2181**
租赁业	71	11972	11396	348
商务服务业	72	177588	173672	1833
科学研究和技术服务业	M	**75100**	**72663**	**1003**
研究和试验发展	73	7755	7360	144
专业技术服务业	74	47964	47194	329
科技推广和应用服务业	75	19381	18109	530
水利、环境和公共设施管理业	N	**18870**	**18305**	**230**
水利管理业	76	953	908	16
生态保护和环境治理业	77	4460	4355	13
公共设施管理业	78	13019	12605	200
土地管理业	79	438	437	1
居民服务、修理和其他服务业	O	**25848**	**24815**	**444**
居民服务业	80	10720	10261	131
机动车、电子产品和日用产品修理业	81	6173	5940	137
其他服务业	82	8955	8614	176
教育	P	**11951**	**11632**	**173**
教育	83	11951	11632	173
卫生和社会工作	Q	**40045**	**39646**	**125**
卫生	84	38577	38291	101
社会工作	85	1468	1355	24
文化、体育和娱乐业	R	**25004**	**24229**	**316**
新闻和出版业	86	2902	2902	
广播、电视、电影和录音制作业	87	3513	3452	20
文化艺术业	88	4304	4126	64
体育	89	2009	1923	35
娱乐业	90	12276	11826	197

筹建	当年关闭	当年破产	当年注销	当年吊销	其他	代码
11	**4**		**3**		**1**	**J**
4	3		3		1	66
4						67
						68
3	1					69
331	**127**	**15**	**93**	**32**	**838**	**K**
331	127	15	93	32	838	70
1253	**394**	**10**	**268**	**18**	**368**	**L**
100	28		49		51	71
1153	366	10	219	18	317	72
902	**130**	**1**	**94**	**19**	**288**	**M**
93	21		1		136	73
280	73		35	18	35	74
529	36	1	58	1	117	75
276	**20**	**2**	**4**	**9**	**24**	**N**
21	4				4	76
92						77
163	16	2	4	9	20	78
						79
289	**68**	**7**	**60**	**1**	**164**	**O**
194	51	6	35		42	80
38	13		13	1	31	81
57	4	1	12		91	82
113	**8**		**4**	**3**	**18**	**P**
113	8		4	3	18	83
212	**37**		**18**		**7**	**Q**
128	33		18		6	84
84	4				1	85
263	**120**		**28**		**48**	**R**
						86
16	5		5		15	87
67	27		6		14	88
31	15		3		2	89
149	73		14		17	90

2-18 按地区、运营状态分组的企业法人单位数

地　区	法　人单位数（个）	正常运营	停业(歇业)	筹建	当年关闭	当年破产	当年注销	当年吊销	其他
全　省	**194607**	**149408**	**23272**	**11406**	**3248**	**168**	**3040**	**233**	**3832**
哈尔滨	86792	72778	7418	3475	642	51	910	131	1387
齐齐哈尔	13324	10036	1663	1063	262	16	269	10	5
鸡　西	6342	3949	894	393	377	13	151	9	556
鹤　岗	3627	2371	565	240	96		91	3	261
双鸭山	6195	4276	938	467	205	4	166	5	134
大　庆	21938	16158	2906	1338	354	10	496	21	655
伊　春	3868	2482	728	547	28	3	68	2	10
佳木斯	11617	8238	2026	901	172	8	136	7	129
七台河	2316	1832	239	91	55	9	24	3	63
牡丹江	17428	12121	2660	1507	572	26	490	27	25
黑　河	7302	5559	1030	362	252	7	69	5	18
绥　化	10849	7853	1526	661	167	20	76	5	541
大兴安岭	3009	1755	679	361	66	1	94	5	48

2-19 按地区、运营状态分组的企业法人单位从业人员数

地　区	从　业人员数（人）	正常运营	停业(歇业)	筹建	当年关闭	当年破产	当年注销	当年吊销	其他
全　省	**2679403**	**2610664**	**35389**	**17187**	**5688**	**263**	**3345**	**192**	**6675**
哈尔滨	1100195	1075736	13216	4025	1745	155	1539	77	3702
齐齐哈尔	183386	179594	1705	1590	199	17	232	2	47
鸡　西	115289	110000	2185	777	968	11	259	12	1077
鹤　岗	102676	100998	571	867	40		71	10	119
双鸭山	101330	99205	1131	574	214		56	2	148
大　庆	399550	393515	2372	2351	454	15	353	20	470
伊　春	50336	47042	2826	396	11	12	16		33
佳木斯	119494	115564	2927	654	124	6	177	20	22
七台河	75742	73871	991	186	94	2	10		588
牡丹江	175306	168036	3656	1561	1592	2	409	5	45
黑　河	83505	81856	887	534	65	7	124	19	13
绥　化	152958	146064	2755	3400	176	36	95	25	407
大兴安岭	19636	19183	167	272	6		4		4

2-20　按地区、单位规模分组的企业法人单位数

地　区	法人单位数(个)				
		大型	中型	小型	微型
全　省	**191335**	**420**	**2489**	**17467**	**170959**
哈尔滨	85643	184	1121	8118	76220
齐齐哈尔	13083	29	208	1181	11665
鸡　西	6183	16	104	743	5320
鹤　岗	3578	17	72	385	3104
双鸭山	6097	16	77	495	5509
大　庆	21648	59	205	1589	19795
伊　春	3825	8	40	308	3469
佳木斯	11340	19	131	755	10435
七台河	2108	14	56	239	1799
牡丹江	17149	20	206	1773	15150
黑　河	7152	11	92	666	6383
绥　化	10610	21	155	1049	9385
大兴安岭	2919	6	22	166	2725

注：本表不含无单位规模标识的单位数据。

2-21　按地区、单位规模分组的企业法人单位从业人员数

地　区	从业人员数(人)				
		大型	中型	小型	微型
全　省	**2640125**	**780611**	**558481**	**679546**	**621487**
哈尔滨	1087182	325577	226792	266275	268538
齐齐哈尔	178381	33268	39996	58979	46138
鸡　西	113849	35983	25108	32239	20519
鹤　岗	98660	41618	23873	20822	12347
双鸭山	100437	32701	23377	21237	23122
大　庆	397348	225632	53624	62625	55467
伊　春	49566	4822	9172	18548	17024
佳木斯	115371	10094	33316	36744	35217
七台河	74865	36270	15894	13748	8953
牡丹江	172998	13398	32930	69724	56946
黑　河	82663	5457	26633	26169	24404
绥　化	149724	15272	42555	45740	46157
大兴安岭	19081	519	5211	6696	6655

注：本表不含无单位规模标识的单位数据。

2-22 按行业(大类)、单位规模分组的企业法人单位数

行业大类	代码	法人单位数(个)	大型	中型	小型	微型
总　计	**00**	**191335**	**420**	**2489**	**17467**	**170959**
农、林、牧、渔业	**A**	**995**	**5**	**109**	**205**	**676**
农业	01	99				99
林业	02	42				42
畜牧业	03	5				5
渔业	04	2				2
农、林、牧、渔专业及辅助性活动	05	847	5	109	205	528
采矿业	**B**	**1664**	**13**	**42**	**320**	**1289**
煤炭开采和洗选业	06	621	10	27	198	386
石油和天然气开采业	07	13	1	1	1	10
黑色金属矿采选业	08	59		2	7	50
有色金属矿采选业	09	65		5	12	48
非金属矿采选业	10	738		2	80	656
开采专业及辅助性活动	11	136	2	5	20	109
其他采矿业	12	32			2	30
制造业	**C**	**25788**	**52**	**222**	**3434**	**22080**
农副食品加工业	13	4771	6	33	882	3850
食品制造业	14	1210	4	23	152	1031
酒、饮料和精制茶制造业	15	1152		16	124	1012
烟草制品业	16	10	1	1	3	5
纺织业	17	235		12	34	189
纺织服装、服饰业	18	303		1	25	277
皮革、毛皮、羽毛及其制品和制鞋业	19	209			75	134
木材加工和木、竹、藤、棕、草制品业	20	1823		3	259	1561
家具制造业	21	459		7	56	396
造纸和纸制品业	22	325	1		53	271
印刷和记录媒介复制业	23	680		4	45	631
文教、工美、体育和娱乐用品制造业	24	339		1	40	298
石油、煤炭及其他燃料加工业	25	539	7	14	32	486
化学原料和化学制品制造业	26	1531	4	19	196	1312
医药制造业	27	346	3	20	123	200
化学纤维制造业	28	33			3	30
橡胶和塑料制品业	29	938	1	2	111	824
非金属矿物制品业	30	2522		16	373	2133
黑色金属冶炼和压延加工业	31	92	4	1	11	76
有色金属冶炼和压延加工业	32	86	1		12	73

注：本表不含无单位规模标识的单位数据。

2-22　续表 1

行业大类	代码	法　人单位数(个)	大型	中型	小型	微型
金属制品业	33	1574		8	119	1447
通用设备制造业	34	2307	4	10	214	2079
专用设备制造业	35	1856	3	13	216	1624
汽车制造业	36	276	3	2	47	224
铁路、船舶、航空航天和其他运输设备制造业	37	127	3	7	42	75
电气机械和器材制造业	38	728	5	4	91	628
计算机、通信和其他电子设备制造业	39	212		4	23	185
仪器仪表制造业	40	230	2		33	195
其他制造业	41	248			15	233
废弃资源综合利用业	42	158		1	14	143
金属制品、机械和设备修理业	43	469			11	458
电力、热力、燃气及水生产和供应业	**D**	**2252**	**17**	**89**	**575**	**1571**
电力、热力生产和供应业	44	1710	14	75	417	1204
燃气生产和供应业	45	196	2	2	57	135
水的生产和供应业	46	346	1	12	101	232
建筑业	**E**	**13859**	**21**	**291**	**2114**	**11433**
房屋建筑业	47	3146	6	148	817	2175
土木工程建筑业	48	2700	12	94	517	2077
建筑安装业	49	2520	2	28	393	2097
建筑装饰、装修和其他建筑业	50	5493	1	21	387	5084
批发和零售业	**F**	**67526**	**82**	**805**	**4249**	**62390**
批发业	51	38071	41	371	2039	35620
零售业	52	29455	41	434	2210	26770
交通运输、仓储和邮政业	**G**	**8952**	**14**	**71**	**783**	**8084**
道路运输业	54	5650	1	20	292	5337
水上运输业	55	66			7	59
航空运输业	56	47	1	3	7	36
管道运输业	57					
多式联运和运输代理业	58	592			12	580
装卸搬运和仓储业	59	2068	3	38	391	1636
邮政业	60	529	9	10	74	436
住宿和餐饮业	**H**	**2676**	**5**	**28**	**667**	**1976**
住宿业	61	1078	4	25	376	673
餐饮业	62	1598	1	3	291	1303
信息传输、软件和信息技术服务业	**I**	**10003**	**7**	**80**	**541**	**9375**
电信、广播电视和卫星传输服务	63	659	4	58	62	535
互联网和相关服务	64	1090		1	59	1030
软件和信息技术服务业	65	8254	3	21	420	7810

2-22 续表 2

行业大类	代码	法人单位数(个)	大型	中型	小型	微型
金融业	**J**	**1466**	**139**	**44**	**69**	**1214**
货币金融服务	66	734	138	41	40	515
资本市场服务	67	135		2	1	132
保险业	68	469			25	444
其他金融业	69	128	1	1	3	123
房地产业	**K**	**8969**	**13**	**523**	**634**	**7799**
房地产业	70	8969	13	523	634	7799
租赁和商务服务业	**L**	**22525**	**2**	**50**	**1338**	**21135**
租赁业	71	3631		1	145	3485
商务服务业	72	18894	2	49	1193	17650
科学研究和技术服务业	**M**	**13641**	**14**	**50**	**1437**	**12140**
研究和试验发展	73	1951	1	3	138	1809
专业技术服务业	74	6228	12	36	948	5232
科技推广和应用服务业	75	5462	1	11	351	5099
水利、环境和公共设施管理业	**N**	**1232**	**12**	**19**	**193**	**1008**
水利管理业	76	65	1		10	54
生态保护和环境治理业	77	158	1	2	32	123
公共设施管理业	78	953	10	17	141	785
土地管理业	79	56			10	46
居民服务、修理和其他服务业	**O**	**4473**	**5**	**18**	**524**	**3926**
居民服务业	80	1801		9	260	1532
机动车、电子产品和日用产品修理业	81	1560		1	151	1408
其他服务业	82	1112	5	8	113	986
卫生和社会工作	**Q**	**286**	**12**	**36**	**62**	**176**
卫生	84	77	12	34	31	
社会工作	85	209		2	31	176
文化、体育和娱乐业	**R**	**5028**	**7**	**12**	**322**	**4687**
新闻和出版业	86	66	2	1	26	37
广播、电视、电影和录音制作业	87	358	2		70	286
文化艺术业	88	1057	1	4	56	996
体育	89	368		1	51	316
娱乐业	90	3179	2	6	119	3052

2-23　按行业(大类)、单位规模分组的企业法人单位从业人员数

行业大类	代码	从业人员数（人）	大型	中型	小型	微型
总　计	**00**	**2640125**	**780611**	**558481**	**679546**	**621487**
农、林、牧、渔业	**A**	**77744**	**40372**	**32620**	**2693**	**2059**
农业	01					
林业	02					
畜牧业	03					
渔业	04					
农、林、牧、渔专业及辅助性活动	05	77744	40372	32620	2693	2059
采矿业	**B**	**307089**	**246822**	**25344**	**26718**	**8205**
煤炭开采和洗选业	06	157572	117640	16923	19336	3673
石油和天然气开采业	07	107844	107345	421	36	42
黑色金属矿采选业	08	1631		970	378	283
有色金属矿采选业	09	3954		2370	1230	354
非金属矿采选业	10	8491		1422	3669	3400
开采专业及辅助性活动	11	27283	21837	3238	1827	381
其他采矿业	12	314			242	72
制造业	**C**	**626251**	**158247**	**120566**	**221430**	**126008**
农副食品加工业	13	104035	10250	17617	49593	26575
食品制造业	14	35251	4719	10828	13292	6412
酒、饮料和精制茶制造业	15	24558		8096	9764	6698
烟草制品业	16	5203	4240	556	252	155
纺织业	17	9578		5422	3074	1082
纺织服装、服饰业	18	3776		767	1671	1338
皮革、毛皮、羽毛及其制品和制鞋业	19	3214			2747	467
木材加工和木、竹、藤、棕、草制品业	20	26101		1228	15612	9261
家具制造业	21	11115		5181	3809	2125
造纸和纸制品业	22	7401	2138		3890	1373
印刷和记录媒介复制业	23	7794		1757	2819	3218
文教、工美、体育和娱乐用品制造业	24	4430		447	2259	1724
石油、煤炭及其他燃料加工业	25	47677	35499	7979	2061	2138
化学原料和化学制品制造业	26	37734	7765	11390	12465	6114
医药制造业	27	41970	17991	9631	12930	1418
化学纤维制造业	28	893			213	680
橡胶和塑料制品业	29	14357	2111	1599	6511	4136
非金属矿物制品业	30	42945		7811	22584	12550
黑色金属冶炼和压延加工业	31	15979	14219	756	695	309
有色金属冶炼和压延加工业	32	5859	3143		1886	830

注：本表不含无单位规模标识的单位数据。

2-23 续表 1

行业大类	代码	从业人员数(人)	大型	中型	小型	微型
金属制品业	33	18535		4199	7580	6756
通用设备制造业	34	42595	11563	7618	13245	10169
专用设备制造业	35	38370	11922	5287	12535	8626
汽车制造业	36	16679	9691	691	3486	2811
铁路、船舶、航空航天和其他运输设备制造业	37	16074	7756	3889	3985	444
电气机械和器材制造业	38	25685	12007	5180	5283	3215
计算机、通信和其他电子设备制造业	39	4807		2335	1742	730
仪器仪表制造业	40	6776	3233		2741	802
其他制造业	41	1842			987	855
废弃资源综合利用业	42	2119		302	1176	641
金属制品、机械和设备修理业	43	2899			543	2356
电力、热力、燃气及水生产和供应业	**D**	**157171**	**48327**	**46005**	**51877**	**10962**
电力、热力生产和供应业	44	124749	41360	36675	38735	7979
燃气生产和供应业	45	9190	3605	1336	3433	816
水的生产和供应业	46	23232	3362	7994	9709	2167
建筑业	**E**	**279105**	**61766**	**74406**	**89298**	**53635**
房屋建筑业	47	119588	18076	38829	46271	16412
土木工程建筑业	48	99535	40344	27265	21689	10237
建筑安装业	49	31275	2775	5345	13196	9959
建筑装饰、装修和其他建筑业	50	28707	571	2967	8142	17027
批发和零售业	**F**	**395310**	**60547**	**86634**	**75861**	**172268**
批发业	51	195778	32264	26248	33307	103959
零售业	52	199532	28283	60386	42554	68309
交通运输、仓储和邮政业	**G**	**161913**	**50392**	**30594**	**42403**	**38524**
道路运输业	54	60914	5266	15100	17817	22731
水上运输业	55	957			497	460
航空运输业	56	6849	4813	1164	711	161
管道运输业	57					
多式联运和运输代理业	58	2789			959	1830
装卸搬运和仓储业	59	37569	849	7952	18486	10282
邮政业	60	52835	39464	6378	3933	3060
住宿和餐饮业	**H**	**41330**	**2928**	**6984**	**21813**	**9605**
住宿业	61	26008	1903	6242	13911	3952
餐饮业	62	15322	1025	742	7902	5653
信息传输、软件和信息技术服务业	**I**	**117910**	**21937**	**59000**	**14295**	**22678**
电信、广播电视和卫星传输服务	63	79158	20210	53832	3382	1734
互联网和相关服务	64	4453		520	1402	2531
软件和信息技术服务业	65	34299	1727	4648	9511	18413

2-23 续表 2

行业大类	代码	从业人员数（人）				
			大型	中型	小型	微型
金融业	**J**	**4464**		**411**	**269**	**3784**
货币金融服务	66	2881		307		2574
资本市场服务	67	364		102	84	178
保险业	68	82				82
其他金融业	69	1137		2	185	950
房地产业	**K**	**115242**	**14912**	**21788**	**17101**	**61441**
房地产业	70	115242	14912	21788	17101	61441
租赁和商务服务业	**L**	**189560**	**36005**	**32120**	**59004**	**62431**
租赁业	71	11972		491	2977	8504
商务服务业	72	177588	36005	31629	56027	53927
科学研究和技术服务业	**M**	**75100**	**8263**	**8508**	**31367**	**26962**
研究和试验发展	73	7755	565	531	3086	3573
专业技术服务业	74	47964	7372	6289	21289	13014
科技推广和应用服务业	75	19381	326	1688	6992	10375
水利、环境和公共设施管理业	**N**	**18870**	**8756**	**2940**	**4704**	**2470**
水利管理业	76	953	518		282	153
生态保护和环境治理业	77	4460	3187	274	767	232
公共设施管理业	78	13019	5051	2666	3351	1951
土地管理业	79	438			304	134
居民服务、修理和其他服务业	**O**	**25848**	**3415**	**2474**	**10609**	**9350**
居民服务业	80	10720		1346	5842	3532
机动车、电子产品和日用产品修理业	81	6173		171	2353	3649
其他服务业	82	8955	3415	957	2414	2169
卫生和社会工作	**Q**	**22214**	**13155**	**6144**	**2591**	**324**
卫生	84	20746	13155	5697	1894	
社会工作	85	1468		447	697	324
文化、体育和娱乐业	**R**	**25004**	**4767**	**1943**	**7513**	**10781**
新闻和出版业	86	2902	1602	115	1044	141
广播、电视、电影和录音制作业	87	3513	1199		1542	772
文化艺术业	88	4304	385	712	1272	1935
体育	89	2009		150	1099	760
娱乐业	90	12276	1581	966	2556	7173

2-24 按地区、营业收入组距分组的企业法人单位数

地区	法人单位数(个)	100万元及以下	100-200万元	200-500万元	500-1000万元	1000-2000万元	2000-5000万元	5000万元-1亿元	1亿元以上
全省	**194607**	**138934**	**14343**	**17567**	**8203**	**5635**	**4737**	**2198**	**2990**
哈尔滨	86792	58283	7527	9746	4192	2696	2144	951	1253
齐齐哈尔	13324	10074	898	813	496	303	333	166	241
鸡西	6342	4088	417	833	302	285	171	106	140
鹤岗	3627	2713	204	233	105	106	110	68	88
双鸭山	6195	4961	298	310	177	129	137	69	114
大庆	21938	16787	1366	1456	765	486	541	224	313
伊春	3868	2865	358	302	110	78	87	31	37
佳木斯	11617	9481	568	528	283	202	237	123	195
七台河	2316	1771	116	115	77	50	80	43	64
牡丹江	17428	12239	1239	1565	883	700	431	186	185
黑河	7302	5325	436	577	345	301	147	66	105
绥化	10849	7766	796	936	427	259	286	145	234
大兴安岭	3009	2581	120	153	41	40	33	20	21

2-25 按地区、营业收入组距分组的企业法人单位从业人员数

地区	从业人员数(人)	100万元及以下	100-200万元	200-500万元	500-1000万元	1000-2000万元	2000-5000万元	5000万元-1亿元	1亿元以上
全省	**2679403**	**410749**	**110833**	**187419**	**147393**	**178731**	**227962**	**198273**	**1218043**
哈尔滨	1100195	168931	46500	86877	61177	76704	91872	80363	487771
齐齐哈尔	183386	31002	10433	12495	11666	11902	18728	17656	69504
鸡西	115289	12939	4247	8915	7138	8097	7555	7616	58782
鹤岗	102676	8559	2948	4531	2611	5072	8571	12364	58020
双鸭山	101330	19467	3196	5099	4222	5143	5774	9707	48722
大庆	399550	38673	8137	14062	11705	12423	24794	18472	271284
伊春	50336	11838	4025	4526	3467	4608	7730	2462	11680
佳木斯	119494	26323	5234	8085	6992	7842	10119	8707	46192
七台河	75742	8348	1870	1953	2746	2029	4340	5127	49329
牡丹江	175306	32462	10620	18408	18123	26070	18535	15127	35961
黑河	83505	15800	4148	7808	6425	7360	9365	5592	27007
绥化	152958	30941	8077	12679	10179	9560	18437	12817	50268
大兴安岭	19636	5466	1398	1981	942	1921	2142	2263	3523

2-26 按行业(大类)、营业收入

行业大类	代码	法人单位数(个)	100万元及以下	100-200万元
总 计	**00**	**194607**	**138934**	**14343**
农、林、牧、渔业	**A**	**995**	**745**	**48**
农业	01	99	99	
林业	02	42	42	
畜牧业	03	5	5	
渔业	04	2	2	
农、林、牧、渔专业及辅助性活动	05	847	597	48
采矿业	**B**	**1664**	**889**	**107**
煤炭开采和洗选业	06	621	278	22
石油和天然气开采业	07	13	7	1
黑色金属矿采选业	08	59	40	3
有色金属矿采选业	09	65	44	2
非金属矿采选业	10	738	413	70
开采专业及辅助性活动	11	136	82	7
其他采矿业	12	32	25	2
制造业	**C**	**25788**	**14842**	**2043**
农副食品加工业	13	4771	2306	262
食品制造业	14	1210	819	81
酒、饮料和精制茶制造业	15	1152	787	85
烟草制品业	16	10	4	
纺织业	17	235	140	13
纺织服装、服饰业	18	303	227	21
皮革、毛皮、羽毛及其制品和制鞋业	19	209	95	6
木材加工和木、竹、藤、棕、草制品业	20	1823	1053	130
家具制造业	21	459	294	32
造纸和纸制品业	22	325	183	31
印刷和记录媒介复制业	23	680	414	71
文教、工美、体育和娱乐用品制造业	24	339	230	25
石油、煤炭及其他燃料加工业	25	539	380	35
化学原料和化学制品制造业	26	1531	909	99
医药制造业	27	346	139	18
化学纤维制造业	28	33	22	1
橡胶和塑料制品业	29	938	523	88
非金属矿物制品业	30	2522	1430	202
黑色金属冶炼和压延加工业	31	92	51	7
有色金属冶炼和压延加工业	32	86	47	7

组距分组的企业法人单位数

200-500万元	500-1000万元	1000-2000万元	2000-5000万元	5000万元-1亿元	1亿元以上	代码
17567	**8203**	**5635**	**4737**	**2198**	**2990**	00
88	**53**	**20**	**17**	**14**	**10**	A
						01
						02
						03
						04
88	53	20	17	14	10	05
166	**126**	**119**	**103**	**50**	**104**	B
30	37	72	70	36	76	06
1	2				2	07
8	1	2	1	1	3	08
2	2	3	5	1	6	09
112	75	36	18	7	7	10
11	7	6	9	4	10	11
2	2			1		12
2673	**1838**	**1532**	**1497**	**592**	**771**	C
425	360	425	487	209	297	13
85	53	43	49	25	55	14
88	65	37	39	17	34	15
1		2			3	16
23	21	9	14	8	7	17
21	14	11	5	1	3	18
14	9	11	29	36	9	19
231	161	128	88	25	7	20
50	32	19	16	9	7	21
40	16	17	21	11	6	22
97	49	18	16	11	4	23
27	30	12	15			24
42	16	16	18	4	28	25
142	105	95	104	25	52	26
27	25	30	48	11	48	27
3	1	4	2			28
116	75	69	49	13	5	29
230	188	184	153	82	53	30
10	6	3	5	3	7	31
8	5	7	5	1	6	32

2-26 续表 1

行业大类	代码	法人单位数（个）		
			100万元及以下	100-200万元
金属制品业	33	1574	947	148
通用设备制造业	34	2307	1358	255
专用设备制造业	35	1856	1020	198
汽车制造业	36	276	159	23
铁路、船舶、航空航天和其他运输设备制造业	37	127	44	9
电气机械和器材制造业	38	728	372	73
计算机、通信和其他电子设备制造业	39	212	128	22
仪器仪表制造业	40	230	127	23
其他制造业	41	248	185	20
废弃资源综合利用业	42	158	115	10
金属制品、机械和设备修理业	43	469	334	48
电力、热力、燃气及水生产和供应业	**D**	**2252**	**1081**	**113**
电力、热力生产和供应业	44	1710	829	78
燃气生产和供应业	45	196	91	9
水的生产和供应业	46	346	161	26
建筑业	**E**	**13859**	**8973**	**1125**
房屋建筑业	47	3146	1641	224
土木工程建筑业	48	2700	1548	239
建筑安装业	49	2520	1601	220
建筑装饰、装修和其他建筑业	50	5493	4183	442
批发和零售业	**F**	**67526**	**48638**	**5065**
批发业	51	38071	26257	2998
零售业	52	29455	22381	2067
交通运输、仓储和邮政业	**G**	**8966**	**5943**	**851**
铁路运输业	53	14	2	
道路运输业	54	5650	3908	512
水上运输业	55	66	52	5
航空运输业	56	47	23	5
管道运输业	57			
多式联运和运输代理业	58	592	466	48
装卸搬运和仓储业	59	2068	1155	201
邮政业	60	529	337	80
住宿和餐饮业	**H**	**2676**	**1758**	**369**
住宿业	61	1078	563	155
餐饮业	62	1598	1195	214
信息传输、软件和信息技术服务业	**I**	**10003**	**8089**	**646**
电信、广播电视和卫星传输服务	63	659	474	41
互联网和相关服务	64	1090	937	55
软件和信息技术服务业	65	8254	6678	550

200-500万元	500-1000万元	1000-2000万元	2000-5000万元	5000万元-1亿元	1亿元以上	代码
205	115	72	56	15	16	33
281	176	99	92	18	28	34
236	152	106	84	35	25	35
26	24	14	16	4	10	36
12	13	10	15	6	18	37
102	58	52	38	12	21	38
19	19	9	5	3	7	39
29	16	8	13	3	11	40
20	11	6	3	3		41
12	8	2	6	2	3	42
51	15	14	6		1	43
211	**182**	**178**	**149**	**129**	**209**	**D**
143	117	129	114	113	187	44
21	17	16	19	6	17	45
47	48	33	16	10	5	46
1457	**677**	**570**	**528**	**260**	**269**	**E**
340	220	228	216	137	140	47
314	158	141	145	72	83	48
313	135	107	91	26	27	49
490	164	94	76	25	19	50
6316	**2803**	**1958**	**1356**	**625**	**765**	**F**
3570	1954	1498	931	402	461	51
2746	849	460	425	223	304	52
952	**576**	**230**	**183**	**100**	**131**	**G**
2	1	1	2	1	5	53
581	370	132	87	42	18	54
3	1	2	2	1		55
4	4	3	2	2	4	56
						57
43	16	6	4	5	4	58
261	160	79	84	43	85	59
58	24	7	2	6	15	60
329	**109**	**63**	**34**	**7**	**7**	**H**
207	69	46	27	5	6	61
122	40	17	7	2	1	62
727	**244**	**131**	**79**	**35**	**52**	**I**
37	11	11	22	18	45	63
57	26	7	5	2	1	64
633	207	113	52	15	6	65

2-26 续表 2

行业大类	代码	法人单位数（个）		
			100万元及以下	100-200万元
金融业	J	**1472**	**641**	**62**
货币金融服务	66	734	361	28
资本市场服务	67	139	106	14
保险业	68	471	75	11
其他金融业	69	128	99	9
房地产业	K	**9473**	**7046**	**568**
房地产业	70	9473	7046	568
租赁和商务服务业	L	**22525**	**18238**	**1453**
租赁业	71	3631	2773	318
商务服务业	72	18894	15465	1135
科学研究和技术服务业	M	**13641**	**10590**	**1054**
研究和试验发展	73	1951	1569	124
专业技术服务业	74	6228	4462	621
科技推广和应用服务业	75	5462	4559	309
水利、环境和公共设施管理业	N	**1232**	**905**	**101**
水利管理业	76	65	50	3
生态保护和环境治理业	77	158	114	10
公共设施管理业	78	953	706	81
土地管理业	79	56	35	7
居民服务、修理和其他服务业	O	**4473**	**3676**	**317**
居民服务业	80	1801	1539	84
机动车、电子产品和日用产品修理业	81	1560	1261	130
其他服务业	82	1112	876	103
教育	P	**1845**	**1564**	**127**
教育	83	1845	1564	127
卫生和社会工作	Q	**1189**	**819**	**81**
卫生	84	980	635	71
社会工作	85	209	184	10
文化、体育和娱乐业	R	**5028**	**4497**	**213**
新闻和出版业	86	66	30	9
广播、电视、电影和录音制作业	87	358	269	24
文化艺术业	88	1057	934	54
体育	89	368	324	20
娱乐业	90	3179	2940	106

200-500万元	500-1000万元	1000-2000万元	2000-5000万元	5000万元-1亿元	1亿元以上	代码
82	**60**	**68**	**113**	**101**	**345**	J
45	21	26	37	47	169	66
13	2	1	1		2	67
18	32	38	73	53	171	68
6	5	3	2	1	3	69
705	**309**	**239**	**249**	**138**	**219**	K
705	309	239	249	138	219	70
1823	**486**	**190**	**195**	**87**	**53**	L
427	71	22	17	2	1	71
1396	415	168	178	85	52	72
1154	**460**	**198**	**128**	**29**	**28**	M
151	68	23	12	1	3	73
661	248	119	81	18	18	74
342	144	56	35	10	7	75
126	**57**	**21**	**15**	**4**	**3**	N
7	3		2			76
15	14	2	1	1	1	77
95	36	18	12	3	2	78
9	4	1				79
351	**65**	**29**	**23**	**10**	**2**	O
124	26	13	13	2		80
126	27	9	2	4	1	81
101	12	7	8	4	1	82
111	**31**	**10**	**2**			P
111	31	10	2			83
90	**75**	**52**	**43**	**13**	**16**	Q
80	73	49	43	13	16	84
10	2	3				85
206	**52**	**27**	**23**	**4**	**6**	R
10	6	3	5	1	2	86
24	20	7	11	1	2	87
56	4	7	2			88
15	6	3				89
101	16	7	5	2	2	90

2-27 按行业(大类)、营业收入

行业大类	代码	从业人员数(人)		
			100万元及以下	100-200万元
总 计	00	**2679403**	**410749**	**110833**
农、林、牧、渔业	A	**77744**	**2569**	**365**
农业	01			
林业	02			
畜牧业	03			
渔业	04			
农、林、牧、渔专业及辅助性活动	05	77744	2569	365
采矿业	B	**307089**	**3393**	**1711**
煤炭开采和洗选业	06	157572	1863	890
石油和天然气开采业	07	107844	8	2
黑色金属矿采选业	08	1631	108	58
有色金属矿采选业	09	3954	144	74
非金属矿采选业	10	8491	1077	635
开采专业及辅助性活动	11	27283	154	39
其他采矿业	12	314	39	13
制造业	C	**626251**	**56030**	**20218**
农副食品加工业	13	104035	10818	2725
食品制造业	14	35251	3981	925
酒、饮料和精制茶制造业	15	24558	3564	1279
烟草制品业	16	5203	143	
纺织业	17	9578	686	63
纺织服装、服饰业	18	3776	799	232
皮革、毛皮、羽毛及其制品和制鞋业	19	3214	87	44
木材加工和木、竹、藤、棕、草制品业	20	26101	3619	1582
家具制造业	21	11115	1210	237
造纸和纸制品业	22	7401	624	240
印刷和记录媒介复制业	23	7794	1452	445
文教、工美、体育和娱乐用品制造业	24	4430	941	364
石油、煤炭及其他燃料加工业	25	47677	1249	274
化学原料和化学制品制造业	26	37734	2528	705
医药制造业	27	41970	549	324
化学纤维制造业	28	893	609	3
橡胶和塑料制品业	29	14357	1696	651
非金属矿物制品业	30	42945	5458	2281
黑色金属冶炼和压延加工业	31	15979	119	60
有色金属冶炼和压延加工业	32	5859	91	571

组距分组的企业法人单位从业人员数

200-500万元	500-1000万元	1000-2000万元	2000-5000万元	5000万元-1亿元	1亿元以上	代码
187419	**147393**	**178731**	**227962**	**198273**	**1218043**	**00**
1818	**653**	**596**	**8339**	**13161**	**50243**	**A**
						01
						02
						03
						04
1818	653	596	8339	13161	50243	05
2809	**4077**	**6261**	**9594**	**9326**	**269918**	**B**
838	2331	4958	7381	7613	131698	06
15	53				107766	07
195	88	43	29	55	1055	08
155	63	180	814	420	2104	09
1404	1299	741	866	523	1946	10
192	203	339	504	503	25349	11
10	40			212		12
32510	**36628**	**44425**	**70046**	**49554**	**316840**	**C**
4603	6034	9407	13884	9603	46961	13
1479	1647	1558	2897	3500	19264	14
1648	1701	1078	2514	2698	10076	15
12		66			4982	16
345	888	687	1456	2532	2921	17
454	476	422	331	140	922	18
181	81	211	764	1460	386	19
3822	4606	5267	3449	2311	1445	20
709	665	775	1745	1625	4149	21
513	330	474	1413	1150	2657	22
986	810	481	1643	838	1139	23
372	682	555	1516			24
355	417	793	317	61	44211	25
1557	2080	1770	6244	2670	20180	26
588	1119	1713	3952	2100	31625	27
24	10	79	168			28
1369	1177	1729	2525	1262	3948	29
3151	3414	5069	6871	5369	11332	30
79	64	76	112	947	14522	31
74	76	1002	79	143	3823	32

2-27 续表 1

行业大类	代码	从业人员数（人）	100万元及以下	100-200万元
金属制品业	33	18535	2709	1245
通用设备制造业	34	42595	4120	2081
专用设备制造业	35	38370	3137	1547
汽车制造业	36	16679	2014	340
铁路、船舶、航空航天和其他运输设备制造业	37	16074	168	81
电气机械和器材制造业	38	25685	1104	643
计算机、通信和其他电子设备制造业	39	4807	353	116
仪器仪表制造业	40	6776	387	94
其他制造业	41	1842	483	130
废弃资源综合利用业	42	2119	417	72
金属制品、机械和设备修理业	43	2899	915	864
电力、热力、燃气及水生产和供应业	**D**	**157171**	**5632**	**1379**
电力、热力生产和供应业	44	124749	4416	787
燃气生产和供应业	45	9190	300	65
水的生产和供应业	46	23232	916	527
建筑业	**E**	**279105**	**29589**	**8836**
房屋建筑业	47	119588	9247	2086
土木工程建筑业	48	99535	4802	1959
建筑安装业	49	31275	4853	2051
建筑装饰、装修和其他建筑业	50	28707	10687	2740
批发和零售业	**F**	**395310**	**101886**	**24174**
批发业	51	195778	51498	13417
零售业	52	199532	50388	10757
交通运输、仓储和邮政业	**G**	**161913**	**21098**	**9550**
铁路运输业	53			
道路运输业	54	60914	11933	4387
水上运输业	55	957	251	188
航空运输业	56	6849	90	16
管道运输业	57			
多式联运和运输代理业	58	2789	1188	305
装卸搬运和仓储业	59	37569	5442	3551
邮政业	60	52835	2194	1103
住宿和餐饮业	**H**	**41330**	**8463**	**5082**
住宿业	61	26008	3345	2396
餐饮业	62	15322	5118	2686
信息传输、软件和信息技术服务业	**I**	**117910**	**18418**	**3593**
电信、广播电视和卫星传输服务	63	79158	1492	389
互联网和相关服务	64	4453	2142	413
软件和信息技术服务业	65	34299	14784	2791

200-500万元	500-1000万元	1000-2000万元	2000-5000万元	5000万元-1亿元	1亿元以上	代码
1772	1341	2175	2863	2003	4427	33
2762	2982	2728	5701	2089	20132	34
2937	2628	3118	3997	3597	17409	35
395	505	749	1229	529	10918	36
231	325	137	1153	1397	12582	37
899	794	1137	1783	622	18703	38
292	369	285	415	99	2878	39
214	235	215	529	361	4741	40
173	353	345	97	261		41
169	658	18	249	187	349	42
345	161	306	150		158	43
3365	**6186**	**9443**	**9847**	**17429**	**103890**	D
1901	2721	4649	6317	11597	92361	44
307	423	536	972	347	6240	45
1157	3042	4258	2558	5485	5289	46
15941	**14776**	**19467**	**29046**	**25745**	**135705**	E
4935	6285	9279	13636	14577	59543	47
3823	3586	4321	8674	7412	64958	48
3465	2974	3474	4140	2610	7708	49
3718	1931	2393	2596	1146	3496	50
44878	**28382**	**29146**	**29735**	**26713**	**110396**	F
20804	16008	18309	13729	9083	52930	51
24074	12374	10837	16006	17630	57466	52
15490	**12306**	**8382**	**11148**	**14593**	**69346**	G
						53
7492	6164	4272	6174	8026	12466	54
42	48	116	94	218		55
167	117	28	310	144	5977	56
						57
244	213	22	155	493	169	58
5936	4440	3697	4170	3025	7308	59
1609	1324	247	245	2687	43426	60
7885	**4645**	**4489**	**5267**	**2270**	**3229**	H
4712	3065	3734	4774	1778	2204	61
3173	1580	755	493	492	1025	62
5479	**4334**	**22480**	**5407**	**6653**	**51546**	I
612	1518	19474	1967	4657	49049	63
477	359	247	194	101	520	64
4390	2457	2759	3246	1895	1977	65

2-27 续表 2

行业大类	代码	从业人员数（人）	100万元及以下	100-200万元
金融业	**J**	**4464**	**1546**	**235**
货币金融服务	66	2881	911	139
资本市场服务	67	364	200	32
保险业	68	82	78	4
其他金融业	69	1137	357	60
房地产业	**K**	**124738**	**42471**	**8286**
房地产业	70	124738	42471	8286
租赁和商务服务业	**L**	**189560**	**54149**	**11383**
租赁业	71	11972	5932	1423
商务服务业	72	177588	48217	9960
科学研究和技术服务业	**M**	**75100**	**26544**	**7013**
研究和试验发展	73	7755	3113	755
专业技术服务业	74	47964	12824	4576
科技推广和应用服务业	75	19381	10607	1682
水利、环境和公共设施管理业	**N**	**18870**	**5021**	**946**
水利管理业	76	953	304	32
生态保护和环境治理业	77	4460	320	113
公共设施管理业	78	13019	4251	733
土地管理业	79	438	146	68
居民服务、修理和其他服务业	**O**	**25848**	**11260**	**2764**
居民服务业	80	10720	5174	1231
机动车、电子产品和日用产品修理业	81	6173	3594	762
其他服务业	82	8955	2492	771
教育	**P**	**11951**	**6331**	**1727**
教育	83	11951	6331	1727
卫生和社会工作	**Q**	**40045**	**4360**	**1842**
卫生	84	38577	3702	1678
社会工作	85	1468	658	164
文化、体育和娱乐业	**R**	**25004**	**11989**	**1729**
新闻和出版业	86	2902	139	132
广播、电视、电影和录音制作业	87	3513	794	231
文化艺术业	88	4304	2574	341
体育	89	2009	1111	167
娱乐业	90	12276	7371	858

200-500万元	500-1000万元	1000-2000万元	2000-5000万元	5000万元-1亿元	1亿元以上	代码
359	**156**	**139**	**646**	**1021**	**362**	J
273	41	88	473	938	18	66
48			84			67
						68
38	115	51	89	83	344	69
14137	**8107**	**8308**	**10331**	**6250**	**26848**	K
14137	8107	8308	10331	6250	26848	70
18447	**9722**	**11099**	**18782**	**14466**	**51512**	L
2603	634	504	314	71	491	71
15844	9088	10595	18468	14395	51021	72
10467	**7879**	**6032**	**6310**	**3677**	**7178**	M
1144	985	1088	265	28	377	73
6930	4866	3713	5346	3513	6196	74
2393	2028	1231	699	136	605	75
2028	**2329**	**1153**	**3106**	**970**	**3317**	N
66	26		525			76
222	297	47	136	138	3187	77
1685	1853	1090	2445	832	130	78
55	153	16				79
4598	**1836**	**1041**	**1910**	**2262**	**177**	O
2173	675	725	602	140		80
1057	390	60	18	121	171	81
1368	771	256	1290	2001	6	82
2202	**906**	**689**	**96**			P
2202	906	689	96			83
2149	**3332**	**4706**	**5208**	**3598**	**14850**	Q
2013	3277	4251	5208	3598	14850	84
136	55	455				85
2857	**1139**	**875**	**3144**	**585**	**2686**	R
334	110	105	856	89	1137	86
246	357	138	1304	51	392	87
913	172	268	36			88
341	167	223				89
1023	333	141	948	445	1157	90

2-28 按地区、资产总计组距分组的企业法人单位数

地区	法人单位数(个)	50万元及以下	50-100万元	100-500万元	500-1000万元	1000-5000万元	5000万元-1亿元	1亿元以上
全省	**194607**	**116609**	**17650**	**30615**	**9257**	**12216**	**2964**	**5296**
哈尔滨	86792	48561	8666	16222	4630	5347	1130	2236
齐齐哈尔	13324	8021	1188	1965	548	888	281	433
鸡西	6342	3575	659	840	330	561	148	229
鹤岗	3627	2274	231	424	156	292	97	153
双鸭山	6195	4157	456	654	237	391	109	191
大庆	21938	14360	1560	2864	993	1338	298	525
伊春	3868	2342	426	510	149	266	62	113
佳木斯	11617	8112	919	1181	365	588	161	291
七台河	2316	1423	157	270	95	173	63	135
牡丹江	17428	10773	1450	2609	808	1092	269	427
黑河	7302	4452	766	1064	315	394	108	203
绥化	10849	6399	942	1688	552	777	191	300
大兴安岭	3009	2160	230	324	79	109	47	60

2-29 按地区、资产总计组距分组的企业法人单位从业人员数

地区	从业人员数（人）	50万元及以下	50-100万元	100-500万元	500-1000万元	1000-5000万元	5000万元-1亿元	1亿元以上
全省	**2679403**	**291407**	**94836**	**260796**	**131194**	**340925**	**170996**	**1389249**
哈尔滨	1100195	123569	40324	120568	57050	133726	56741	568217
齐齐哈尔	183386	20087	7454	17126	11830	26514	15808	84567
鸡西	115289	7541	4285	8832	5662	16580	9651	62738
鹤岗	102676	5374	1819	5757	2836	12220	7474	67196
双鸭山	101330	14129	2469	5752	3498	14919	5335	55228
大庆	399550	27263	6957	21395	10738	34136	20298	278763
伊春	50336	7424	2596	5821	3232	9002	4324	17937
佳木斯	119494	19180	5309	10954	5693	21554	12096	44708
七台河	75742	5245	1009	3229	1968	5909	2038	56344
牡丹江	175306	27965	10206	28347	13759	27759	16755	50515
黑河	83505	12359	4207	11879	4081	9843	4830	36306
绥化	152958	18191	6899	18529	9586	25634	12618	61501
大兴安岭	19636	3080	1302	2607	1261	3129	3028	5229

2-30 按行业(大类)、资产总计组距

行业大类	代码	法人单位数(个)	50万元及以下
总　计	**00**	**194607**	**116609**
农、林、牧、渔业	**A**	**995**	**588**
农业	01	99	99
林业	02	42	42
畜牧业	03	5	5
渔业	04	2	2
农、林、牧、渔专业及辅助性活动	05	847	440
采矿业	**B**	**1664**	**685**
煤炭开采和洗选业	06	621	233
石油和天然气开采业	07	13	5
黑色金属矿采选业	08	59	24
有色金属矿采选业	09	65	30
非金属矿采选业	10	738	319
开采专业及辅助性活动	11	136	60
其他采矿业	12	32	14
制造业	**C**	**25788**	**10239**
农副食品加工业	13	4771	1475
食品制造业	14	1210	563
酒、饮料和精制茶制造业	15	1152	445
烟草制品业	16	10	2
纺织业	17	235	108
纺织服装、服饰业	18	303	180
皮革、毛皮、羽毛及其制品和制鞋业	19	209	89
木材加工和木、竹、藤、棕、草制品业	20	1823	794
家具制造业	21	459	194
造纸和纸制品业	22	325	124
印刷和记录媒介复制业	23	680	301
文教、工美、体育和娱乐用品制造业	24	339	180
石油、煤炭及其他燃料加工业	25	539	263
化学原料和化学制品制造业	26	1531	640
医药制造业	27	346	94
化学纤维制造业	28	33	10
橡胶和塑料制品业	29	938	403
非金属矿物制品业	30	2522	956
黑色金属冶炼和压延加工业	31	92	36
有色金属冶炼和压延加工业	32	86	34

分组的企业法人单位数

50-100万元	100-500万元	500-1000万元	1000-5000万元	5000万元-1亿元	1亿元以上	代码
17650	**30615**	**9257**	**12216**	**2964**	**5296**	**00**
76	**191**	**47**	**55**	**8**	**30**	**A**
						01
						02
						03
						04
76	191	47	55	8	30	05
109	**268**	**95**	**283**	**80**	**144**	**B**
11	36	32	159	56	94	06
1	2	1	1		3	07
5	9	6	7	3	5	08
4	6	2	7	3	13	09
75	187	40	93	11	13	10
9	20	12	14	7	14	11
4	8	2	2		2	12
2291	**5523**	**2163**	**3551**	**829**	**1192**	**C**
350	996	466	951	237	296	13
101	218	86	120	43	79	14
83	279	87	150	36	72	15
2		1	1		4	16
13	42	16	32	11	13	17
33	45	22	18	3	2	18
11	22	10	65	11	1	19
158	461	154	196	34	26	20
46	102	38	51	8	20	21
31	77	26	41	10	16	22
90	171	50	47	12	9	23
23	71	38	23	1	3	24
39	114	37	38	15	33	25
133	254	141	237	44	82	26
16	38	23	71	29	75	27
7	3	2	8	1	2	28
89	220	73	108	23	22	29
233	520	189	403	95	126	30
4	17	7	14	2	12	31
4	22	5	9	6	6	32

2-30 续表 1

行业大类	代码	法人单位数(个)	
			50万元及以下
金属制品业	33	1574	708
通用设备制造业	34	2307	899
专用设备制造业	35	1856	757
汽车制造业	36	276	85
铁路、船舶、航空航天和其他运输设备制造业	37	127	29
电气机械和器材制造业	38	728	240
计算机、通信和其他电子设备制造业	39	212	76
仪器仪表制造业	40	230	75
其他制造业	41	248	147
废弃资源综合利用业	42	158	73
金属制品、机械和设备修理业	43	469	259
电力、热力、燃气及水生产和供应业	**D**	**2252**	**614**
电力、热力生产和供应业	44	1710	461
燃气生产和供应业	45	196	54
水的生产和供应业	46	346	99
建筑业	**E**	**13859**	**7511**
房屋建筑业	47	3146	1264
土木工程建筑业	48	2700	1269
建筑安装业	49	2520	1336
建筑装饰、装修和其他建筑业	50	5493	3642
批发和零售业	**F**	**67526**	**43106**
批发业	51	38071	22957
零售业	52	29455	20149
交通运输、仓储和邮政业	**G**	**8966**	**4889**
铁路运输业	53	14	
道路运输业	54	5650	3226
水上运输业	55	66	29
航空运输业	56	47	15
管道运输业	57		
多式联运和运输代理业	58	592	397
装卸搬运和仓储业	59	2068	861
邮政业	60	529	361
住宿和餐饮业	**H**	**2676**	**1528**
住宿业	61	1078	426
餐饮业	62	1598	1102
信息传输、软件和信息技术服务业	**I**	**10003**	**7144**
电信、广播电视和卫星传输服务	63	659	428
互联网和相关服务	64	1090	838
软件和信息技术服务业	65	8254	5878

50-100万元	100-500万元	500-1000万元	1000-5000万元	5000万元-1亿元	1亿元以上	代码
174	343	131	159	31	28	33
248	557	213	280	42	68	34
170	383	162	247	64	73	35
24	60	28	48	12	19	36
8	23	9	21	11	26	37
74	179	63	115	20	37	38
24	50	15	25	8	14	39
19	66	23	26	7	14	40
15	54	14	12	3	3	41
13	34	12	16	3	7	42
56	102	22	19	7	4	43
146	**448**	**139**	**295**	**123**	**487**	D
115	358	96	193	77	410	44
11	30	16	37	20	28	45
20	60	27	65	26	49	46
1186	**2079**	**858**	**1484**	**369**	**372**	E
187	378	263	650	207	197	47
221	475	169	349	91	126	48
206	467	173	264	44	30	49
572	759	253	221	27	19	50
6719	**10898**	**2981**	**2723**	**527**	**572**	F
3857	6694	2014	1823	334	392	51
2862	4204	967	900	193	180	52
807	**1534**	**517**	**719**	**208**	**292**	G
			1	1	12	53
545	1071	353	324	59	72	54
7	15	4	7	3	1	55
5	10	1	5	1	10	56
						57
47	96	18	19	7	8	58
128	280	133	357	130	179	59
75	62	8	6	7	10	60
243	**479**	**161**	**187**	**36**	**42**	H
92	249	108	139	28	36	61
151	230	53	48	8	6	62
881	**1338**	**268**	**233**	**45**	**94**	I
44	67	14	30	9	67	63
95	98	25	27	6	1	64
742	1173	229	176	30	26	65

2-30 续表 2

行业大类	代码	法人单位数（个）	
			50万元及以下
金融业	**J**	**1472**	**345**
货币金融服务	66	734	174
资本市场服务	67	139	43
保险业	68	471	67
其他金融业	69	128	61
房地产业	**K**	**9473**	**5275**
房地产业	70	9473	5275
租赁和商务服务业	**L**	**22525**	**15985**
租赁业	71	3631	2280
商务服务业	72	18894	13705
科学研究和技术服务业	**M**	**13641**	**8850**
研究和试验发展	73	1951	1313
专业技术服务业	74	6228	3663
科技推广和应用服务业	75	5462	3874
水利、环境和公共设施管理业	**N**	**1232**	**699**
水利管理业	76	65	41
生态保护和环境治理业	77	158	92
公共设施管理业	78	953	539
土地管理业	79	56	27
居民服务、修理和其他服务业	**O**	**4473**	**3271**
居民服务业	80	1801	1365
机动车、电子产品和日用产品修理业	81	1560	1070
其他服务业	82	1112	836
教育	**P**	**1845**	**1336**
教育	83	1845	1336
卫生和社会工作	**Q**	**1189**	**660**
卫生	84	980	512
社会工作	85	209	148
文化、体育和娱乐业	**R**	**5028**	**3884**
新闻和出版业	86	66	26
广播、电视、电影和录音制作业	87	358	204
文化艺术业	88	1057	869
体育	89	368	269
娱乐业	90	3179	2516

50-100万元	100-500万元	500-1000万元	1000-5000万元	5000万元-1亿元	1亿元以上	代码
37	**157**	**87**	**229**	**96**	**521**	J
12	33	31	115	39	330	66
7	31	14	25	6	13	67
17	80	38	84	43	142	68
1	13	4	5	8	36	69
681	**954**	**312**	**917**	**347**	**987**	K
681	954	312	917	347	987	70
1899	**2982**	**605**	**567**	**139**	**348**	L
425	715	124	67	12	8	71
1474	2267	481	500	127	340	72
1226	**2238**	**628**	**522**	**76**	**101**	M
151	291	90	75	12	19	73
635	1214	354	287	32	43	74
440	733	184	160	32	39	75
120	**156**	**83**	**112**	**22**	**40**	N
2	8	4	2		8	76
11	18	11	16	3	7	77
94	122	62	94	18	24	78
13	8	6		1	1	79
433	**543**	**95**	**92**	**22**	**17**	O
143	184	32	49	13	15	80
180	236	46	24	3	1	81
110	123	17	19	6	1	82
147	**256**	**56**	**45**	**2**	**3**	P
147	256	56	45	2	3	83
96	**186**	**89**	**114**	**15**	**29**	Q
80	162	83	103	15	25	84
16	24	6	11		4	85
553	**385**	**73**	**88**	**20**	**25**	R
5	12	3	10	3	7	86
36	65	17	28	4	4	87
95	69	9	11	3	1	88
41	33	6	15	1	3	89
376	206	38	24	9	10	90

2-31 按行业(大类)、资产总计组距

行业大类	代码	从业人员数(人)	50万元及以下
总 计	**00**	**2679403**	**291407**
农、林、牧、渔业	**A**	**77744**	**1566**
农业	01		
林业	02		
畜牧业	03		
渔业	04		
农、林、牧、渔专业及辅助性活动	05	77744	1566
采矿业	**B**	**307089**	**1624**
煤炭开采和洗选业	06	157572	565
石油和天然气开采业	07	107844	5
黑色金属矿采选业	08	1631	27
有色金属矿采选业	09	3954	20
非金属矿采选业	10	8491	814
开采专业及辅助性活动	11	27283	170
其他采矿业	12	314	23
制造业	**C**	**626251**	**25064**
农副食品加工业	13	104035	3612
食品制造业	14	35251	1367
酒、饮料和精制茶制造业	15	24558	868
烟草制品业	16	5203	
纺织业	17	9578	272
纺织服装、服饰业	18	3776	518
皮革、毛皮、羽毛及其制品和制鞋业	19	3214	66
木材加工和木、竹、藤、棕、草制品业	20	26101	1903
家具制造业	21	11115	648
造纸和纸制品业	22	7401	277
印刷和记录媒介复制业	23	7794	921
文教、工美、体育和娱乐用品制造业	24	4430	648
石油、煤炭及其他燃料加工业	25	47677	414
化学原料和化学制品制造业	26	37734	1326
医药制造业	27	41970	158
化学纤维制造业	28	893	549
橡胶和塑料制品业	29	14357	1163
非金属矿物制品业	30	42945	2202
黑色金属冶炼和压延加工业	31	15979	81
有色金属冶炼和压延加工业	32	5859	75

分组的企业法人单位从业人员数

50-100万元	100-500万元	500-1000万元	1000-5000万元	5000万元-1亿元	1亿元以上	代码
94836	**260796**	**131194**	**340925**	**170996**	**1389249**	**00**
492	**1556**	**587**	**3350**	**193**	**70000**	**A**
						01
						02
						03
						04
492	1556	587	3350	193	70000	05
643	**2831**	**2193**	**14425**	**6686**	**278687**	**B**
91	823	1391	10965	5283	138454	06
2	16	2	17		107802	07
20	48	105	224	143	1064	08
3	50	50	659	143	3029	09
476	1706	518	2161	475	2341	10
38	157	97	397	642	25782	11
13	31	30	2		215	12
14273	**51421**	**30042**	**92489**	**46163**	**366799**	**C**
2101	9260	6359	20981	11061	50661	13
556	2047	1444	4306	3539	21992	14
596	2431	1202	3919	1817	13725	15
155		34	32		4982	16
85	392	317	2283	1648	4581	17
277	809	478	657	180	857	18
96	231	224	1973	536	88	19
1548	6650	3666	6502	2425	3407	20
287	1276	636	1680	260	6328	21
153	708	364	1597	708	3594	22
444	1418	681	1297	764	2269	23
211	1038	903	852	102	676	24
136	821	340	977	380	44609	25
767	1851	1617	5968	3298	22907	26
77	516	425	2902	2793	35099	27
26	28	9	190	80	11	28
461	1946	781	3152	2334	4520	29
1627	6028	2379	9575	3323	17811	30
26	111	39	271	52	15399	31
19	122	77	254	274	5038	32

2-31 续表 1

行业大类	代码	从业人员数（人）	
			50万元及以下
金属制品业	33	18535	1745
通用设备制造业	34	42595	2157
专用设备制造业	35	38370	1979
汽车制造业	36	16679	139
铁路、船舶、航空航天和其他运输设备制造业	37	16074	56
电气机械和器材制造业	38	25685	675
计算机、通信和其他电子设备制造业	39	4807	169
仪器仪表制造业	40	6776	188
其他制造业	41	1842	223
废弃资源综合利用业	42	2119	117
金属制品、机械和设备修理业	43	2899	548
电力、热力、燃气及水生产和供应业	**D**	**157171**	**1925**
电力、热力生产和供应业	44	124749	1393
燃气生产和供应业	45	9190	80
水的生产和供应业	46	23232	452
建筑业	**E**	**279105**	**20131**
房屋建筑业	47	119588	4566
土木工程建筑业	48	99535	3445
建筑安装业	49	31275	3808
建筑装饰、装修和其他建筑业	50	28707	8312
批发和零售业	**F**	**395310**	**88364**
批发业	51	195778	42960
零售业	52	199532	45404
交通运输、仓储和邮政业	**G**	**161913**	**14973**
铁路运输业	53		
道路运输业	54	60914	8208
水上运输业	55	957	111
航空运输业	56	6849	42
管道运输业	57		
多式联运和运输代理业	58	2789	1009
装卸搬运和仓储业	59	37569	2634
邮政业	60	52835	2969
住宿和餐饮业	**H**	**41330**	**6857**
住宿业	61	26008	2242
餐饮业	62	15322	4615
信息传输、软件和信息技术服务业	**I**	**117910**	**16325**
电信、广播电视和卫星传输服务	63	79158	1624
互联网和相关服务	64	4453	1857
软件和信息技术服务业	65	34299	12844

50-100万元	100-500万元	500-1000万元	1000-5000万元	5000万元-1亿元	1亿元以上	代码
1121	2685	1367	3499	2002	6116	33
1428	3703	2274	6699	1825	24509	34
898	2780	1864	5637	2943	22269	35
113	485	343	1234	841	13524	36
65	320	224	990	1100	13319	37
372	1205	634	2702	747	19350	38
100	314	127	439	452	3206	39
87	303	238	703	424	4833	40
73	451	228	577	29	261	41
54	227	669	326	89	637	42
314	1265	99	315	137	221	43
983	**3704**	**2041**	**10396**	**8363**	**129759**	D
754	2505	1305	5979	4756	108057	44
70	195	193	889	912	6851	45
159	1004	543	3528	2695	14851	46
6202	**17946**	**14588**	**55933**	**26942**	**137363**	E
1614	4379	6044	29775	15464	57746	47
1156	4678	2295	12410	6987	68564	48
1071	3843	2765	9118	3383	7287	49
2361	5046	3484	4630	1108	3766	50
28912	**70900**	**31769**	**57280**	**26268**	**91817**	F
14764	36701	16917	26126	9755	48555	51
14148	34199	14852	31154	16513	43262	52
5820	**16331**	**7323**	**24879**	**13807**	**78780**	G
						53
3125	10240	4459	10348	2973	21561	54
24	108	70	342	280	22	55
20	50	5	106	65	6561	56
						57
189	487	73	572	185	274	58
888	3319	2330	10814	5453	12131	59
1574	2127	386	2697	4851	38231	60
3303	**7413**	**4363**	**8739**	**2458**	**8197**	H
1333	3714	2949	7180	2072	6518	61
1970	3699	1414	1559	386	1679	62
3623	**8172**	**3034**	**7150**	**3734**	**75872**	I
176	740	229	1745	1788	72856	63
473	641	223	572	663	24	64
2974	6791	2582	4833	1283	2992	65

2-31 续表 2

行业大类	代码	从业人员数（人）	
			50万元及以下
金融业	J	**4464**	**481**
货币金融服务	66	2881	285
资本市场服务	67	364	42
保险业	68	82	66
其他金融业	69	1137	88
房地产业	K	**124738**	**25329**
房地产业	70	124738	25329
租赁和商务服务业	L	**189560**	**41724**
租赁业	71	11972	4347
商务服务业	72	177588	37377
科学研究和技术服务业	M	**75100**	**18231**
研究和试验发展	73	7755	2059
专业技术服务业	74	47964	8859
科技推广和应用服务业	75	19381	7313
水利、环境和公共设施管理业	N	**18870**	**3122**
水利管理业	76	953	139
生态保护和环境治理业	77	4460	147
公共设施管理业	78	13019	2752
土地管理业	79	438	84
居民服务、修理和其他服务业	O	**25848**	**9373**
居民服务业	80	10720	4097
机动车、电子产品和日用产品修理业	81	6173	2694
其他服务业	82	8955	2582
教育	P	**11951**	**4387**
教育	83	11951	4387
卫生和社会工作	Q	**40045**	**2796**
卫生	84	38577	2191
社会工作	85	1468	605
文化、体育和娱乐业	R	**25004**	**9135**
新闻和出版业	86	2902	133
广播、电视、电影和录音制作业	87	3513	512
文化艺术业	88	4304	1916
体育	89	2009	768
娱乐业	90	12276	5806

50-100万元	100-500万元	500-1000万元	1000-5000万元	5000万元-1亿元	1亿元以上	代码
101	**274**	**113**	**1411**	**319**	**1765**	J
61	163	86	1363	264	659	66
31	29	10	30	19	203	67
4	12					68
5	70	17	18	36	903	69
6788	**15353**	**8902**	**16839**	**13876**	**37651**	K
6788	15353	8902	16839	13876	37651	70
9863	**30453**	**9167**	**15661**	**10461**	**72231**	L
1500	3578	901	790	232	624	71
8363	26875	8266	14871	10229	71607	72
5789	**16576**	**7658**	**11379**	**3973**	**11494**	M
589	1599	930	1127	233	1218	73
3566	10538	5086	8069	3129	8717	74
1634	4439	1642	2183	611	1559	75
967	**1462**	**2216**	**3568**	**1337**	**6198**	N
12	59	14	31		698	76
68	207	117	374	63	3484	77
823	1137	1924	3163	1269	1951	78
64	59	161		5	65	79
2626	**5723**	**1240**	**4608**	**1219**	**1059**	O
1184	2559	486	1177	439	778	80
838	1566	470	331	103	171	81
604	1598	284	3100	677	110	82
1240	**3340**	**1066**	**1716**	**123**	**79**	P
1240	3340	1066	1716	123	79	83
849	**4589**	**3730**	**8607**	**2174**	**17300**	Q
728	4338	3618	8435	2174	17093	84
121	251	112	172		207	85
2362	**2752**	**1162**	**2495**	**2900**	**4198**	R
19	130	116	436	638	1430	86
202	467	249	667	180	1236	87
464	457	322	297	573	275	88
284	322	99	397	5	134	89
1393	1376	376	698	1504	1123	90

2-32 按行业(大类)、地区分组的

行业大类	代码	法人单位数(个)	哈尔滨	齐齐哈尔	鸡西	鹤岗
总 计	**00**	**5655**	**2014**	**451**	**318**	**190**
农、林、牧、渔业	**A**	**228**	**20**	**38**	**17**	**15**
农业	01	96	5	9	12	7
林业	02	41			2	1
畜牧业	03	1	1			
渔业	04	1				
农、林、牧、渔专业及辅助性活动	05	89	14	29	3	7
采矿业	**B**	**59**	**9**	**1**	**9**	**3**
煤炭开采和洗选业	06	28	2		8	2
石油和天然气开采业	07	4		1		
黑色金属矿采选业	08	1				
有色金属矿采选业	09	8				1
非金属矿采选业	10	11	5		1	
开采专业及辅助性活动	11	7	2			
其他采矿业	12					
制造业	**C**	**518**	**243**	**46**	**26**	**14**
农副食品加工业	13	72	24	8	9	2
食品制造业	14	19	5	3	1	
酒、饮料和精制茶制造业	15	15	4		2	1
烟草制品业	16	4	2			
纺织业	17	9	8	1		
纺织服装、服饰业	18	10	7	1		
皮革、毛皮、羽毛及其制品和制鞋业	19	1				
木材加工和木、竹、藤、棕、草制品业	20	34	14	1	2	
家具制造业	21	4	1			
造纸和纸制品业	22	7	2		1	
印刷和记录媒介复制业	23	25	11	2		
文教、工美、体育和娱乐用品制造业	24	3	2			1
石油、煤炭及其他燃料加工业	25	11	2			1
化学原料和化学制品制造业	26	35	12	3		1
医药制造业	27	9	7			1
化学纤维制造业	28					
橡胶和塑料制品业	29	7	3		1	
非金属矿物制品业	30	61	19	8	5	3
黑色金属冶炼和压延加工业	31	2	1		1	
有色金属冶炼和压延加工业	32	6	2	1		

国有控股企业法人单位数

双鸭山	大庆	伊春	佳木斯	七台河	牡丹江	黑河	绥化	大兴安岭	代码
244	**378**	**238**	**376**	**116**	**389**	**376**	**410**	**155**	**00**
15	**5**	**21**	**23**	**2**	**13**	**36**	**12**	**11**	**A**
9	4	2	15	1	2	26	4		01
1		17	2		7	1	1	9	02
									03
					1				04
5	1	2	6	1	3	9	7	2	05
4	**7**	**5**	**1**	**4**	**7**	**2**	**1**	**6**	**B**
4				4	5	1		2	06
	2						1		07
			1						08
		2			1			4	09
		3			1	1			10
	5								11
									12
8	**37**	**14**	**26**	**7**	**32**	**25**	**29**	**11**	**C**
3	2	2	8		1	7	4	2	13
	1	2	1		1	4	1		14
	1		1		4	1	1		15
					1		1		16
									17
1	1								18
	1								19
		3		1	1	2	4	6	20
		2	1						21
			1		3				22
1	1		1	1	2		4	2	23
									24
	6			1			1		25
	6	1	3	1		3	5		26
							1		27
									28
	2			1					29
1	5	2	4	1	9	3	1		30
									31
		1			1			1	32

2-32 续表 1

行业大类	代码	法人单位数(个)	哈尔滨	齐齐哈尔	鸡西	鹤岗
金属制品业	33	18	12	2		
通用设备制造业	34	51	40	4		
专用设备制造业	35	33	11	3	3	3
汽车制造业	36	14	11			
铁路、船舶、航空航天和其他运输设备制造业	37	21	13	4		1
电气机械和器材制造业	38	19	12	1		
计算机、通信和其他电子设备制造业	39	5	5			
仪器仪表制造业	40	10	9	1		
其他制造业	41	1	1			
废弃资源综合利用业	42	3	1			
金属制品、机械和设备修理业	43	9	2	3	1	
电力、热力、燃气及水生产和供应业	**D**	**511**	**102**	**64**	**38**	**20**
电力、热力生产和供应业	44	367	75	43	25	13
燃气生产和供应业	45	9	3			1
水的生产和供应业	46	135	24	21	13	6
建筑业	**E**	**330**	**154**	**23**	**19**	**8**
房屋建筑业	47	94	36	12	3	3
土木工程建筑业	48	158	73	8	9	4
建筑安装业	49	52	25	3	6	1
建筑装饰、装修和其他建筑业	50	26	20		1	
批发和零售业	**F**	**932**	**330**	**49**	**81**	**21**
批发业	51	537	198	27	56	13
零售业	52	395	132	22	25	8
交通运输、仓储和邮政业	**G**	**704**	**169**	**79**	**38**	**35**
铁路运输业	53	14	5			
道路运输业	54	194	59	20	11	8
水上运输业	55	9	4			
航空运输业	56	8	4			
管道运输业	57					
多式联运和运输代理业	58	16	5		1	
装卸搬运和仓储业	59	431	87	58	24	26
邮政业	60	32	5	1	2	1
住宿和餐饮业	**H**	**198**	**72**	**13**	**5**	**7**
住宿业	61	135	60	8	3	7
餐饮业	62	63	12	5	2	
信息传输、软件和信息技术服务业	**I**	**167**	**61**	**9**	**9**	**7**
电信、广播电视和卫星传输服务	63	119	26	7	8	5
互联网和相关服务	64	8	2	1		1
软件和信息技术服务业	65	40	33	1	1	1

双鸭山	大庆	伊春	佳木斯	七台河	牡丹江	黑河	绥化	大兴安岭	代码
	1	1			1		1		33
	2		1	1	2		1		34
2	5		1		3	2			35
			1		1	1			36
			2		1				37
	3		1		1	1			38
									39
									40
									41
							2		42
						1	2		43
31	**38**	**27**	**40**	**11**	**41**	**51**	**33**	**15**	**D**
24	28	19	30	7	31	39	23	10	44
	2		1	1			1		45
7	8	8	9	3	10	12	9	5	46
19	**22**	**11**	**15**	**5**	**13**	**14**	**22**	**5**	**E**
4	7	6	2	1	6	5	8	1	47
10	12	4	10	2	4	6	12	4	48
5	3		2	1	2	2	2		49
		1	1	1	1	1			50
35	**62**	**27**	**46**	**12**	**59**	**61**	**113**	**36**	**F**
18	31	12	32	4	33	38	58	17	51
17	31	15	14	8	26	23	55	19	52
41	**35**	**33**	**80**	**13**	**35**	**58**	**73**	**15**	**G**
1			3		1	2		2	53
8	7	19	13	5	10	17	14	3	54
			3		1	1			55
	1		1			1		1	56
									57
		2	1		2	5			58
31	25	10	51	7	20	31	54	7	59
1	2	2	8	1	1	1	5	2	60
5	**7**	**11**	**8**	**2**	**25**	**8**	**28**	**7**	**H**
3	4	9	2	1	22	7	2	7	61
2	3	2	6	1	3	1	26		62
8	**8**	**8**	**11**	**4**	**15**	**9**	**12**	**6**	**I**
7	6	8	11	4	12	9	11	5	63
					2		1	1	64
1	2				1				65

2-32 续表 2

行业大类	代码	法人单位数(个)	哈尔滨	齐齐哈尔	鸡西	鹤岗
金融业	**J**	**426**	**125**	**35**	**21**	**17**
货币金融服务	66	203	65	16	10	8
资本市场服务	67	12	9			
保险业	68	193	45	18	11	9
其他金融业	69	18	6	1		
房地产业	**K**	**371**	**183**	**27**	**11**	**8**
房地产业	70	371	183	27	11	8
租赁和商务服务业	**L**	**527**	**237**	**25**	**19**	**12**
租赁业	71	19	9	2		
商务服务业	72	508	228	23	19	12
科学研究和技术服务业	**M**	**328**	**184**	**24**	**7**	**6**
研究和试验发展	73	17	13			
专业技术服务业	74	234	132	14	6	6
科技推广和应用服务业	75	77	39	10	1	
水利、环境和公共设施管理业	**N**	**129**	**33**	**7**	**7**	**6**
水利管理业	76	17	5	1	1	4
生态保护和环境治理业	77	23	8	3	1	
公共设施管理业	78	84	18	3	5	2
土地管理业	79	5	2			
居民服务、修理和其他服务业	**O**	**42**	**13**	**3**	**4**	**5**
居民服务业	80	26	4	2	4	2
机动车、电子产品和日用产品修理业	81	9	4			3
其他服务业	82	7	5	1		
教育	**P**	**42**	**12**	**2**	**2**	**1**
教育	83	42	12	2	2	1
卫生和社会工作	**Q**	**55**	**20**	**2**	**5**	**4**
卫生	84	47	18	2	4	2
社会工作	85	8	2		1	2
文化、体育和娱乐业	**R**	**88**	**47**	**4**		**1**
新闻和出版业	86	22	16	1		
广播、电视、电影和录音制作业	87	28	12	3		
文化艺术业	88	21	10			
体育	89	4	2			1
娱乐业	90	13	7			

双鸭山	大庆	伊春	佳木斯	七台河	牡丹江	黑河	绥化	大兴安岭	代码
19	**48**	**19**	**29**	**17**	**34**	**23**	**25**	**14**	J
9	27	8	12	8	16	8	10	6	66
	1					2			67
10	19	10	16	9	15	10	15	6	68
	1	1	1		3	3		2	69
6	**33**	**13**	**21**	**9**	**24**	**15**	**16**	**5**	K
6	33	13	21	9	24	15	16	5	70
23	**32**	**26**	**32**	**9**	**44**	**29**	**24**	**15**	L
1	2	1	1	1	1	1			71
22	30	25	31	8	43	28	24	15	72
9	**23**	**5**	**15**	**12**	**21**	**14**	**7**	**1**	M
	1	2	1						73
8	16	3	10	6	17	11	4	1	74
1	6		4	6	4	3	3		75
10	**1**	**10**	**17**	**4**	**12**	**14**	**5**	**3**	N
					1	2	3		76
		2	1	1	4	3			77
10	1	8	14	3	7	9	1	3	78
			2				1		79
2	**3**		**1**		**2**	**6**	**3**		O
2	2		1		2	5	2		80
	1						1		81
						1			82
5	**4**	**3**	**5**	**1**	**4**	**2**		**1**	P
5	4	3	5	1	4	2		1	83
1	**10**	**1**	**2**	**1**	**3**	**1**	**3**	**2**	Q
	9	1	2	1	3	1	2	2	84
1	1						1		85
3	**3**	**4**	**4**	**3**	**5**	**8**	**4**	**2**	R
	2	1				1		1	86
3	1	1		1	2		4	1	87
		2	2			7			88
					1				89
			2	2	2				90

2-33 按行业(大类)、地区分组的国有

行业大类	代码	从业人员数(人)				
			哈尔滨市	齐齐哈尔市	鸡西市	鹤岗市
总 计	**00**	**990714**	**359809**	**50384**	**56809**	**49863**
农、林、牧、渔业	**A**	**37192**	**3755**	**292**	**42**	**8794**
农业	01					
林业	02					
畜牧业	03					
渔业	04					
农、林、牧、渔专业及辅助性活动	05	37192	3755	292	42	8794
采矿业	**B**	**245755**	**204**	**36**	**31919**	**26841**
煤炭开采和洗选业	06	115307	175		31919	26840
石油和天然气开采业	07	107802		36		
黑色金属矿采选业	08					
有色金属矿采选业	09	350				1
非金属矿采选业	10	209	23			
开采专业及辅助性活动	11	22087	6			
其他采矿业	12					
制造业	**C**	**163943**	**75160**	**21955**	**3492**	**1321**
农副食品加工业	13	6010	3474	403	653	3
食品制造业	14	4936	2529	1192	207	
酒、饮料和精制茶制造业	15	1525	503		417	15
烟草制品业	16	4286	4252			
纺织业	17	121	25	96		
纺织服装、服饰业	18	191	159	25		
皮革、毛皮、羽毛及其制品和制鞋业	19					
木材加工和木、竹、藤、棕、草制品业	20	1934	936	63	140	
家具制造业	21	40	15			
造纸和纸制品业	22	2241	2			
印刷和记录媒介复制业	23	2051	1123	55		
文教、工美、体育和娱乐用品制造业	24	259	256			3
石油、煤炭及其他燃料加工业	25	34127	4577			
化学原料和化学制品制造业	26	9766	833	1542		399
医药制造业	27	16504	15884			120
化学纤维制造业	28					
橡胶和塑料制品业	29	1423	155		78	
非金属矿物制品业	30	7716	2388	749	491	326
黑色金属冶炼和压延加工业	31	188	182		6	
有色金属冶炼和压延加工业	32	4730	3147	542		

控股企业法人单位从业人员数

双鸭山市	大庆市	伊春市	佳木斯市	七台河市	牡丹江市	黑河市	绥化市	大兴安岭地区	代码
47514	**244256**	**13409**	**27029**	**38942**	**35586**	**33527**	**27386**	**6200**	**00**
3140	**33**	**624**	**989**	**251**	**2946**	**11870**	**4456**		**A**
									01
									02
									03
									04
3140	33	624	989	251	2946	11870	4456		05
24214	**129426**	**424**		**29868**	**663**	**552**	**421**	**1187**	**B**
24214				29868	615	543		1133	06
	107345						421		07
									08
		263			32			54	09
		161			16	9			10
	22081								11
									12
586	**41910**	**1734**	**5349**	**925**	**5744**	**1895**	**3451**	**421**	**C**
21	33	76	630		5	556	156		13
	8	37	144		2	609	208		14
	6		10		218	140	216		15
							34		16
									17
1	6								18
									19
		198		1		11	189	396	20
		25							21
			96		2143				22
27	2		8	16	78		717	25	23
									24
	28753			738			59		25
	4722	10	1116	146		16	982		26
							500		27
									28
	1181			9					29
167	542	480	1276		922	317	58		30
									31
		898			143				32

2-33 续表 1

行业大类	代码	从业人员数（人）	哈尔滨市	齐齐哈尔市	鸡西市	鹤岗市
金属制品业	33	2538	2463	30		
通用设备制造业	34	16298	13249	2868		
专用设备制造业	35	14971	934	9087	933	435
汽车制造业	36	6478	6460			
铁路、船舶、航空航天和其他运输设备制造业	37	10383	3305	5245		20
电气机械和器材制造业	38	11853	5904			
计算机、通信和其他电子设备制造业	39	427	427			
仪器仪表制造业	40	1812	1778	34		
其他制造业	41	35	35			
废弃资源综合利用业	42	475	163			
金属制品、机械和设备修理业	43	625	2	24	567	
电力、热力、燃气及水生产和供应业	D	**113735**	**50299**	**9102**	**5964**	**4244**
电力、热力生产和供应业	44	89842	41492	7464	4549	3416
燃气生产和供应业	45	4403	2725			75
水的生产和供应业	46	19490	6082	1638	1415	753
建筑业	E	**96598**	**50188**	**2431**	**3512**	**911**
房屋建筑业	47	29200	22927	1661	188	301
土木工程建筑业	48	60460	21896	603	3009	511
建筑安装业	49	5617	4071	167	315	99
建筑装饰、装修和其他建筑业	50	1321	1294			
批发和零售业	F	**55696**	**31809**	**3445**	**2571**	**753**
批发业	51	42159	24380	3126	2271	602
零售业	52	13537	7429	319	300	151
交通运输、仓储和邮政业	G	**87200**	**46692**	**5056**	**3545**	**2329**
铁路运输业	53					
道路运输业	54	20208	13121	407	818	197
水上运输业	55	581	222			
航空运输业	56	6087	5596			
管道运输业	57					
多式联运和运输代理业	58	335	225			
装卸搬运和仓储业	59	20816	3965	2449	1028	1595
邮政业	60	39173	23563	2200	1699	537
住宿和餐饮业	H	**9083**	**5223**	**267**	**115**	**419**
住宿业	61	7873	4833	164	22	419
餐饮业	62	1210	390	103	93	
信息传输、软件和信息技术服务业	I	**66041**	**43836**	**4135**	**2047**	**724**
电信、广播电视和卫星传输服务	63	64816	42759	4135	2034	714
互联网和相关服务	64	72	61			
软件和信息技术服务业	65	1153	1016		13	10

双鸭山市	大庆市	伊春市	佳木斯市	七台河市	牡丹江市	黑河市	绥化市	大兴安岭地区	代码
	3	10			27		5		33
	6		2	15	143		15		34
370	2710		27		310	165			35
			11		5	2			36
			224		1589				37
	3938		1805		159	47			38
									39
									40
									41
							312		42
						32			43
5536	**9454**	**2787**	**5137**	**2445**	**4935**	**5627**	**7143**	**1062**	D
5007	5106	2182	3769	1511	4475	4315	5776	780	44
	1010		395	190			8		45
529	3338	605	973	744	460	1312	1359	282	46
1653	**28999**	**1269**	**2845**	**69**	**944**	**939**	**2463**	**375**	E
278	1322	969	21		395	679	448	11	47
1294	27467	294	2340	44	538	194	1906	364	48
81	210		478	10	11	66	109		49
		6	6	15					50
1736	**3353**	**708**	**1791**	**552**	**3268**	**1745**	**3411**	**554**	F
1066	2375	606	1578	477	2248	900	2073	457	51
670	978	102	213	75	1020	845	1338	97	52
3739	**3832**	**2191**	**5335**	**1927**	**3743**	**3249**	**4545**	**1017**	G
									53
557	1430	859	414	886	327	609	575	8	54
			119		22	218			55
	234		77			78		102	56
									57
		7	5		52	46			58
2625	682	350	2652	533	956	1954	1897	130	59
557	1486	975	2068	508	2386	344	2073	777	60
200	**689**	**400**	**344**	**153**	**504**	**232**	**97**	**440**	H
130	651	331	32	93	481	217	60	440	61
70	38	69	312	60	23	15	37		62
1666	**1359**	**1662**	**2598**	**1096**	**3622**	**2114**	**589**	**593**	I
1666	1340	1662	2598	1096	3516	2114	589	593	63
					11				64
	19				95				65

2-33 续表 2

行业大类	代码	从业人员数（人）				
			哈尔滨市	齐齐哈尔市	鸡西市	鹤岗市
金融业	J	**1735**	**1297**	**2**		
货币金融服务	66	1221	895			
资本市场服务	67	210	187			
保险业	68					
其他金融业	69	304	215	2		
房地产业	K	**30951**	**7961**	**1062**	**126**	**3001**
房地产业	70	30951	7961	1062	126	3001
租赁和商务服务业	L	**42135**	**25728**	**1228**	**2557**	**32**
租赁业	71	918	242	33		
商务服务业	72	41217	25486	1195	2557	32
科学研究和技术服务业	M	**17031**	**10947**	**368**	**250**	**115**
研究和试验发展	73	633	549			
专业技术服务业	74	14300	9154	314	239	115
科技推广和应用服务业	75	2098	1244	54	11	
水利、环境和公共设施管理业	N	**8223**	**2105**	**257**	**179**	**34**
水利管理业	76	764	594	2		3
生态保护和环境治理业	77	3739	299	65		
公共设施管理业	78	3678	1205	190	179	31
土地管理业	79	42	7			
居民服务、修理和其他服务业	O	**584**	**163**	**28**	**106**	**38**
居民服务业	80	415	49	13	106	14
机动车、电子产品和日用产品修理业	81	71	31			24
其他服务业	82	98	83	15		
教育	P	**922**	**104**	**134**	**179**	**27**
教育	83	922	104	134	179	27
卫生和社会工作	Q	**8484**	**1473**	**21**	**205**	**275**
卫生	84	8163	1458	21	190	270
社会工作	85	321	15		15	5
文化、体育和娱乐业	R	**5406**	**2865**	**565**		**5**
新闻和出版业	86	2369	1601	511		
广播、电视、电影和录音制作业	87	1214	232	54		
文化艺术业	88	867	671			
体育	89	5				5
娱乐业	90	951	361			

双鸭山市	大庆市	伊春市	佳木斯市	七台河市	牡丹江市	黑河市	绥化市	大兴安岭地区	代码
	16	**3**	**2**		**378**	**29**		**8**	J
					323	3			66
	6					17			67
									68
	10	3	2		55	9		8	69
948	**14123**	**645**	**1188**	**608**	**456**	**603**	**197**	**33**	K
948	14123	645	1188	608	456	603	197	33	70
2973	**1340**	**439**	**548**	**47**	**6182**	**456**	**430**	**175**	L
5	520	3	16	3	27	69			71
2968	820	436	532	44	6155	387	430	175	72
110	**3723**	**49**	**297**	**614**	**313**	**197**	**48**		M
	22	1	61						73
110	3511	48	224	81	292	172	40		74
	190		12	533	21	25	8		75
579	**5**	**146**	**155**	**359**	**302**	**3870**	**93**	**139**	N
					9	74	82		76
		8	11	10	85	3261			77
579	5	138	114	349	208	535	6	139	78
			30				5		79
63	**15**		**56**		**14**	**75**	**26**		O
63	7		56		14	75	18		80
	8						8		81
									82
71	**59**	**23**	**246**	**21**	**3**	**17**		**38**	P
71	59	23	246	21	3	17		38	83
286	**5807**	**105**	**50**		**144**	**4**	**8**	**106**	Q
	5807	105	50		144	4	8	106	84
286									85
14	**113**	**200**	**99**	**7**	**1425**	**53**	**8**	**52**	R
	112	87				8		50	86
14	1	4		5	894		8	2	87
		109	42			45			88
									89
			57	2	531				90

2-34 按行业(大类)、地区分组的

行业大类	代码	法人单位数(个)	哈尔滨	齐齐哈尔	鸡西	鹤岗
总 计	**00**	**188426**	**84338**	**12846**	**6063**	**3489**
农、林、牧、渔业	**A**	**881**	**229**	**110**	**45**	**38**
农业	01	99	5	10	12	7
林业	02	42			2	1
畜牧业	03	5	1			1
渔业	04	2				
农、林、牧、渔专业及辅助性活动	05	733	223	100	31	29
采矿业	**B**	**1609**	**238**	**50**	**290**	**128**
煤炭开采和洗选业	06	584	4		227	69
石油和天然气开采业	07	11	2	1	1	
黑色金属矿采选业	08	57	6		6	
有色金属矿采选业	09	60	6		2	2
非金属矿采选业	10	736	200	48	53	52
开采专业及辅助性活动	11	129	12	1		3
其他采矿业	12	32	8		1	2
制造业	**C**	**25514**	**10355**	**1932**	**1022**	**500**
农副食品加工业	13	4732	1493	421	353	104
食品制造业	14	1183	515	86	35	25
酒、饮料和精制茶制造业	15	1136	273	110	57	23
烟草制品业	16	8	3			
纺织业	17	223	86	20	3	1
纺织服装、服饰业	18	302	148	20	5	9
皮革、毛皮、羽毛及其制品和制鞋业	19	209	48	5	5	1
木材加工和木、竹、藤、棕、草制品业	20	1820	438	57	42	19
家具制造业	21	452	223	28	3	2
造纸和纸制品业	22	324	123	23	9	10
印刷和记录媒介复制业	23	676	381	36	6	6
文教、工美、体育和娱乐用品制造业	24	338	150	16	7	8
石油、煤炭及其他燃料加工业	25	518	111	53	76	15
化学原料和化学制品制造业	26	1508	494	129	43	19
医药制造业	27	323	155	20	6	4
化学纤维制造业	28	33	11	2	1	
橡胶和塑料制品业	29	935	398	74	22	16
非金属矿物制品业	30	2506	854	211	180	89
黑色金属冶炼和压延加工业	31	87	37	7	5	
有色金属冶炼和压延加工业	32	85	51	4	2	1

小微企业法人单位数

双鸭山	大庆	伊春	佳木斯	七台河	牡丹江	黑河	绥化	大兴安岭	代码
6004	**21384**	**3777**	**11190**	**2038**	**16923**	**7049**	**10434**	**2891**	**00**
54	**48**	**32**	**86**	**22**	**34**	**71**	**95**	**17**	**A**
9	4	3	16	1	2	26	4		01
2		17	2		7	1	1	9	02
		1		1				1	03
			1		1				04
43	44	11	67	20	24	44	90	7	05
145	**98**	**68**	**55**	**130**	**245**	**68**	**30**	**64**	**B**
101			4	108	47	13		11	06
	7								07
3	1	18	2		8	7	1	5	08
1		10	1		4	11	2	21	09
37	4	38	46	11	176	30	19	22	10
	83	1	2	11	3	5	8		11
3	3	1			7	2		5	12
679	**2690**	**765**	**1493**	**324**	**2770**	**760**	**1852**	**372**	**C**
258	274	164	459	55	379	184	508	80	13
44	81	54	57	7	100	37	110	32	14
58	64	83	71	25	121	99	81	71	15
					2		3		16
	13	1	3		27	12	55	2	17
3	36	2	8	5	25	7	33	1	18
2	130	4	2	1	6	3	2		19
26	94	125	81	21	692	55	95	75	20
1	44	52	23	6	47	4	14	5	21
2	39	7	30	3	50	5	23		22
13	76	7	31	4	51	25	33	7	23
8	7	43	11	4	37	13	19	15	24
18	106	3	28	18	46	6	36	2	25
35	236	36	85	22	134	44	213	18	26
3	17	18	12	4	35	9	32	8	27
	2	1	4	3	3	2	4		28
14	115	10	61	14	110	22	75	4	29
58	257	80	135	55	271	87	198	31	30
1	20	4	3	2	3	1	2	2	31
1	2	3	2	1	11	4		3	32

2-34 续表 1

行业大类	代码	法人单位数(个)	哈尔滨	齐齐哈尔	鸡西	鹤岗
金属制品业	33	1566	854	134	19	36
通用设备制造业	34	2293	1392	245	31	40
专用设备制造业	35	1840	691	93	65	36
汽车制造业	36	271	198	10		2
铁路、船舶、航空航天和其他运输设备制造业	37	117	78	6	2	3
电气机械和器材制造业	38	719	463	49	15	8
计算机、通信和其他电子设备制造业	39	208	147	6	5	1
仪器仪表制造业	40	228	161	6		2
其他制造业	41	248	129	16	6	1
废弃资源综合利用业	42	157	44	8	6	1
金属制品、机械和设备修理业	43	469	206	37	13	18
电力、热力、燃气及水生产和供应业	**D**	**2146**	**362**	**414**	**102**	**51**
电力、热力生产和供应业	44	1621	236	359	70	32
燃气生产和供应业	45	192	44	12	9	9
水的生产和供应业	46	333	82	43	23	10
建筑业	**E**	**13547**	**6161**	**880**	**394**	**296**
房屋建筑业	47	2992	1001	233	109	93
土木工程建筑业	48	2594	1239	190	74	45
建筑安装业	49	2490	1217	165	82	30
建筑装饰、装修和其他建筑业	50	5471	2704	292	129	128
批发和零售业	**F**	**66639**	**27457**	**5086**	**2335**	**1199**
批发业	51	37659	17163	2593	1270	704
零售业	52	28980	10294	2493	1065	495
交通运输、仓储和邮政业	**G**	**8867**	**3285**	**719**	**294**	**225**
道路运输业	54	5629	2229	449	171	138
水上运输业	55	66	26	4		3
航空运输业	56	43	27	1		1
管道运输业	57					
多式联运和运输代理业	58	592	280	19	18	8
装卸搬运和仓储业	59	2027	569	198	89	56
邮政业	60	510	154	48	16	19
住宿和餐饮业	**H**	**2643**	**1359**	**155**	**89**	**43**
住宿业	61	1049	546	55	25	18
餐饮业	62	1594	813	100	64	25
信息传输、软件和信息技术服务业	**I**	**9916**	**5884**	**417**	**116**	**118**
电信、广播电视和卫星传输服务	63	597	165	55	14	9
互联网和相关服务	64	1089	430	61	36	14
软件和信息技术服务业	65	8230	5289	301	66	95

双鸭山	大庆	伊春	佳木斯	七台河	牡丹江	黑河	绥化	大兴安岭	代码
24	170	26	79	9	96	46	70	3	33
23	199	9	89	17	174	18	54	2	34
50	441	11	124	20	187	34	87	1	35
3	15	2	9		20	4	8		36
	2	2	11		9	2	2		37
6	57	2	21	8	62	9	19		38
1	21		4	2	18	1	2		39
1	38	2	1		16		1		40
3	11	6	15	3	11	8	32	7	41
11	17	6	15	10	9	4	25	1	42
12	106	2	19	5	18	15	16	2	43
126	**221**	**64**	**148**	**30**	**228**	**163**	**195**	**42**	D
90	156	44	115	16	184	135	157	27	44
10	33	6	10	10	14	11	20	4	45
26	32	14	23	4	30	17	18	11	46
456	**1217**	**391**	**736**	**109**	**1195**	**686**	**768**	**258**	E
133	308	129	196	29	272	173	234	82	47
72	204	73	142	16	199	129	142	69	48
78	289	40	147	21	199	100	106	16	49
173	416	149	251	43	525	284	286	91	50
2398	**7838**	**1132**	**4391**	**708**	**6577**	**2767**	**3830**	**921**	F
1496	3837	431	2710	225	3740	1416	1757	317	51
902	4001	701	1681	483	2837	1351	2073	604	52
395	**721**	**210**	**774**	**92**	**827**	**373**	**792**	**160**	G
214	536	156	384	49	478	197	520	108	54
4	3		12		7	3		4	55
	3	1	2		3	3		2	56
									57
6	24	10	28	1	144	35	13	6	58
142	125	26	299	30	157	107	203	26	59
29	30	17	49	12	38	28	56	14	60
55	**166**	**87**	**152**	**23**	**224**	**97**	**141**	**52**	H
16	36	48	50	11	122	53	34	35	61
39	130	39	102	12	102	44	107	17	62
187	**1528**	**89**	**453**	**76**	**539**	**184**	**253**	**72**	I
28	68	14	39	12	76	50	55	12	63
40	118	18	113	18	133	33	52	23	64
119	1342	57	301	46	330	101	146	37	65

2-34 续表 2

行业大类	代码	法人单位数(个)	哈尔滨	齐齐哈尔	鸡西	鹤岗
金融业	**J**	**1283**	**471**	**98**	**42**	**45**
货币金融服务	66	555	186	37	17	18
资本市场服务	67	133	102	5		1
保险业	68	469	125	48	25	22
其他金融业	69	126	58	8		4
房地产业	**K**	**8433**	**3005**	**612**	**383**	**237**
房地产业	70	8433	3005	612	383	237
租赁和商务服务业	**L**	**22473**	**12391**	**1123**	**391**	**293**
租赁业	71	3630	1776	190	55	66
商务服务业	72	18843	10615	933	336	227
科学研究和技术服务业	**M**	**13577**	**8245**	**537**	**225**	**115**
研究和试验发展	73	1947	860	101	26	10
专业技术服务业	74	6180	3893	242	118	58
科技推广和应用服务业	75	5450	3492	194	81	47
水利、环境和公共设施管理业	**N**	**1201**	**543**	**64**	**32**	**18**
水利管理业	76	64	30	2	3	5
生态保护和环境治理业	77	155	61	15	4	2
公共设施管理业	78	926	421	44	22	11
土地管理业	79	56	31	3	3	
居民服务、修理和其他服务业	**O**	**4450**	**2311**	**308**	**117**	**60**
居民服务业	80	1792	847	150	62	22
机动车、电子产品和日用产品修理业	81	1559	778	90	37	23
其他服务业	82	1099	686	68	18	15
卫生和社会工作	**Q**	**238**	**96**	**25**	**6**	**9**
卫生	84	31	25	2		3
社会工作	85	207	71	23	6	6
文化、体育和娱乐业	**R**	**5009**	**1946**	**316**	**180**	**114**
新闻和出版业	86	63	46	2		
广播、电视、电影和录音制作业	87	356	170	21	6	5
文化艺术业	88	1052	548	51	13	13
体育	89	367	205	15	3	8
娱乐业	90	3171	977	227	158	88

双鸭山	大庆	伊春	佳木斯	七台河	牡丹江	黑河	绥化	大兴安岭	代码
46	**135**	**36**	**80**	**35**	**118**	**63**	**89**	**25**	J
18	71	11	32	14	66	29	46	10	66
	9	2	3	1	2	5	1	2	67
25	43	19	40	20	31	25	36	10	68
3	12	4	5		19	4	6	3	69
281	**988**	**159**	**601**	**105**	**856**	**440**	**648**	**118**	K
281	988	159	601	105	856	440	648	118	70
599	**2100**	**381**	**1140**	**174**	**1848**	**713**	**814**	**506**	L
119	327	93	198	22	281	145	231	127	71
480	1773	288	942	152	1567	568	583	379	72
209	**2355**	**103**	**430**	**60**	**565**	**260**	**385**	**88**	M
9	696	20	94	4	62	21	31	13	73
85	936	44	159	38	294	148	110	55	74
115	723	39	177	18	209	91	244	20	75
52	**143**	**63**	**54**	**11**	**74**	**57**	**53**	**37**	N
2	4	1	2		3	5	6	1	76
3	23	9	8	1	8	8	8	5	77
45	115	51	38	10	59	43	36	31	78
2	1	2	6		4	1	3		79
104	**505**	**50**	**280**	**44**	**262**	**134**	**212**	**63**	O
61	165	24	115	27	125	62	104	28	80
29	217	15	112	12	100	52	67	27	81
14	123	11	53	5	37	20	41	8	82
3	**27**	**12**	**9**		**26**	**5**	**18**	**2**	Q
					1				84
3	27	12	9		25	5	18	2	85
215	**604**	**135**	**308**	**95**	**535**	**208**	**259**	**94**	R
	4	1	3		2	2	2	1	86
12	46	7	18	5	34	10	19	3	87
22	214	10	32	2	79	30	32	6	88
14	39	9	13	7	23	11	14	6	89
167	301	108	242	81	397	155	192	78	90

2-35 按行业(大类)、地区分组的

行业大类	代码	从业人员数(人)	哈尔滨市	齐齐哈尔市	鸡西市	鹤岗市
总 计	**00**	**1301033**	**534813**	**105117**	**52758**	**33169**
农、林、牧、渔业	**A**	**4752**	**1908**	**398**	**219**	**115**
农业	01					
林业	02					
畜牧业	03					
渔业	04					
农、林、牧、渔专业及辅助性活动	05	4752	1908	398	219	115
采矿业	**B**	**34923**	**2609**	**355**	**6002**	**4862**
煤炭开采和洗选业	06	23009	180		5310	3842
石油和天然气开采业	07	78	5	36		
黑色金属矿采选业	08	661	58		13	
有色金属矿采选业	09	1584	218		8	3
非金属矿采选业	10	7069	1836	319	671	1014
开采专业及辅助性活动	11	2208	76			
其他采矿业	12	314	236			3
制造业	**C**	**347438**	**131516**	**33064**	**12723**	**7919**
农副食品加工业	13	76168	23210	9155	4766	1856
食品制造业	14	19704	7825	2640	475	618
酒、饮料和精制茶制造业	15	16462	4062	2517	484	781
烟草制品业	16	407	198			
纺织业	17	4156	910	249	22	4
纺织服装、服饰业	18	3009	835	232	14	14
皮革、毛皮、羽毛及其制品和制鞋业	19	3214	418	26	8	
木材加工和木、竹、藤、棕、草制品业	20	24873	4833	1743	925	234
家具制造业	21	5934	2351	188	21	81
造纸和纸制品业	22	5263	1528	304	56	160
印刷和记录媒介复制业	23	6037	3916	302	20	23
文教、工美、体育和娱乐用品制造业	24	3983	1999	221	117	13
石油、煤炭及其他燃料加工业	25	4199	589	186	449	80
化学原料和化学制品制造业	26	18579	4750	1892	313	139
医药制造业	27	14348	6422	900	262	280
化学纤维制造业	28	893	72	22	18	
橡胶和塑料制品业	29	10647	4388	681	386	121
非金属矿物制品业	30	35134	11366	3548	2689	1772
黑色金属冶炼和压延加工业	31	1004	522	27	58	
有色金属冶炼和压延加工业	32	2716	542	587	5	

小微企业法人单位从业人员数

双鸭山市	大庆市	伊春市	佳木斯市	七台河市	牡丹江市	黑河市	绥化市	大兴安岭地区	代码
44359	**118092**	**35572**	**71961**	**22701**	**126670**	**50573**	**91897**	**13351**	**00**
239	**99**	**633**	**261**	**90**	**126**	**287**	**355**	**22**	**A**
									01
									02
									03
									04
239	99	633	261	90	126	287	355	22	05
4124	**2108**	**1105**	**443**	**4216**	**5119**	**3121**	**404**	**455**	**B**
3795			10	4149	3305	2079		339	06
	37								07
85	1	120	34		103	159	88		08
20		562			50	639	15	69	09
211	2	421	398	67	1594	229	265	42	10
	2065	2	1		16	12	36		11
13	3				51	3		5	12
7768	**31803**	**11751**	**18474**	**5596**	**41787**	**10274**	**32625**	**2138**	**C**
3061	4600	2269	7527	894	4931	2590	10946	363	13
532	2167	471	586	164	968	1003	2079	176	14
733	948	846	854	169	1795	1647	1049	577	15
					32		177		16
	395		316		712	284	1264		17
20	511	35	228	30	291	132	667		18
3	2626	85	1		11	20	16		19
91	790	2283	721	89	11287	708	1032	137	20
5	136	956	145	132	1673	37	173	36	21
7	848	164	592	30	910	106	558		22
106	320	18	177	29	474	156	457	39	23
16	49	751	37	15	515	65	155	30	24
113	945	10	431	513	484	48	351		25
240	3482	284	982	1109	1773	287	3129	199	26
97	915	1061	455	101	1063	226	2291	275	27
	8	3	102	512	46		110		28
181	744	115	606	103	1711	186	1388	37	29
722	3376	658	1446	709	4323	1337	2995	193	30
2	132	178	7	3	21		41	13	31
215	23	926	7	3	219	186		3	32

2-35 续表 1

行业大类	代码	从业人员数(人)	哈尔滨市	齐齐哈尔市	鸡西市	鹤岗市
金属制品业	33	14336	8105	1563	200	565
通用设备制造业	34	23414	14699	2597	219	397
专用设备制造业	35	21161	7358	980	437	361
汽车制造业	36	6297	4928	459		1
铁路、船舶、航空航天和其他运输设备制造业	37	4429	3310	492		23
电气机械和器材制造业	38	8498	5111	728	81	45
计算机、通信和其他电子设备制造业	39	2472	1641	89	61	211
仪器仪表制造业	40	3543	2770	251		12
其他制造业	41	1842	960	245	37	
废弃资源综合利用业	42	1817	972	88	7	
金属制品、机械和设备修理业	43	2899	926	152	593	128
电力、热力、燃气及水生产和供应业	**D**	**62839**	**11427**	**8565**	**3352**	**2919**
电力、热力生产和供应业	44	46714	7953	7202	2534	1838
燃气生产和供应业	45	4249	1104	186	50	473
水的生产和供应业	46	11876	2370	1177	768	608
建筑业	**E**	**142933**	**58680**	**11031**	**4600**	**3350**
房屋建筑业	47	62683	18232	6168	2416	1525
土木工程建筑业	48	31926	14203	1987	1142	674
建筑安装业	49	23155	12030	1533	655	524
建筑装饰、装修和其他建筑业	50	25169	14215	1343	387	627
批发和零售业	**F**	**248129**	**105047**	**19210**	**10058**	**3969**
批发业	51	137266	62764	9520	5940	1912
零售业	52	110863	42283	9690	4118	2057
交通运输、仓储和邮政业	**G**	**80927**	**27521**	**7636**	**3673**	**3406**
道路运输业	54	40548	17410	3169	1539	1190
水上运输业	55	957	403	7		6
航空运输业	56	872	243			1
管道运输业	57					
多式联运和运输代理业	58	2789	1627	250	31	22
装卸搬运和仓储业	59	28768	5831	3793	1717	1737
邮政业	60	6993	2007	417	386	450
住宿和餐饮业	**H**	**31418**	**14484**	**1978**	**1100**	**895**
住宿业	61	17863	8323	1192	277	734
餐饮业	62	13555	6161	786	823	161
信息传输、软件和信息技术服务业	**I**	**36973**	**24518**	**1163**	**518**	**412**
电信、广播电视和卫星传输服务	63	5116	1929	185	188	87
互联网和相关服务	64	3933	2131	224	118	63
软件和信息技术服务业	65	27924	20458	754	212	262

双鸭山市	大庆市	伊春市	佳木斯市	七台河市	牡丹江市	黑河市	绥化市	大兴安岭地区	代码
110	1029	98	489	42	947	267	886	35	33
533	1264	122	411	59	2196	232	679	6	34
717	4438	122	1295	554	3192	382	1325		35
15	84	31	148		478	53	100		36
		30	265		207	95	7		37
146	656	28	321	179	849	106	248		38
5	108		12	61	272		12		39
7	395	6			100		2		40
11	62	163	70	1	132	18	130	13	41
22	100	34	144	59	94	23	274		42
58	652	4	99	36	81	80	84	6	43
3872	**6296**	**3646**	**4775**	**1417**	**5207**	**5498**	**4668**	**1197**	D
2838	4489	2811	3914	667	4006	3987	3679	796	44
310	592	122	117	511	370	147	207	60	45
724	1215	713	744	239	831	1364	782	341	46
4974	**12182**	**5189**	**11782**	**2480**	**10677**	**5171**	**10834**	**1983**	E
2644	6125	3785	7406	705	4283	2692	5672	1030	47
1265	2079	998	1883	855	2343	957	2926	614	48
530	2424	135	1536	573	1627	553	908	127	49
535	1554	271	957	347	2424	969	1328	212	50
7956	**24869**	**3711**	**14235**	**2526**	**26421**	**10685**	**16981**	**2461**	F
4775	11823	1228	8329	887	15312	5684	8162	930	51
3181	13046	2483	5906	1639	11109	5001	8819	1531	52
4429	**4542**	**2677**	**6959**	**1389**	**5448**	**3958**	**8296**	**993**	G
1657	2322	1714	2227	632	2500	1447	4250	491	54
26	12		193		53	235		22	55
	241	3	156		25	101		102	56
									57
10	51	34	103		437	174	45	5	58
2368	1363	590	3834	563	1775	1566	3450	181	59
368	553	336	446	194	658	435	551	192	60
603	**1690**	**1524**	**2049**	**431**	**2748**	**1307**	**1737**	**872**	H
282	735	1280	771	273	1646	877	688	785	61
321	955	244	1278	158	1102	430	1049	87	62
549	**4019**	**275**	**1144**	**695**	**1749**	**933**	**690**	**308**	I
213	324	125	301	396	461	421	277	209	63
107	271	51	245	69	315	179	129	31	64
229	3424	99	598	230	973	333	284	68	65

2-35 续表 2

行业大类	代码	从业人员数(人)	哈尔滨市	齐齐哈尔市	鸡西市	鹤岗市
金融业	J	**4053**	**2646**	**132**	**30**	**86**
货币金融服务	66	2574	1698	76	30	51
资本市场服务	67	262	188	6		
保险业	68	82	25	22		9
其他金融业	69	1135	735	28		26
房地产业	K	**78542**	**30927**	**6491**	**3595**	**2054**
房地产业	70	78542	30927	6491	3595	2054
租赁和商务服务业	L	**121435**	**63122**	**8941**	**4253**	**1673**
租赁业	71	11481	6195	413	130	108
商务服务业	72	109954	56927	8528	4123	1565
科学研究和技术服务业	M	**58329**	**36829**	**2766**	**1107**	**615**
研究和试验发展	73	6659	3943	222	102	50
专业技术服务业	74	34303	20654	2030	631	420
科技推广和应用服务业	75	17367	12232	514	374	145
水利、环境和公共设施管理业	N	**7174**	**2960**	**374**	**332**	**72**
水利管理业	76	435	206	9		3
生态保护和环境治理业	77	999	342	170	10	11
公共设施管理业	78	5302	2143	181	248	58
土地管理业	79	438	269	14	74	
居民服务、修理和其他服务业	O	**19959**	**10083**	**1718**	**633**	**258**
居民服务业	80	9374	4092	1108	451	119
机动车、电子产品和日用产品修理业	81	6002	3209	294	113	97
其他服务业	82	4583	2782	316	69	42
卫生和社会工作	Q	**2915**	**1966**	**273**	**25**	**197**
卫生	84	1894	1528	137		189
社会工作	85	1021	438	136	25	8
文化、体育和娱乐业	R	**18294**	**8570**	**1022**	**538**	**367**
新闻和出版业	86	1185	831	13		
广播、电视、电影和录音制作业	87	2314	1216	164	75	25
文化艺术业	88	3207	2029	120	10	12
体育	89	1859	962	104		81
娱乐业	90	9729	3532	621	453	249

双鸭山市	大庆市	伊春市	佳木斯市	七台河市	牡丹江市	黑河市	绥化市	大兴安岭地区	代码
46	**390**	**38**	**70**	**55**	**249**	**139**	**139**	**33**	J
35	191	28	45	51	158	92	94	25	66
	12	6	9			32	9		67
5			6	4		6	5		68
6	187	4	10		91	9	31	8	69
2871	**9106**	**2088**	**4195**	**1317**	**6642**	**3134**	**5422**	**700**	K
2871	9106	2088	4195	1317	6642	3134	5422	700	70
4508	**9025**	**1688**	**3634**	**1443**	**13641**	**2909**	**5265**	**1333**	L
244	716	167	514	108	1194	349	1063	280	71
4264	8309	1521	3120	1335	12447	2560	4202	1053	72
792	**7531**	**310**	**1549**	**510**	**2956**	**1588**	**1479**	**297**	M
13	1662	27	170	4	174	146	89	57	73
588	4209	226	895	376	2137	1166	759	212	74
191	1660	57	484	130	645	276	631	28	75
547	**755**	**210**	**291**	**78**	**387**	**439**	**562**	**167**	N
1	9	3	7		9	82	106		76
12	83	20	30	10	107	91	107	6	77
532	660	182	218	68	247	264	340	161	78
2	3	5	36		24	2	9		79
472	**2008**	**200**	**989**	**205**	**1355**	**572**	**1265**	**201**	O
285	783	138	442	134	708	316	726	72	80
140	718	40	376	53	371	203	291	97	81
47	507	22	171	18	276	53	248	32	82
10	**36**	**47**	**24**		**233**		**102**	**2**	Q
					40				84
10	36	47	24		193		102	2	85
599	**1633**	**480**	**1087**	**253**	**1925**	**558**	**1073**	**189**	R
	159	87	5		20	11	9	50	86
55	261	24	126	17	183	54	110	4	87
91	401	32	92	10	188	95	124	3	88
53	142	71	55	38	151	41	119	42	89
400	670	266	809	188	1383	357	711	90	90

第3篇

文化及相关产业篇

A.概况

3-A-01　文化及相关产业基本情况

分　组	法人单位		产业活动单位		个体户	
	法　人单位数(个)	从业人员期末人数(人)	法　人单位数(个)	从业人员期末人数(人)	户数(户)	从业人员期末人数(人)
总　计	**18204**	**124872**	**934**	**8558**	**39187**	**83489**
按单位性质分组						
经营性	15218	91053	101	751		
公益性	2986	33819	833	7807		
按产业类型分组						
文化制造业	1032	12884	22	275		
文化批发和零售业	1788	10456	79	476		
文化服务业	15384	101532	833	7807		
按领域分组						
文化核心领域	12255	92378	783	7283		
文化相关领域	5949	32494	151	1275		

3-A-02　分地区文化及相关产业基本情况

地　区	法人单位		产业活动单位	
	法　人单位数(个)	从业人员期末人数(人)	法　人单位数(个)	从业人员期末人数(人)
全　省	**18204**	**124872**	**934**	**8558**
哈尔滨	8936	69178	305	2419
齐齐哈尔	1088	7034	57	315
鸡　西	448	2757	56	670
鹤　岗	290	2249	32	187
双鸭山	554	3116	31	172
大　庆	1678	8715	62	1811
伊　春	427	3653	32	201
佳木斯	1008	5382	88	320
七台河	348	1609	16	69
牡丹江	1491	9716	99	1587
黑　河	752	3727	92	480
绥　化	792	6033	45	129
大兴安岭	392	1703	19	198

3-A-03　分地区文化及相关产业法人单位分布情况

地　　区	法人单位数(个)	文化服务业	#规模以上	文化制造业	#规模以上	文化批发和零售业	#规模以上
全　　省	**18204**	**15384**	**114**	**1032**	**45**	**1788**	**92**
哈 尔 滨	8936	7287	78	542	34	1107	29
齐齐哈尔	1088	956	5	51	2	81	14
鸡　　西	448	411	2	14	1	23	5
鹤　　岗	290	248		15		27	2
双 鸭 山	554	492		20		42	6
大　　庆	1678	1402	4	85	2	191	9
伊　　春	427	357	2	48	1	22	
佳 木 斯	1008	885	5	46	2	77	5
七 台 河	348	332		8		8	2
牡 丹 江	1491	1310	13	88	1	93	8
黑　　河	752	676	2	37		39	3
绥　　化	792	689	1	56	2	47	9
大兴安岭	392	339	2	22		31	

3-A-04　按类别分文化及相关产业法人单位基本情况

分　组	法人单位数(个)	从业人员期末人数(人)	资产总计(万元)
总　计	**18204**	**124872**	**8714740.4**
文化核心领域	12255	92378	7156191.9
新闻信息服务	631	15250	1705515.7
新闻服务	51	3832	165528.4
报纸信息服务	43	3821	188073.9
广播电视信息服务	87	5409	1258661.6
互联网信息服务	450	2188	93251.9
内容创作生产	2658	17843	1182711.8
出版服务	72	1182	491945.0
广播影视节目制作	189	865	46578.4
创作表演服务	1530	8372	162067.7
数字内容服务	248	835	44950.1
内容保存服务	393	4245	338170.9
工艺美术品制造	224	2254	97265.9
艺术陶瓷制造	2	90	1733.8
创意设计服务	4995	17264	1091077.6
广告服务	3391	10459	749284.3
设计服务	1604	6805	341793.3
文化传播渠道	1076	24746	1881311.8
出版物发行	279	3975	376621.8
广播电视节目传输	184	15025	1191886.7
广播影视发行放映	193	2168	112496.8
艺术表演	25	1436	20350.0
互联网文化娱乐平台	3	12	73.6
艺术品拍卖及代理	7	9	316.5
工艺美术品销售	385	2121	179566.3
文化投资运营	58	698	158617.5
投资与资产管理	42	155	39165.7
运营管理	16	543	119451.8
文化娱乐休闲服务	2837	16577	1136957.5
娱乐服务	2516	9862	389070.7
景区游览服务	286	5909	679096.0
休闲观光游览服务	35	806	68790.8
文化相关领域	5949	32494	1558548.6
文化辅助生产和中介服务	4722	26143	1270549.1
文化服务用品制造	13	568	61527.1
印刷复制服务	780	8422	482769.3
版权服务	51	191	8624.6
会议展览服务	533	2237	388025.6
文化经纪代理服务	811	2422	72106.0
文化设备(用品)出租服务	19	82	8392.9
文化科研培训服务	2515	12221	249103.6
文化装备生产	97	888	58269.5
印刷设备制造	9	69	25480.7
广播电视电影设备制造及销售	24	358	12987.4
摄录设备制造及销售	15	74	2811.1
演艺设备制造及销售	1	14	162.8
游乐游艺设备制造	3	3	25.6
乐器制造及销售	45	370	16802.0
文化消费终端生产	1130	5463	229730.0
文具制造及销售	797	2181	88223.3
笔墨制造	48	1398	35916.0
玩具制造	6	18	1474.2
节庆用品制造			
信息服务终端制造及销售	279	1866	104116.4

3-A-05 分地区文化及相关产业企业基本情况

地　区	法人单位数（个）	从业人员期末人数（人）	资产总计（万元）	营业收入（万元）
全　省	**15218**	**91053**	**6482388.5**	**2856041.2**
哈尔滨	7878	55322	4866664.3	2230696.1
齐齐哈尔	738	4027	192376.6	90157.5
鸡　西	345	1261	54527.3	28726.8
鹤　岗	233	1240	42875.6	23567.7
双鸭山	412	1687	57002.8	17613.5
大　庆	1538	7320	338258.6	137347.7
伊　春	320	1870	189168.6	18784.8
佳木斯	856	3192	109558.6	52115.2
七台河	302	1021	22778.4	10027.5
牡丹江	1239	7244	379815.9	120421.1
黑　河	531	2316	64426.8	42036.2
绥　化	594	3901	134010.0	77553.7
大兴安岭	232	652	30925.1	6993.3

3-A-06 分地区文化及相关产业事业(社团)单位基本情况

地　区	法人单位数（个）	从业人员期末人数（人）	资产总计（万元）	本年收入合计（万元）	本年支出(费用)合计（万元）
全　省	**2986**	**33819**	**2232352.0**	**563304.9**	**539405.7**
哈尔滨	1058	13856	675879.8	286862.3	287401.7
齐齐哈尔	350	3007	91101.2	31992.0	36469.3
鸡　西	103	1496	52896.3	48898.1	17040.1
鹤　岗	57	1009	1015537.0	8607.1	6758.1
双鸭山	142	1429	21004.1	14792.9	14597.2
大　庆	140	1395	22472.3	16845.0	15713.3
伊　春	107	1783	139125.1	21478.8	29711.7
佳木斯	152	2190	34797.7	13442.1	16840.8
七台河	46	588	17367.2	7447.3	7769.1
牡丹江	252	2472	58320.7	38730.1	30383.4
黑　河	221	1411	25825.8	21093.2	20433.3
绥　化	198	2132	35484.8	29078.1	37372.0
大兴安岭	160	1051	42540.3	24037.8	18915.6

B.文化制造业

3-B-01 分地区文化制造业法人单位主要指标

地区	法人单位数（个）			从业人员期末人数（人）		
		规模以上	规模以下		规模以上	规模以下
全 省	**1032**	**45**	**987**	**12884**	**4864**	**8020**
哈尔滨	542	34	508	7666	3873	3793
齐齐哈尔	51	2	49	491	117	374
鸡 西	14	1	13	154	17	137
鹤 岗	15		15	51		51
双鸭山	20		20	121		121
大 庆	85	2	83	543	210	333
伊 春	48	1	47	723	156	567
佳木斯	46	2	44	486	257	229
七台河	8		8	44		44
牡丹江	88	1	87	970	62	908
黑 河	37		37	219		219
绥 化	56	2	54	1347	172	1175
大兴安岭	22		22	69		69

3-B-02　按注册类型和控股情况分规模以上

分　组	法　人 单位数 (个)	从业人员 期末人数 (人)	#女性	资产总计 (万元)	营业收入 (万元)
总　计	**45**	**4864**	**2252**	**354624.2**	**263327.8**
按注册类型分组					
内资企业	44	4839	2242	350960.7	260822.6
#国有企业	3	477	192	31860.9	9866.5
私营企业	23	1904	861	167949.1	158536.4
港、澳、台商投资企业					
外商投资企业	1	25	10	3663.5	2505.2
按控股情况分组					
国有控股	6	1305	424	55950.4	36313.5
集体控股	1	138	60	10905.6	2930.8
私人控股	34	3146	1667	253472.1	208507.6
港澳台商控股					
外商控股	1	25	10	3663.5	2505.2
其他	3	250	91	30632.6	13070.7

3-B-03　分地区规模以上

地　区	法人单位数 (个)	从业人员 期末人数 (人)	#女性	资产总计 (万元)	营业收入 (万元)
全　省	**45**	**4864**	**2252**	**354624.2**	**263327.8**
哈尔滨	34	3873	1843	282046.4	209263.1
齐齐哈尔	2	117	45	4797.9	7156.2
鸡　西	1	17	6	1392.4	1333.5
鹤　岗					
双鸭山					
大　庆	2	210	90	31168.5	12072.8
伊　春	1	156	53	4188.2	2950.7
佳木斯	2	257	67	20097.7	15015.3
七台河					
牡丹江	1	62	43	753.5	3529.0
黑　河					
绥　化	2	172	105	10179.6	12007.2
大兴安岭					

文化制造业企业主要财务指标

营业成本（万元）	税金及附加（万元）	营业利润（万元）	应付职工薪酬（万元）	应交增值税（万元）
237487.6	**1250.8**	**-5166.6**	**20711.6**	**4489.6**
235454.6	1234.8	-5445.2	20418.3	4497.3
6484.6	96.4	79.8	2315.3	760.0
150139.8	533.5	-6855.7	7537.6	1358.4
2033.0	16.0	278.6	293.3	-7.7
29762.5	445.1	39.8	7886.2	1613.3
1658.7	51.7	-538.7	331.1	325.0
193702.7	687.9	-5572.4	11022.0	2250.2
2033.0	16.0	278.6	293.3	-7.7
10330.7	50.1	626.1	1179.0	308.8

文化制造企业主要财务指标

营业成本（万元）	税金及附加（万元）	营业利润（万元）	应付职工薪酬（万元）	应交增值税（万元）
237487.6	**1250.8**	**-5166.6**	**20711.6**	**4489.6**
188126.8	1075.1	-5513.2	17341.7	4109.7
6693.0	44.1	43.6	171.6	147.2
1324.9	16.8	-55.0	42.3	16.2
8227.6	4.7	1985.9	786.9	4.7
2516.3	9.5	192.0	552.8	75.2
15602.1	88.6	-1856.2	990.7	106.8
3488.1	6.0	32.5	214.5	9.4
11508.8	6.0	3.8	611.1	20.4

3-B-04 按注册类型和控股情况分规模

分组	法人单位数（个）	从业人员期末人数（人）	#女性	资产总计（万元）	营业收入（万元）
总计	**987**	**8020**	**3591**	**366676.0**	**202854.7**
按注册类型分组					
内资企业	982	7814	3462	362503.1	200688.8
#国有企业	18	893	217	21912.6	8851.6
私营企业	734	5057	2497	240831.9	146841.4
港、澳、台商投资企业	1	5	2	1268.2	60.0
外商投资企业	4	201	127	2904.7	2105.9
按控股情况分组					
国有控股	22	1005	255	24777.1	10698.6
集体控股	52	567	204	32135.1	8120.8
私人控股	863	5950	2892	295520.9	174037.4
港澳台商控股	1	5	2	1268.2	60.0
外商控股	4	201	127	2904.7	2105.9
其他	45	292	111	10070.0	7831.9

3-B-05 分地区规模以下

地区	法人单位数（个）	从业人员期末人数（人）	#女性	资产总计（万元）	营业收入（万元）
全省	**987**	**8020**	**3591**	**366676.0**	**202854.7**
哈尔滨	508	3793	1616	229531.3	123152.0
齐齐哈尔	49	374	205	12376.2	4870.4
鸡西	13	137	63	3771.4	1722.5
鹤岗	15	51	22	1210.9	460.3
双鸭山	20	121	58	620.7	1395.1
大庆	83	333	152	12253.5	7237.2
伊春	47	567	363	46021.6	5381.6
佳木斯	44	229	110	4144.0	2643.1
七台河	8	44	17	1393.4	207.6
牡丹江	87	908	481	19218.4	17767.2
黑河	37	219	58	2522.4	17798.3
绥化	54	1175	422	33043.6	19874.3
大兴安岭	22	69	24	568.8	345.1

以下文化制造业企业主要财务指标

营业成本（万元）	税金及附加（万元）	营业利润（万元）	投资收益（万元）	应付职工薪酬（万元）	应交增值税（万元）
157825.8	**1706.8**	**14192.6**	**660.2**	**27173.1**	**3891.5**
156117.8	1665.7	14178.0	660.2	26452.1	3859.3
5373.4	122.8	2700.8		3294.9	276.3
113716.1	1178.6	10770.1	488.2	13847.4	2618.1
7.2	13.7	1.0		11.1	
1700.8	27.4	13.6		709.9	32.2
6928.8	131.0	2829.0		3680.2	323.5
6367.2	47.8	3.0	0.6	2188.8	252.1
136666.0	1367.0	11133.8	569.5	19188.9	3028.7
7.2	13.7	1.0		11.1	
1700.8	27.4	13.6		709.9	32.2
6155.9	119.9	212.2	90.1	1394.2	255.0

文化制造业企业主要财务指标

营业成本（万元）	税金及附加（万元）	营业利润（万元）	投资收益（万元）	应付职工薪酬（万元）	应交增值税（万元）
157825.8	**1706.8**	**14192.6**	**660.2**	**27173.1**	**3891.5**
92134.0	722.0	6882.5	289.0	15314.4	2245.2
4162.4	24.7	360.3	0.1	1081.5	118.8
1394.7	38.1	72.1	5.0	471.0	41.3
577.5	6.6	58.2	166.6	132.1	3.5
1153.6	12.4	90.7	1.1	257.2	46.3
6956.6	80.6	273.6	5.1	758.3	2.4
4376.0	221.0	225.0	41.9	1084.0	-238.6
1854.8	50.7	338.1	58.8	661.0	151.1
112.4	4.5	43.5	3.0	78.4	4.5
13811.5	152.8	2070.3	57.5	2605.1	1182.8
14570.2	137.7	1363.4	10.0	644.2	100.9
16507.9	254.6	2343.7	7.7	3991.3	230.2
214.1	1.1	71.3	14.4	94.8	3.1

C.文化批零业

3-C-01　分地区文化批零业法人单位主要指标

地　区	法人单位数(个)	规模以上	规模以下	从业人员期末人数(人)	规模以上	规模以下
全　省	**1788**	**92**	**1696**	**10456**	**4461**	**5995**
哈尔滨	1107	29	1078	5609	1841	3768
齐齐哈尔	81	14	67	1059	831	228
鸡　西	23	5	18	164	115	49
鹤　岗	27	2	25	322	213	109
双鸭山	42	6	36	491	244	247
大　庆	191	9	182	975	477	498
伊　春	22		22	163		163
佳木斯	77	5	72	334	143	191
七台河	8	2	6	85	49	36
牡丹江	93	8	85	481	203	278
黑　河	39	3	36	193	55	138
绥　化	47	9	38	487	290	197
大兴安岭	31		31	93		93

3-C-02　按注册类型和控股情况分限额以上文化批零业企业主要财务指标

分　组	法人单位数(个)	从业人员期末人数(人)	#女性	资产总计(万元)	营业收入(万元)	营业成本(万元)
总　计	**92**	**4461**	**2614**	**454483.6**	**417545.6**	**333951.0**
按注册类型分组						
内资企业	92	4461	2614	454483.6	417545.6	333951.0
#国有企业	10	390	206	29626.0	20066.3	14641.2
私营企业	20	592	371	33576.0	64651.3	58949.1
港、澳、台商投资企业						
外商投资企业						
按控股情况分组						
国有控股	58	2408	1299	270462.2	209844.8	160591.4
集体控股	1	145	89	8196.7	4508.3	3242.1
私人控股	30	1745	1084	102197.4	145598.6	128823.8
港澳台商控股						
外商控股						
其他	3	163	142	73627.3	57593.9	41293.7

3-C-02 续表

分 组	税金及附加(万元)	营业利润(万元)	投资收益(万元)	应付职工薪酬(万元)	应交增值税(万元)
总 计	**3294.4**	**15723.7**	**26.1**	**25921.7**	**10317.2**
按注册类型分组					
内资企业	3294.4	15723.7	26.1	25921.7	10317.2
#国有企业	167.4	379.3		2766.7	134.6
私营企业	110.2	682.6	15.0	4932.5	7513.4
港、澳、台商投资企业					
外商投资企业					
按控股情况分组					
国有控股	1476.8	3473.5	11.1	14957.6	1096.3
集体控股	3.9	-10.4		465.5	15.8
私人控股	858.3	-215.9	15.0	9644.8	8460.2
港澳台商控股					
外商控股					
其他	955.4	12476.5		853.8	744.9

3-C-03　分地区限额以上文化

地　区	法人单位数(个)	从业人员期末人数(人)	#女性	资产总计(万元)	营业收入(万元)
全　省	**92**	**4461**	**2614**	**454483.6**	**417545.6**
哈尔滨	29	1841	955	258861.6	279724.5
齐齐哈尔	14	831	546	71368.5	42679.0
鸡　西	5	115	55	11530.1	5348.8
鹤　岗	2	213	85	12644.8	11614.6
双鸭山	6	244	182	12585.2	5294.0
大　庆	9	477	416	20605.7	34317.9
伊　春					
佳木斯	5	143	82	12867.1	8178.3
七台河	2	49	24	5488.5	3273.2
牡丹江	8	203	113	22072.3	10931.2
黑　河	3	55	26	4414.2	2010.3
绥　化	9	290	130	22045.6	14173.8
大兴安岭					

3-C-04　按注册类型和控股情况分限额

分　组	法人单位数(个)	从业人员期末人数(人)	#女性	资产总计(万元)	营业收入(万元)
总　计	**1696**	**5995**	**2885**	**304326.4**	**374867.9**
按注册类型分组					
内资企业	1695	5991	2884	304315.5	374863.8
#国有企业	15	131	67	6727.2	8125.6
私营企业	1289	4010	1910	182054.7	202349.7
港、澳、台商投资企业					
外商投资企业	1	4	1	10.9	4.1
按控股情况分组					
国有控股	33	497	242	29768.4	21513.8
集体控股	11	97	50	2473.4	4113.7
私人控股	1565	5139	2469	259683.9	328769.6
港澳台商控股	1	1		613.0	34.6
外商控股	1	4	1	10.9	4.1
其他	85	257	123	11776.6	20432.1

批零业企业主要财务指标

营业成本（万元）	税金及附加（万元）	营业利润（万元）	投资收益（万元）	应付职工薪酬（万元）	应交增值税（万元）
333951.0	**3294.4**	**15723.7**	**26.1**	**25921.7**	**10317.2**
224306.4	1790.5	12183.2	18.0	10810.0	9755.1
34935.3	718.6	-187.6		6161.6	106.8
4069.0	67.7	-116.5		933.7	6.5
9504.8	48.6	-67.0		441.2	-43.2
4028.1	90.3	-127.9		617.6	42.5
27840.5	141.8	547.8		1626.3	66.6
6245.4	84.2	1797.1		1640.6	14.5
2446.3	22.5	1.9		679.4	4.1
8125.0	145.5	1171.2		1343.0	147.5
1523.0	20.3	95.4		373.5	2.9
10927.2	164.4	426.1	8.1	1294.8	213.9

以下文化批零业企业主要财务指标

营业成本（万元）	税金及附加（万元）	营业利润（万元）	投资收益（万元）	应付职工薪酬（万元）	应交增值税（万元）
284758.8	**2258.6**	**21949.0**	**10670.8**	**20547.0**	**6210.5**
284756.7	2257.8	21947.1	10670.8	20535.0	6210.1
6558.7	25.9	276.2		921.5	11.3
148970.9	1749.7	20211.3	10398.6	11758.6	5044.0
2.1	0.8	1.9		12.0	0.4
16392.3	157.0	-42.0		4271.9	95.9
3196.5	16.2	101.9	123.4	512.7	24.8
247292.6	1987.8	21414.1	10543.2	15002.0	5924.3
32.9	0.2	1.1		1.9	0.1
2.1	0.8	1.9		12.0	0.4
17842.4	96.5	472.1	4.2	746.6	165.0

3-C-05 分地区限额以下

地 区	法人单位数(个)	从业人员期末人数(人)	#女性	资产总计(万元)	营业收入(万元)
全 省	**1696**	**5995**	**2885**	**304326.4**	**374867.9**
哈尔滨	1078	3768	1720	211655.4	309393.1
齐齐哈尔	67	228	116	7595.0	5039.9
鸡 西	18	49	26	1194.0	1565.9
鹤 岗	25	109	60	7603.6	3890.5
双鸭山	36	247	103	8420.9	4573.6
大 庆	182	498	280	23399.2	21636.9
伊 春	22	163	75	9124.9	4515.4
佳木斯	72	191	122	7489.3	3765.5
七台河	6	36	14	655.2	240.6
牡丹江	85	278	141	8885.8	10098.3
黑 河	36	138	77	8654.9	4367.5
绥 化	38	197	98	7218.9	4564.4
大兴安岭	31	93	53	2429.2	1216.5

文化批零业企业主要财务指标

营业成本（万元）	税金及附加（万元）	营业利润（万元）	投资收益（万元）	应付职工薪酬（万元）	应交增值税（万元）
284758.8	**2258.6**	**21949.0**	**10670.8**	**20547.0**	**6210.5**
231265.6	1482.0	16518.6	10133.6	11347.4	5031.7
4163.6	74.2	192.2	79.9	642.0	74.4
1391.2	14.6	125.9		200.7	3.2
3200.7	22.2	24.7	-0.8	499.1	35.5
3426.9	37.6	935.4	93.0	731.6	46.3
16944.9	287.5	1811.1	80.4	1934.7	684.6
3700.5	22.6	-90.4	8.0	2023.7	13.9
2663.3	121.1	403.4	106.7	790.6	37.4
187.4	4.4	15.0	10.0	45.8	2.4
7613.9	77.4	1130.3	7.7	851.9	210.0
6444.2	34.9	329.3	4.0	502.9	28.5
2807.8	51.1	459.4	7.1	779.0	25.7
948.8	29.0	94.2	141.3	197.8	16.9

D.文化服务业

3-D-01 分地区文化服务业法人单位主要指标

地区	法人单位数（个）	规模以上	规模以下企业	事业单位	社会团体	从业人员期末人数（人）	规模以上	规模以下企业	事业单位	社会团体
全省	**15384**	**114**	**12284**	**1326**	**1660**	**101532**	**21612**	**46101**	**25855**	**7964**
哈尔滨	7287	78	6151	268	790	55903	17121	24926	10263	3593
齐齐哈尔	956	5	601	188	162	5484	748	1729	2139	868
鸡西	411	2	306	54	49	2439	108	835	1393	103
鹤岗	248		191	33	24	1876		867	963	46
双鸭山	492		350	79	63	2504		1075	1145	284
大庆	1402	4	1258	47	93	7197	257	5545	884	511
伊春	357	2	248	73	34	2767	135	849	1415	368
佳木斯	885	5	728	82	70	4562	202	2170	1478	712
七台河	332		286	36	10	1480		892	583	5
牡丹江	1310	13	1045	107	145	8265	2293	3500	1517	955
黑河	676	2	453	105	116	3315	292	1612	1094	317
绥化	689	1	490	143	55	4199	267	1800	1959	173
大兴安岭	339	2	177	111	49	1541	189	301	1022	29

3-D-02 按注册类型和控股情况分规模以上文化服务业企业主要财务指标

分 组	法人单位数（个）	从业人员期末人数（人）	#女性	资产总计（万元）	营业收入（万元）	营业成本（万元）
总 计	**114**	**21612**	**8763**	**2077528.6**	**628232.6**	**515558.7**
按注册类型分组						
内资企业	113	21562	8738	2062656.4	615367.2	512391.0
#国有企业	11	2354	920	98767.7	41846.4	31464.3
私营企业	33	3539	1451	383451.0	127992.3	114401.8
港、澳、台商投资企业	1	50	25	14872.2	12865.4	3167.7
外商投资企业						
按控股情况分组						
国有控股	41	15456	6078	1511160.7	400291.1	335589.7
集体控股	5	465	243	17442.6	18767.5	14996.6
私人控股	49	4200	1740	433413.6	146926.7	128872.4
港澳台商控股	1	50	25	14872.2	12865.4	3167.7
外商控股						
其他	18	1441	677	100639.5	49381.9	32932.3

3-D-02 续表

分 组	税金及附加（万元）	营业利润（万元）	投资收益（万元）	应付职工薪酬（万元）	应交增值税（万元）
总 计	**6822.0**	**-70901.9**	**5399.7**	**157841.0**	**-21705.0**
按注册类型分组					
内资企业	6765.1	-79667.8	5399.7	157596.9	-22161.1
#国有企业	286.5	-10287.6	122.5	22877.9	951.8
私营企业	1485.2	-21588.0	-106.6	22197.0	2046.7
港、澳、台商投资企业	56.9	8765.9		244.1	456.1
外商投资企业					
按控股情况分组					
国有控股	3365.8	-50440.9	5505.9	115591.8	-26318.1
集体控股	647.1	597.7	0.4	2676.8	159.0
私人控股	1892.2	-24786.3	-106.6	24153.4	2310.6
港澳台商控股	56.9	8765.9		244.1	456.1
外商控股					
其他	860.0	-5038.3		15174.9	1687.4

3-D-03 分地区规模以上文化

地　区	法人单位数（个）	从业人员期末人数（人）	#女性	资产总计（万元）	营业收入（万元）
全　省	**114**	**21612**	**8763**	**2077528.6**	**628232.6**
哈尔滨	78	17121	6885	1744469.8	572310.4
齐齐哈尔	5	748	306	31421.6	8655.9
鸡　西	2	108	58	3320.5	2415.2
鹤　岗					
双鸭山					
大　庆	4	257	144	11236.3	6662.7
伊　春	2	135	57	22861.5	42.9
佳木斯	5	202	89	5242.5	4259.4
七台河					
牡丹江	13	2293	1020	238392.1	21514.2
黑　河	2	292	77	6536.6	3858.2
绥　化	1	267	57	12556.1	5528.6
大兴安岭	2	189	70	1491.6	2985.1

3-D-04 按注册类型和控股情况

分　组	法人单位数（个）	从业人员期末人数（人）	#女性	资产总计（万元）	营业收入（万元）
总　计	**12284**	**46101**	**20859**	**2924749.7**	**969212.6**
按注册类型分组					
内资企业	12278	46012	20824	2912345.4	962243.1
#国有企业	136	4549	2308	209635.0	106498.3
私营企业	9958	30260	13537	971058.4	585185.8
港、澳、台商投资企业	1	51	10	9922.8	6055.6
外商投资企业	5	38	25	2481.6	913.9
按控股情况分组					
国有控股	163	4285	1639	981754.5	133617.3
集体控股	30	130	54	4938.8	2044.4
私人控股	11091	34614	15065	1416757.3	718662.3
港澳台商控股	2	53	10	9951.9	6088.3
外商控股	4	36	21	2194.2	1173.2
其他	994	6983	4070	509153.0	107627.2

服务业企业主要财务指标

营业成本（万元）	税金及附加（万元）	营业利润（万元）	投资收益（万元）	应付职工薪酬（万元）	应交增值税（万元）
515558.7	**6822.0**	**-70901.9**	**5399.7**	**157841.0**	**-21705.0**
475463.2	5677.9	-51955.3	5348.9	134154.9	-21745.6
5930.3	172.3	-3395.6	52.9	6499.8	296.3
1861.6	102.4	-25.6		372.3	37.8
4558.9	172.1	-183.7		889.5	-21.2
311.2	1.0	-1612.9		351.0	0.3
3094.7	136.3	167.3		825.6	102.4
17636.6	437.6	-14953.4	-2.1	10303.9	-25.5
1611.3	105.0	235.2		1899.1	31.7
3582.3	3.8	207.1		1879.7	-483.1
1508.6	13.6	615.0		665.2	101.9

分规模以下文化服务业企业主要财务指标

营业成本（万元）	税金及附加（万元）	营业利润（万元）	投资收益（万元）	应付职工薪酬（万元）	应交增值税（万元）
706524.7	**14927.4**	**32356.6**	**15346.4**	**151856.6**	**23751.5**
702462.1	14903.2	32054.4	14946.4	150858.5	23648.3
98666.6	446.6	-15219.8	90.8	24905.8	1704.4
405344.7	7753.8	55983.4	6153.1	85929.5	15068.8
3432.5	22.9	263.7		804.7	96.4
630.1	1.2	38.5	400.0	193.5	6.8
112485.9	1626.3	-21970.1	5282.1	26128.6	2309.6
1532.9	25.0	81.8		486.7	189.0
507928.3	12399.6	56436.9	7448.4	98191.1	18694.9
3462.0	22.9	263.3		806.7	96.4
833.7	5.4	79.9		196.9	11.1
80281.9	848.1	-2535.1	2616.0	26046.7	2450.5

3-D-05 分地区规模以下

地　　区	法人单位数（个）	从业人员期末人数（人）		资产总计（万元）	营业收入（万元）
			#女性		
全　　省	**12284**	**46101**	**20859**	**2924749.7**	**969212.6**
哈 尔 滨	6151	24926	10875	2140099.9	736853.0
齐齐哈尔	601	1729	759	64817.4	21756.1
鸡　　西	306	835	349	33318.9	16340.8
鹤　　岗	191	867	386	21416.2	7602.4
双 鸭 山	350	1075	523	35376.0	6350.8
大　　庆	1258	5545	2792	239595.4	55420.2
伊　　春	248	849	375	106972.4	5894.3
佳 木 斯	728	2170	1028	59718.0	18253.6
七 台 河	286	892	551	15241.2	6306.1
牡 丹 江	1045	3500	1551	90493.8	56581.2
黑　　河	453	1612	777	42298.7	14002.0
绥　　化	490	1800	785	48966.2	21405.5
大兴安岭	177	301	108	26435.6	2446.7

文化服务业企业主要财务指标

营业成本（万元）	税金及附加（万元）	营业利润（万元）	投资收益（万元）	应付职工薪酬（万元）	应交增值税（万元）
706524.7	**14927.4**	**32356.6**	**15346.4**	**151856.6**	**23751.5**
536768.3	10582.5	18772.6	9518.9	89412.1	17591.0
15632.6	388.2	1901.2	380.8	4838.6	499.0
11175.3	247.7	3595.7	206.3	2703.3	273.7
5760.0	81.7	696.2	192.0	2918.0	418.5
4159.7	136.1	742.0	663.8	2190.3	115.6
41990.5	1124.8	-6333.9	1045.0	20079.4	2086.0
3953.9	379.5	-915.6	133.4	1856.2	-35.0
11133.2	578.0	2252.7	550.6	5665.9	319.0
4471.1	96.3	539.1	347.4	1618.6	113.6
45886.9	652.5	5443.0	956.1	10930.2	1828.7
9778.6	355.2	1909.4	420.3	4397.7	170.8
14144.7	241.7	3159.3	868.6	4577.9	332.8
1669.9	63.2	594.9	63.4	668.5	37.7

3-D-06 分地区文化服务业行政事业单位主要财务指标

地 区	法人单位数(个)	从业人员期末人数(人)	#女性	资产总计(万元)	事业单位本年收入合计(万元)	本年支出合计(万元)
全 省	**1326**	**25855**	**11365**	**2119634.3**	**535560.3**	**508839.2**
哈尔滨	268	10263	4559	654748.6	272807.3	269276.9
齐齐哈尔	188	2139	934	88998.2	31188.5	35672.6
鸡 西	54	1393	553	52722.6	45165.5	14231.0
鹤 岗	33	963	366	1015456.5	8429.6	6516.7
双鸭山	79	1145	529	18947.9	14328.1	14165.2
大 庆	47	884	483	19954.5	13643.5	13914.9
伊 春	73	1415	677	64615.7	19499.9	27522.5
佳木斯	82	1478	612	33757.6	12842.8	16189.8
七台河	36	583	279	17331.4	7443.3	7754.0
牡丹江	107	1517	659	52098.3	37064.1	28215.0
黑 河	105	1094	451	24130.9	20353.1	19778.3
绥 化	143	1959	867	34521.9	28782.5	36721.7
大兴安岭	111	1022	396	42350.2	24012.1	18880.7

3-D-07 分地区文化服务业社团单位主要财务指标

地 区	法人单位数(个)	从业人员期末人数(人)	#女性	资产总计(万元)	非营利单位本年收入合计(万元)	本年费用合计(万元)
全 省	**1660**	**7964**	**4698**	**112717.7**	**27744.6**	**30566.4**
哈尔滨	790	3593	2105	21131.2	14055.0	18124.8
齐齐哈尔	162	868	439	2103.0	803.5	796.7
鸡 西	49	103	69	173.7	3732.6	2809.1
鹤 岗	24	46	30	80.4	177.5	241.4
双鸭山	63	284	134	2056.2	464.8	432.0
大 庆	93	511	318	2517.9	3201.5	1798.5
伊 春	34	368	215	74509.4	1978.9	2189.2
佳木斯	70	712	469	1040.1	599.3	651.1
七台河	10	5	2	35.9	4.0	15.1
牡丹江	145	955	642	6222.4	1666.0	2168.4
黑 河	116	317	183	1694.9	740.1	655.0
绥 化	55	173	78	962.9	295.6	650.3
大兴安岭	49	29	14	190.0	25.7	35.0

E.文化产业个体经营户

3-E-01　文化产业个体经营户抽样调查基本情况

分　组	个体经营户　数（户）	从业人员期末人数（人）	#女性	全　年雇员支出（万元）	全　年缴纳税费（万元）	全　年缴纳房租（万元）	全　年总支出（万元）	全　年营业收入（万元）
总　计	**7131**	**15875**	**9723**	**31610**	**2047**	**23829**	**115211**	**185180**
按产业类型分组								
文化制造业	371	1050	503	1912	156	633	6739	9820
文化批发和零售业	2949	5534	4010	11589	1020	9466	60989	100305
文化服务业	3811	9291	5210	18109	871	13730	47483	75055
按地区分组								
哈 尔 滨	1090	2992	1726	6916	397	6048	27541	41287
齐齐哈尔	585	1185	689	1923	102	1549	6049	9288
鸡　西	428	789	473	1546	95	1196	6231	10376
鹤　岗	415	917	585	1314	65	1059	5180	8783
双 鸭 山	461	918	640	1351	119	1189	4674	6793
大　庆	609	1469	870	3177	278	3054	11077	15727
伊　春	897	1823	1076	3467	67	1418	12769	25001
佳 木 斯	494	1138	745	1996	56	1360	5558	8548
七 台 河	213	468	327	1022	178	668	2513	3719
牡 丹 江	626	1394	800	2971	471	2480	14566	21150
黑　河	435	934	631	1902	82	1513	6254	10512
绥　化	686	1580	982	3701	130	2057	10890	20863
大兴安岭	192	268	179	325	7	236	1909	3133

说明：根据四经普612表《个体经营户抽样调查表》中标识为文化产业的单位进行汇总。

附　录

主要指标解释及分类规定

主要指标解释

法人单位　是指有权拥有资产、承担负债，并独立从事社会经济活动（或与其他单位进行交易）的组织。法人单位应同时具备以下条件：

1. 依法成立，有自己的名称、组织机构和场所，能够独立承担民事责任；

2. 独立拥有（或受权使用）资产，有权与其他单位签订合同；

3. 会计上独立核算，能够编制资产负债表等会计报表。

在统计实践中，法人单位包括：企业法人、事业单位法人、机关法人、社会团体法人、民办非企业单位、基金会、居委会、村委会、其他法人。

企业法人　是指依据《中华人民共和国公司登记管理条例》《中华人民共和国企业法人登记管理条例》等国家法律和法规，经各级市场监管机关登记注册，领取《企业法人营业执照》的企业。包括：

1. 公司制企业法人；

2. 非公司制企业法人。

不具有法人资格、但依法成立的个人独资企业、合伙企业在统计上视同法人。

事业单位法人　是指经国务院或地方县级以上机构编制管理部门批准、经国家或地方县级以上事业单位登记管理部门登记或备案，领取《事业单位法人证书》，取得法人资格的事业单位。包括：

1. 各级党委、政府直属事业单位；

2. 中共中央、国务院直属事业单位举办的事业单位；

3. 各级人大、政协机关，监察委员会、人民法院、人民检察院和各民主党派机关举办的事业单位；

4. 各级党委部门和政府部门举办的事业单位；

5. 使用财政性经费的群众团体举办的事业单位；

6. 国有企业及其他组织利用国有资产举办的事业单位；

7. 依照法律或有关规定，应当由各级登记管理机关登记的其他事业单位。

机关法人　是指各级政党机关和国家机关。包括：

1. 县级以上各级中国共产党委员会及其所属各工作部门；

2. 县级以上各级人民代表大会机关；

3. 县级以上各级人民政府及其所属各工作部门，以及地区行政行署；

4. 县级以上各级政治协商会议机关；

5. 县级以上各级监察委员会、人民法院、检察院机关；

6. 县级以上各民主党派和工商联机关；

7. 乡、镇中国共产党委员会和人民政府。

社会团体法人　是指依据《社会团体登记管理条例》，经国家或县级以上民政部门登记注册或备案，领取《社会团体法人登记证书》的各类社会团体，以及由机构编制管理部门管理其编制的群众团体。

民办非企业单位　指企业单位、事业单位、社会团体和其他社会力量以及公民个人利用非国有资产举办的，从事非营利性社会服务的社会组织。民办非企业法人指经各级民政部门核准登记，领取《民办非企业单位登记证书》的民办非企业单位。

基金会　指民政部、省级、地级或市级民政部门核准登记的，颁发《基金会法人登记证书》的基金会。

居委会　由不设区的市、市辖区的人民政府决定设立的社区（居委会）。

村委会　由乡、民族乡、镇的人民政府提出，经村民会议讨论同意后，报县级人民政府批准，设立的村民委员会。

其他法人　是指除上述类型以外的法人。具体是指依据《中华人民共和国农民专业合作社法》及其他法律、法规成立，具备法人条件的单位。

单产业法人　是指仅包含一个产业活动单位的法人单位，称为单产业法人单位，该法人单位同时也是一个产业活动单位。

多产业法人　是指由两个及以上产业活动单位组成的法人单位，称为多产业法人单位，这些产业活动单位接受法人单位的管理和控制。

从业人员期末人数　指报告期最后一日在本单位工作，并取得工资或其他形式劳动报酬的人员数。该指标为时点指标，不包括最后一日当天及以前已经与单位解除劳动合同关系的人员，是在岗职工、劳务派遣人员及其他从业人员之和。从业人员不包括：

1. 离开本单位仍保留劳动关系，并定期领取生活费的人员；

2. 在本单位实习的各类在校学生；

3. 本单位因劳务外包而使用的人员，如：建筑业整建制使用的人员。

营业收入　指企业经营主要业务和其他业务所确认的收入总额。营业收入包括“主营业务收入”和“其他业务收入”。根据会计“利润表”中“营业收入”项目的本年累计数填报。

资产总计　指企业过去的交易或者事项形成的、由企业拥有或者控制的、预期会给企业带来经济利益的资源。资产一般按流动性（资产的变现或耗用时间长短）分为流动资产和非流动资产。其中流动资产可分为货币资金、交易性金融资产、应收票据、应收账款、预付款项、其他应收款、存货等；非流动资产可分为长期股权投资、固定资产、无形资产及其他非流动资产等。

分类规定

登记注册类型 指企业或企业产业活动单位的登记注册类型，市场监管部门对企业（单位）登记注册的类型分为以下几种：

1. 国有企业：指企业全部资产归国家所有，并按《中华人民共和国企业法人登记管理条例》规定登记注册的非公司制的经济组织。不包括有限责任公司中的国有独资公司。

2. 集体企业：指企业资产归集体所有，并按《中华人民共和国企业法人登记管理条例》规定登记注册的经济组织。

3. 股份合作企业：指以合作制为基础，由企业职工共同出资入股，吸收一定比例的社会资产投资组建，实行自主经营，自负盈亏，共同劳动，民主管理，按劳分配与按股分红相结合的一种集体经济组织。

4. 联营企业：指两个及两个以上相同或不同所有制性质的企业法人或事业单位法人，按自愿、平等、互利的原则，共同投资组成的经济组织。联营企业包括国有联营企业、集体联营企业、国有与集体联营企业和其他联营企业。

国有联营企业 指所有联营单位均为国有。

集体联营企业 指所有联营单位均为集体。

国有与集体联营企业 指联营单位既有国有也有集体。

其他联营企业 指上述三种联营企业之外的其他联营形式的企业。

5. 有限责任公司：指根据《中华人民共和国公司登记管理条例》规定登记注册，由两个以上，五十个以下的股东共同出资，每个股东以其所认缴的出资额对公司承担有限责任，公司以其全部资产对其债务承担责任的经济组织。有限责任公司包括国有独资公司以及其他有限责任公司。

国有独资公司 指国家授权的投资机构或者国家授权的部门单独投资设立的有限责任公司。

其他有限责任公司 指国有独资公司以外的其他有限责任公司。

6. 股份有限公司：指根据《中华人民共和国公司登记管理条例》规定登记注册，其全部注册资本由等额股份构成并通过发行股票筹集资本，股东以其认购的股份对公司承担有限责任，公司以其全部资产对其债务承担责任的经济组织。

7. 私营企业：指由自然人投资设立或由自然人控股，以雇佣劳动为基础的营利性经济组织。包括按照《公司法》《合伙企业法》《私营企业暂行条例》以及《个人独资企业法》规定登记注册的私营独资企业、私营合伙企业、私营有限责任公司、私营股份有限公司和个人独资企业。

私营独资企业 指按《私营企业暂行条例》的规定，由一名自然人投资经营，以雇佣劳动为基础，投资者对企业债务承担无限责任的企业。

私营合伙企业 指按《合伙企业法》或《私营企业暂行条例》的规定，由两个以上自然人按照协议共同投资、共同经营、共负盈亏，以雇佣劳动为基础，对债务承担无限责任的企业。

私营有限责任公司 指按《公司法》《私营企业暂行条例》的规定，由两个以上自然人投资或由单个自然人控股的有限责任公司。

私营股份有限公司 指按《公司法》的规定，由五个以上自然人投资，或由单个自然人控股的股份有限公司。

8. 其他企业：指上述第 1 条至第 7 条之外的其他内资经济组织。

9. 合资经营企业（港或澳、台资）：指港澳台地区投资者与内地的企业依照《中华人民共和国中外合资经营企业法》及有关法律的规定，按合同规定的比例投资设立，分享利润和分担风险的企业。

10. 合作经营企业（港或澳、台资）：指港澳台地区投资者与内地企业依照《中华人民共和国中外合作经营企业法》及有关法律的规定，依照合作合同的约定进行投资或提供条件设立，分配利润、分担风险和亏损的企业。

11. 港、澳、台商独资经营企业：指依照《中华人民共和国外资企业法》及有关法律的规定，在内地由港澳台地区投资者全额投资设立的企业。

12. 港、澳、台商投资股份有限公司：指根据国家有关规定，经商务部（原外经贸部）批准设立，并且其中港、澳、台商的股本占公司注册资本的比例达 25%以上的股份有限公司。凡其中港、澳、台商的股本占公司注册资本的比例小于 25%的，属于内资中的股份有限公司。

13. 其他港、澳、台商投资企业：指在中国境内参照《外国企业或个人在中国境内设立合伙企业管理办法》和《外商投资合伙企业登记管理规定》，依法设立的港、澳、台商投资合伙企业。

14. 中外合资经营企业：指外国企业或外国人与中国内地企业依照《中华人民共和国中外合资经营企业法》及有关法律的规定，按合同规定的比例投资设立，分享利润和分担风险的企业。

15. 中外合作经营企业：指外国企业或外国人与中国内地企业依照《中华人民共和国中外合作经营企业法》及有关法律的规定，依照合作合同的约定进行投资或提供条件设立，分配利润、分担风险和亏损的企业。

16. 外资企业：指依照《中华人民共和国外资企业法》及有关法律的规定，在中国内地由外国投资者全额投资设立的企业。

17. 外商投资股份有限公司：指根据国家有关规定，经商务部（原外经贸部）批准设立，并且其中外资的股本占公司注册资本的比例达25%以上的股份有限公司。凡其中外资股本占公司注册资本的比例小于25%的，属于内资中的股份有限公司。

18. 其他外商投资企业：指在中国境内依照《外国企业或个人在中国境内设立合伙企业管理办法》和《外商投资合伙企业登记管理规定》，依法设立的外商投资合伙企业。

企业控股情况　根据企业实收资本中某种经济成分的出资人的实际投资情况，或出资人对企业资产的实际控制、支配程度进行分类。具体分为国有控股、集体控股、私人控股、港澳台商控股、外商控股和其他六类。

国有控股　包括：（1）在企业的全部实收资本中，国有经济成分的出资人拥有的实收资本（股本）所占企业全部实收资本（股本）的比例大于50%的国有绝对控股。（2）在企业的全部实收资本中，国有经济成分的出资人拥有的实收资本（股本）所占比例虽未大于50%，但相对大于其他任何一方经济成分的出资人所占比例的国有相对控股；或者虽不大于其他经济成分，但根据协议规定拥有企业实际控制权的国有协议控股。（3）投资双方各占50%，且未明确由谁绝对控股的企业，若其中一方为国有经济成分的，一律按国有控股处理。

集体控股　包括：（1）在企业的全部实收资本中，集体经济成分的出资人拥有的实收资本（股本）所占企业全部实收资本（股本）的比例大于50%的集体绝对控股。（2）在企业的全部实收资本中，集体经济成分的出资人拥有的实收资本（股本）所占比例虽未大于50%，但相对大于其他任何一方经济成分的出资人所占比例的集体相对控股；或者虽不大于其他经济成分，但根据协议规定拥有企业实际控制权的集体协议控股。

私人控股　包括：（1）在企业的全部实收资本中，私人经济成分的出资人拥有的实收资本（股本）所占企业全部实收资本（股本）的比例大于50%的私人绝对控股。（2）在企业的全部实收资本中，私人经济成分的出资人拥有的实收资本（股本）所占比例虽未大于50%，但相对大于其他任何一方经济成分的出资人所占比例的私人相对控股；或者虽不大于其他经济成分，但根据协议规定拥有企业实际控制权的私人协议控股。

港澳台商控股　包括：（1）在企业的全部实收资本中，港澳台商经济成分的出资人拥有的实收资本（股本）所占企业全部实收资本（股本）的比例大于50%的港澳台商绝对控股。（2）在企业的全部实收资本中，港澳台商经济成分的出资人拥有的实收资本（股本）所占比例虽未大于50%，但相对大于其他任何一方经济成分的出资人所占比例的港澳台商相对控股；或者虽不大于其他经济成分，但根据协议规定拥有企业实际控制权的港澳台商协议控股。

外商控股　包括：（1）在企业的全部实收资本中，外商经济成分的出资人拥有的实收资本（股本）所占企业全部实收资本（股本）的比例大于50%的外商绝对控股。（2）在企业的全部实收资本中，外商经济成分的出资人拥有的实收资本（股本）所占比例虽未大于50%，但相对大于其他任何一方经济成分的出资人所占比例的外商相对控股；或者虽不大于其他经济成分，但根据协议规定拥有企业实际控制权的外商协议控股。

其他控股情况　除上述五类以外的企业控股情况。

统计上大中小微型企业划分办法

一、根据工业和信息化部、国家统计局、国家发展改革委、财政部《关于印发中小企业划型标准规定的通知》（工信部联企业〔2011〕300号），以《国民经济行业分类》（GB/T4754-2017）为基础，结合统计工作的实际情况，制定本办法。

二、本办法适用对象为在中华人民共和国境内依法设立的各种组织形式的法人企业或单位。个体工商户参照本办法进行划分。

三、本办法适用范围包括：农、林、牧、渔业，采矿业，制造业，电力、热力、燃气及水生产和供应业，建筑业，批发和零售业，交通运输、仓储和邮政业，住宿和餐饮业，信息传输、软件和信息技术服务业，房地产业，租赁和商务服务业，科学研究和技术服务业，水利、环境和公共设施管理业，居民服务、修理和其他服务业，文化、体育和娱乐业等15个行业门类以及社会工作行业大类。

四、本办法按照行业门类、大类、中类和组合类别，依据从业人员、营业收入、资产总额等指标或替代指标，将我国的企业划分为大型、中型、小型、微型等四种类型。具体划分标准见附表。

五、企业划分由政府综合统计部门根据统计年报每年确定一次，定报统计原则上不进行调整。

六、本办法自印发之日起执行，国家统计局2011年印发的《统计上大中小微型企业划分办法》（国统字〔2011〕75号）同时废止。

附表:

统计上大中小微型企业划分标准

行业名称	指标名称	计量单位	大型	中型	小型	微型
农、林、牧、渔业	营业收入(Y)	万元	Y≥20000	500≤Y＜20000	50≤Y＜500	Y＜50
工业*	从业人员(X)	人	X≥1000	300≤X＜1000	20≤X＜300	X＜20
	营业收入(Y)	万元	Y≥40000	2000≤Y＜40000	300≤Y＜2000	Y＜300
建筑业	营业收入(Y)	万元	Y≥80000	6000≤Y＜80000	300≤Y＜6000	Y＜300
	资产总额(Z)	万元	Z≥80000	5000≤Z＜80000	300≤Z＜5000	Z＜300
批发业	从业人员(X)	人	X≥200	20≤X＜200	5≤X＜20	X＜5
	营业收入(Y)	万元	Y≥40000	5000≤Y＜40000	1000≤Y＜5000	Y＜1000
零售业	从业人员(X)	人	X≥300	50≤X＜300	10≤X＜50	X＜10
	营业收入(Y)	万元	Y≥20000	500≤Y＜20000	100≤Y＜500	Y＜100
交通运输业*	从业人员(X)	人	X≥1000	300≤X＜1000	20≤X＜300	X＜20
	营业收入(Y)	万元	Y≥30000	3000≤Y＜30000	200≤Y＜3000	Y＜200
仓储业	从业人员(X)	人	X≥200	100≤X＜200	20≤X＜100	X＜20
	营业收入(Y)	万元	Y≥30000	1000≤Y＜30000	100≤Y＜1000	Y＜100
邮政业	从业人员(X)	人	X≥1000	300≤X＜1000	20≤X＜300	X＜20
	营业收入(Y)	万元	Y≥30000	2000≤Y＜30000	100≤Y＜2000	Y＜100
住宿业	从业人员(X)	人	X≥300	100≤X＜300	10≤X＜100	X＜10
	营业收入(Y)	万元	Y≥10000	2000≤Y＜10000	100≤Y＜2000	Y＜100
餐饮业	从业人员(X)	人	X≥300	100≤X＜300	10≤X＜100	X＜10
	营业收入(Y)	万元	Y≥10000	2000≤Y＜10000	100≤Y＜2000	Y＜100
信息传输业*	从业人员(X)	人	X≥2000	100≤X＜2000	10≤X＜100	X＜10
	营业收入(Y)	万元	Y≥100000	1000≤Y＜100000	100≤Y＜1000	Y＜100
软件和信息技术服务业	从业人员(X)	人	X≥300	100≤X＜300	10≤X＜100	X＜10
	营业收入(Y)	万元	Y≥10000	1000≤Y＜10000	50≤Y＜1000	Y＜50
房地产开发经营	营业收入(Y)	万元	Y≥200000	1000≤Y＜200000	100≤Y＜1000	Y＜100
	资产总额(Z)	万元	Z≥10000	5000≤Z＜10000	2000≤Z＜5000	Z＜2000
物业管理	从业人员(X)	人	X≥1000	300≤X＜1000	100≤X＜300	X＜100
	营业收入(Y)	万元	Y≥5000	1000≤Y＜5000	500≤Y＜1000	Y＜500
租赁和商务服务业	从业人员(X)	人	X≥300	100≤X＜300	10≤X＜100	X＜10
	资产总额(Z)	万元	Z≥120000	8000≤Z＜120000	100≤Z＜8000	Z＜100
其他未列明行业*	从业人员(X)	人	X≥300	100≤X＜300	10≤X＜100	X＜10

说明:

1. 大型、中型和小型企业须同时满足所列指标的下限，否则下划一档；微型企业只须满足所列指标中的一项即可。

2. 附表中各行业的范围以《国民经济行业分类》（GB/T4754-2017）为准。带*的项为行业组合类别，其中，工业包括采矿业，制造业，电力、热力、燃气及水生产和供应业；交通运输业包括道路运输业，水上运输业，航空运输业，管道运输业，多式联运和运输代理业、装卸搬运，不包括铁路运输业；仓储业包括通用仓储，低温仓储，危险品仓储，谷物、棉花等农产品仓储，中药材仓储和其他仓储业；信息传输业包括电信、广播电视和卫星传输服务，互联网和相关服务；其他未列明行业包括科学研究和技术服务业，水利、环境和公共设施管理业，居民服务、修理和其他服务业，社会工作，文化、体育和娱乐业，以及房地产中介服务，其他房地产业等，不包括自有房地产经营活动。

3. 企业划分指标以现行统计制度为准。(1) 从业人员，是指期末从业人员数，没有期末从业人员数的，采用全年平均人员数代替。(2) 营业收入，工业、建筑业、限额以上批发和零售业、限额以上住宿和餐饮业以及其他设置主营业务收入指标的行业，采用主营业务收入；限额以下批发与零售业企业采用商品销售额代替；限额以下住宿与餐饮业企业采用营业额代替；农、林、牧、渔业企业采用营业总收入代替；其他未设置主营业务收入的行业，采用营业收入指标。(3) 资产总额，采用资产总计代替。

文化及相关产业分类(2018)

一、目的和作用

（一）为深化文化体制改革和持续推进社会主义文化强国建设提供统计保障，建立科学可行的文化及相关产业统计制度，制定本分类。

（二）本分类为反映我国文化及相关产业生产活动提供标准分类依据，为文化及相关产业统计提供统一的定义和范围，为发展文化产业、推进社会主义文化繁荣兴盛提供统计服务。

二、定义和范围

（一）定义

本分类规定的文化及相关产业是指为社会公众提供文化产品和文化相关产品的生产活动的集合。

（二）范围

根据以上定义，我国文化及相关产业的范围包括:

1.以文化为核心内容，为直接满足人们的精神需要而进行的创作、制造、传播、展示等文化产品（包括货物和服务）的生产活动。具体包括新闻信息服务、内容创作生产、创意设计服务、文化传播渠道、文化投资运营和文化娱乐休闲服务等活动。

2.为实现文化产品的生产活动所需的文化辅助生产和中介服务、文化装备生产和文化消费终端生产（包括制造和销售）等活动。

三、分类原则

（一）以《国民经济行业分类》为基础

本分类以《国民经济行业分类》(GB/T 4754-2017）为基础，根据文化生产活动的特点，将行业分类中相关的类别重新组合，是《国民经济行业分类》的派生分类。

（二）兼顾文化管理需要和可操作性

根据我国文化体制改革和发展的实际，本分类在考虑文化生产活动特点的同时，兼顾文化主管部门管理的需要；同时立足于现行统计制度和方法，充分考虑分类的可操作性。

（三）与国际分类标准相衔接

本分类借鉴了联合国教科文组织的《文化统计框架—2009》的分类方法，在定义和覆盖范围上与其衔接。

四、分类方法

本分类采用线分类法和分层次编码方法，将文化及相关产业划分为三层，分别用阿拉伯数字编码表示。第一层为大类，用 01-09 数字表示，共有 9 个大类；第二层为中类，用 3 位数字表示，共有 43 个中类；第三层为小类，用 4 位数字表示，共有 146 个小类。

五、有关说明

(一)本分类建立了与《国民经济行业分类》(GB/T 4754-2017）的对应关系。在本分类中，如国民经济某行业小类仅部分活动属于文化及相关产业，则在行业代码后加“*”做标识，并对属于文化生产活动的内容进行说明；如国民经济某行业小类全部纳入文化及相关产业，则小类类别名称与行业类别名称完全一致。

（二）本分类全部小类对应或包含在《国民经济行业分类》(GB/T 4754-2017）相应的行业小类中，具体范围和说明可参见《2017 国民经济行业分类注释》。

（三）本分类 01-06 大类为文化核心领域，07-09 大类为文化相关领域。

六、文化及相关产业分类表（见下页）

表1　文化及相关产业的类别名称和行业代码

类　别　名　称	国民经济行业代码
第一部分　文化核心领域	
一、新闻信息服务	
（一）新闻服务	
新闻业	8610
（二）报纸信息服务	
报纸出版	8622
（三）广播电视信息服务	
广播	8710
电视	8720
广播电视集成播控	8740
（四）互联网信息服务	
互联网搜索服务	6421
互联网其他信息服务	6429
二、内容创作生产	
（一）出版服务	
图书出版	8621
期刊出版	8623
音像制品出版	8624
电子出版物出版	8625
数字出版	8626
其他出版业	8629
（二）广播影视节目制作	
影视节目制作	8730
录音制作	8770
（三）创作表演服务	
文艺创作与表演	8810
群众文体活动	8870
其他文化艺术业	8890
（四）数字内容服务	
动漫、游戏数字内容服务	6572
互联网游戏服务	6422
多媒体、游戏动漫和数字出版软件开发	6513*
增值电信文化服务	6319*
其他文化数字内容服务	6579*
（五）内容保存服务	
图书馆	8831
档案馆	8832
文物及非物质文化遗产保护	8840
博物馆	8850
烈士陵园、纪念馆	8860
（六）工艺美术品制造	
雕塑工艺品制造	2431
金属工艺品制造	2432
漆器工艺品制造	2433
花画工艺品制造	2434

续表 1

类　别　名　称	国民经济行业代码
天然植物纤维编织工艺品制造	2435
抽纱刺绣工艺品制造	2436
地毯、挂毯制造	2437
珠宝首饰及有关物品制造	2438
其他工艺美术及礼仪用品制造	2439
（七）艺术陶瓷制造	
陈设艺术陶瓷制造	3075
园艺陶瓷制造	3076
三、创意设计服务	
（一）广告服务	
互联网广告服务	7251
其他广告服务	7259
（二）设计服务	
建筑设计服务	7484*
工业设计服务	7491
专业设计服务	7492
四、文化传播渠道	
（一）出版物发行	
图书批发	5143
报刊批发	5144
音像制品、电子和数字出版物批发	5145
图书、报刊零售	5243
音像制品、电子和数字出版物零售	5244
图书出租	7124
音像制品出租	7125
（二）广播电视节目传输	
有线广播电视传输服务	6321
无线广播电视传输服务	6322
广播电视卫星传输服务	6331
（三）广播影视发行放映	
电影和广播电视节目发行	8750
电影放映	8760
（四）艺术表演	
艺术表演场馆	8820
（五）互联网文化娱乐平台	
互联网文化娱乐平台	6432*
（六）艺术品拍卖及代理	
艺术品、收藏品拍卖	5183
艺术品代理	5184
（七）工艺美术品销售	
首饰、工艺品及收藏品批发	5146
珠宝首饰零售	5245
工艺美术品及收藏品零售	5246
五、文化投资运营	
（一）投资与资产管理	
文化投资与资产管理	7212*

续表 2

类　别　名　称	国民经济行业代码
（二）运营管理	
文化企业总部管理	7211*
文化产业园区管理	7221*
六、文化娱乐休闲服务	
（一）娱乐服务	
歌舞厅娱乐活动	9011
电子游艺厅娱乐活动	9012
网吧活动	9013
其他室内娱乐活动	9019
游乐园	9020
其他娱乐业	9090
（二）景区游览服务	
城市公园管理	7850
名胜风景区管理	7861
森林公园管理	7862
其他游览景区管理	7869
自然遗迹保护管理	7712
动物园、水族馆管理服务	7715
植物园管理服务	7716
（三）休闲观光游览服务	
休闲观光活动	9030
观光游览航空服务	5622
第二部分　文化相关领域	
七、文化辅助生产和中介服务	
（一）文化辅助用品制造	
文化用机制纸及纸板制造	2221*
手工纸制造	2222
油墨及类似产品制造	2642
工艺美术颜料制造	2644
文化用信息化学品制造	2664
（二）印刷复制服务	
书、报刊印刷	2311
本册印制	2312
包装装潢及其他印刷	2319
装订及印刷相关服务	2320
记录媒介复制	2330
摄影扩印服务	8060
（三）版权服务	
版权和文化软件服务	7520*
（四）会议展览服务	
会议、展览及相关服务	7281-7284 7289
（五）文化经纪代理服务	
文化活动服务	9051
文化娱乐经纪人	9053
其他文化艺术经纪代理	9059
婚庆典礼服务	8070*
文化贸易代理服务	5181*

续表 3

类 别 名 称	国民经济行业代码
票务代理服务	7298
（六）文化设备（用品）出租服务	
休闲娱乐用品设备出租	7121
文化用品设备出租	7123
（七）文化科研培训服务	
社会人文科学研究	7350
学术理论社会（文化 ）团体	9521*
文化艺术培训	8393
文化艺术辅导	8399*
八、文化装备生产	
（一）印刷设备制造	
印刷专用设备制造	3542
复印和胶印设备制造	3474
（二）广播电视电影设备制造及销售	
广播电视节目制作及发射设备制造	3931
广播电视接收设备制造	3932
广播电视专用配件制造	3933
专业音响设备制造	3934
应用电视设备及其他广播电视设备制造	3939
广播影视设备批发	5178
电影机械制造	3471
（三）摄录设备制造及销售	
影视录放设备制造	3953
娱乐用智能无人飞行器制造	3963*
幻灯及投影设备制造	3472
照相机及器材制造	3473
照相器材零售	5248
（四）演艺设备制造及销售	
舞台及场地用灯制造	3873
舞台照明设备批发	5175*
（五）游乐游艺设备制造	
露天游乐场所游乐设备制造	2461
游艺用品及室内游艺器材制造	2462
其他娱乐用品制造	2469
（六）乐器制造及销售	
中乐器制造	2421
西乐器制造	2422
电子乐器制造	2423
其他乐器及零件制造	2429
乐器批发	5147
乐器零售	5247
九、文化消费终端生产	
（一）文具制造及销售	
文具制造	2411
文具用品批发	5141

续表 4

类　别　名　称	国民经济行业代码
文具用品零售	5241
（二）笔墨制造	
笔的制造	2412
墨水、墨汁制造	2414
（三）玩具制造	
玩具制造	2451-2456
	2459
（四）节庆用品制造	
焰火、鞭炮产品制造	2672
（五）信息服务终端制造及销售	
电视机制造	3951
音响设备制造	3952
可穿戴智能文化设备制造	3961*
其他智能文化消费设备制造	3969*
家用视听设备批发	5137
家用视听设备零售	5271
其他文化用品批发	5149
其他文化用品零售	5249

表2 带“*”行业分类文化生产活动内容的说明

序号	国民经济行业分类及代码	文化及相关产业类别名称及小类代码	文化生产活动的内容
1	应用软件开发（6513*）	多媒体、游戏动漫和数字出版软件开发（0243）	包括应用软件开发中的多媒体软件、游戏动漫软件、数字出版软件开发活动。
2	其他电信服务（6319*）	增值电信文化服务（0244）	仅指固定网增值电信、移动网增值电信、其他增值电信中的文化服务，包括手机报、个性化铃音等业务服务。
3	其他数字内容服务（6579*）	其他文化数字内容服务（0245）	仅指文化宣传领域数字内容服务。
4	工程设计活动（7484*）	建筑设计服务（0321）	仅包括房屋建筑工程，体育、休闲娱乐工程，室内装饰和风景园林工程专项设计服务。
5	互联网生活服务平台（6432*）	互联网文化娱乐平台（0450）	仅包括互联网演出购票平台、娱乐应用服务平台、音视频服务平台、读书平台、艺术品鉴定拍卖平台和文化艺术平台。
6	投资与资产管理（7212*）	文化投资与资产管理（0510）	指政府主管部门转变职能后，成立的国有文化资产管理机构和文化行业管理机构的活动；文化投资活动，不包括资本市场的投资。
7	企业总部管理（7211*）	文化企业总部管理（0521）	指不具体从事对外经营业务，只负责文化企业的重大决策、资产管理，协调管理下属各机构和内部日常工作的文化企业总部的活动，其对外经营业务由下属的独立核算单位或单独核算单位承担，还包括派出机构的活动（如办事处等）。
8	园区管理服务（7221*）	文化产业园区管理（0522）	仅指非政府部门的文化产业园区管理服务。
9	机制纸及纸板制造（2221*）	文化用机制纸及纸板制造（0711）	包括未涂布印刷书写用纸制造、涂布类印刷用纸制造、感应纸及纸板制造。
10	知识产权服务（7520*）	版权和文化软件服务（0730）	版权服务包括版权代理服务，版权鉴定服务，版权咨询服务，著作权登记服务，著作权使用报酬收转服务，版权交易、版权贸易服务和其他版权服务。文化软件服务指与文化有关的软件服务，包括软件代理、软件著作权登记、软件鉴定等服务。
11	婚姻服务（8070*）	婚庆典礼服务（0754）	指婚庆礼仪服务。包括婚礼策划、组织服务，婚礼租车服务，婚礼用品出租服务，婚礼摄像服务和其他婚姻服务。
12	贸易代理（5181*）	文化贸易代理服务（0755）	包括文化用品、图书、音像、文化用家用电器和广播电视器材等国际国内贸易代理服务。
13	专业性团体（9521*）	学术理论社会（文化）团体（0772）	学术理论社会团体包括党的理论研究、史学研究、思想工作研究、社会人文科学研究等团体的服务。文化团体包括新闻、图书、报刊、音像、版权、广播、电视、电影、演员、作家、文学艺术、美术家、摄影家、文物、博物馆、图书馆、文化馆、游乐园、公园、文艺理论研究、民族文化等团体的服务。
14	其他未列明教育（8399*）	文化艺术辅导（0774）	包括美术、舞蹈、音乐、书法和武术等辅导服务。
15	智能无人飞行器制造（3963*）	娱乐用智能无人飞行器制造（0832）	指按照国家有关安全规定标准，经允许生产并主要用于娱乐的智能无人飞行器的制造。
16	电气设备批发（5175*）	舞台照明设备批发（0842）	包括各类舞台照明设备的批发。
17	可穿戴智能设备制造（3961*）	可穿戴智能文化设备制造（0953）	指由用户穿戴和控制，并且自然、持续地运行和交互的个人移动计算文化设备产品的制造。
18	其他智能消费设备制造（3969*）	其他智能文化消费设备制造（0954）	仅指虚拟现实设备制造活动。